Textkritik

Thomas Bein

Textkritik

Eine Einführung in Grundlagen
germanistisch-mediävistischer
Editionswissenschaft

Lehrbuch mit Übungsteil

2., überarbeitete und erweiterte Auflage

PETER LANG
Frankfurt am Main · Berlin · Bern · Bruxelles · New York · Oxford · Wien

Bibliografische Information der Deutschen Nationalbibliothek
Die Deutsche Nationalbibliothek verzeichnet diese Publikation
in der Deutschen Nationalbibliografie; detaillierte bibliografische
Daten sind im Internet über http://dnb.d-nb.de abrufbar.

Reproduktion der Handschriften auf den S. 49-63
mit freundlicher Genehmigung von:
Bayerische Staatsbibliothek München (cgm. 4997)
Badische Landesbibliothek Karlsruhe (Hs. Don 63)
Universitätsbibliothek Heidelberg (cpg 848, cpg 357, cpg 112)
Thüringer Universitäts- und Landesbibliothek Jena (Ms. El. f. 101)
Österreichische Nationalbibliothek Wien
(cod. 2687; cod. vind. 2777)

Umschlaggestaltung:
Olaf Glöckler, Atelier Platen, Friedberg

Gedruckt auf alterungsbeständigem,
säurefreiem Papier.

ISBN 978-3-631-61237-8
© Peter Lang GmbH
Internationaler Verlag der Wissenschaften
Frankfurt am Main 2008
2., überarbeitete und erweiterte Auflage 2011
Alle Rechte vorbehalten.

Das Werk einschließlich aller seiner Teile ist urheberrechtlich
geschützt. Jede Verwertung außerhalb der engen Grenzen des
Urheberrechtsgesetzes ist ohne Zustimmung des Verlages
unzulässig und strafbar. Das gilt insbesondere für
Vervielfältigungen, Übersetzungen, Mikroverfilmungen und die
Einspeicherung und Verarbeitung in elektronischen Systemen.

www.peterlang.de

INHALT

Vorwort (2. Aufl./ 1. Aufl.) 7

I. Einleitung
    Was ist ein Text? 9

II. Texte unterwegs: Zur Medialität mittelalterlicher Literatur
    1. Mündlichkeit – Schriftlichkeit: Texte und ihre Aggregatzustände 17
    2. Autor – Redaktor – Schreiber – Editor 19

III. Zur Überlieferung (hoch-) mittelalterlicher deutschsprachiger Texte
    1. Text – Textgeschichte – Überlieferungsgeschichte 27
    2. ‚Literatur': Textsorten 27
    3. Hand-Schriften 29
    4. Überlieferungs- und Handschriftentypen 35
    5. Schriftarten 43
    6. Handschriften-Geschichte: Acht Beispiele 49
        6.1. Otfrid von Weißenburg, Wiener Hs. S. 49 — 6.2. Rolandslied, Hs. P S. 51 — 6.3. Nibelungenlied, Hs. C S. 53 — 6.4. Kleine Heidelberger Liederhandschrift A S. 55 — 6.5. Große Heidelberger Liederhandschrift C S. 57 — 6.6. Jenaer Liederhandschrift J S. 59 — 6.7. Oswald von Wolkenstein Hs. A S. 61 — 6.8. Kolmarer Liederhandschrift S. 63

IV. Original und Abschrift(en) 65

V. Zur Geschichte der altgermanistischen Textkritik
    1. Die Bedeutung der Fachgeschichte. 73
    2. Die Anfänge der wissenschaftlichen Textkritik: Karl Lachmann und die ‚Lachmannsche Methode'. 76
    3. Wege der altgermanistischen Editionswissenschaft ins 21. Jahrhundert. 85
        3.1. Alternative Konzepte im 19. Jh. S. 85 — 3.2. Leithandschriftenprinzipien S. 87 — 3.3. Varianten-Philologie: Die ‚New Philology' S. 90 — 3.4. Moderne Datenverarbeitungstechnologie und Edition S. 92

VI. Von der Handschrift zur Edition: Editorische Vorarbeiten

1. Heuristik: Aufspüren der Textzeugen. 99

   Kritischer Text / Kritische Edition S. 99; Faksimile S. 101

2. Vergleich der Textzeugen (Kollationierung). 102

   Diplomatischer Abdruck S. 103; Bindefehler – Trennfehler – Varianten S. 104

3. Stemmatisierung und Archetyp. 107

   Archetyp – Stemma S. 107

4. Probleme: Singuläre und kontaminierte Überlieferung. 109

   Singuläre Überlieferung S. 109 — Kontaminierte Überlieferung S. 110 — Rekonstruktion S. 111 — Leithandschriftendokumentation S. 112 — Fassungseditionen S. 113 — Fassung S. 115

VII. Die Textedition

Texte edieren (1): Der ‚kritische' (rekonstruierte) Text und seine Hauptprämissen...117

Datierung des Originals S. 117 — Mundart des Originals / des Dichters S. 119 — Sprachhistorischer Stand des Originals S. 122 — Metrik S. 126 — Authentizitätsprobleme: Echtes, Unechtes, Zugeschriebenes, Anonymes S. 130 — Fehler und Korrekturen S. 135

Texte edieren (2): Die überlieferungsorientierte Textedition und ihre Präsentation..139

Mittelalterliche Graphie und editorische Vereinheitlichung S. 139 — Umgang mit Varianten und Fassungen S. 140 — Interpunktion S. 144 — Typographische Druckeinrichtung und kritischer Apparat S. 147

Texte edieren (3): Digitale Möglichkeiten: Hybridausgaben / Webbasierte Editionen 150

Projektskizze: Webbasierte Walther von der Vogelweide-Edition S.155

VIII. Ausblick: Zum Umgang mit Editionen 167

IX. Übungen

Aufgaben. 169

Lösungen 173

X. Hinweise auf weiterführende Literatur...................................181

XI. Glossar 185

Vorwort zur 2. Auflage

Erfreulich rasch wurde es nach nur zwei Jahren nötig, eine zweite Auflage meiner Einführung in die editionswissenschaftliche Arbeit vorzulegen. Der schnelle Abverkauf zeigt, dass ein Bedarf an solchen wissenschaftspropädeutischen Werken besteht und dass das Konzept gut aufgenommen worden ist.
Ich habe das Angebot des Verlages, die zweite Auflage zu überarbeiten und leicht zu erweitern, gerne angenommen. An einigen Stellen wurden kleinere Versehen beziehungsweise Unklarheiten verbessert (hier danke ich den Rezensenten der ersten Auflage, insbesondere Rüdiger Brandt, H-Soz-u-Kult, 09.02.2010, <http://hsozkult.geschichte.hu-berlin.de/rezensionen/2010-1-097>.). Wesentlicher ist aber eine Erweiterung des Bandes mit Blick auf die rasche Fortschritte machende ‚digitale Edition'. Selbst in einem relativ kurzen Zeitraum von zwei bis drei Jahren hat sich sehr viel auf diesem Gebiet getan und verändert – in anschaulicher Weise zeigte dies die letzte große Tagung der Arbeitsgemeinschaft für germanistische Edition im Februar 2010, die unter dem Motto stand: ‚Medienwandel / Medienwechsel in der Editionswissenschaft'.
Für Hilfen bei der Revision danke ich Frau Judith Breuer (Aachen). Der zweiten Auflage wünsche ich eine ähnliche lebhafte Rezeption, wie sie die erste erfahren durfte.

Thomas Bein   Aachen, im November 2010

Vorwort zur 1. Auflage

Gegenstand einer jeden Philologie oder Literaturwissenschaft ist der Text. Texte aber bedürfen einer bestimmten Aufbereitung, damit sie von einer fachwissenschaftlichen Gemeinschaft untersucht werden können: Texte müssen ediert werden. Schon in ihren Anfängen hat sich die Germanistik – zumal die Germanistische Mediävistik – intensiv mit den Problemen der Textedition befasst. Einer der Gründer des Faches, Karl Lachmann, leistete bis heute nachwirkende Pionierarbeit. Seit mehr als zwei Jahrhunderten mühen sich Fachkolleginnen und –kollegen, angemessene editionswissenschaftliche Techniken und Methoden zu entwickeln, um handschriftlich überlieferte Texte ‚herauszugeben', das heißt: sie – ihrer Geschichte adäquat – in eine allgemein zugängliche und analysierbare Form zu überführen.
Es sind meist sehr langwierige und mühsame Arbeiten, die zu bewältigen sind. Oft sieht man sie dem späteren Ergebnis, der Textausgabe, gar nicht recht an. Insbesondere ist Studienanfängern vielfach nicht bewusst, welchen Status eigentlich ein Text hat, den sie in einem Seminar zu analysieren oder zu interpretieren haben. Ihnen ist meist nicht klar, dass der edierte Text eine lange Geschichte hinter sich hat und dass der Editor bemüht war, diese Geschichte zu dokumentieren und sie bei der Konstitution seines Lesetextes zu berücksichtigen.

Dieses Lehrbuch möchte vermitteln. Ich will aufzeigen, warum überhaupt editorische Arbeit nötig ist, will verdeutlichen, mit welchen Textbewegungen gerade in einer mittelalterlichen Kulturwelt zu rechnen ist, wie sich diese Bewegungen auf einzelne Textzustände auswirken, welche Herausforderungen dies wiederum für uns Texthistoriker generiert und wie sehr der Texthistoriker abhängig ist vom Texteditor. Schließlich möchte ich auch deutlich machen, welch diffizile Arbeiten in einer guten, wissenschaftlichen Textausgabe stecken.

Im Gegensatz zur Neugermanistik gab es für die Germanistische Mediävistik bisher eine solche, auf studentische Bedürfnisse ausgerichtete Einführung nicht. Ich hatte vor 17 Jahren zwar ein kleines einschlägiges Heftchen herausgegeben (*Göppingen 1990*); es ist aber schon seit vielen Jahren vergriffen (wurde indes 1999 ins Italienische übersetzt: *Introduzione alla critica dei testi tedeschi medievali. Pisa 1999*). Fachkolleginnen und -kollegen haben mich ermuntert, die Idee des alten Textkritik-Heftes aufzugreifen und darauf eine Neukonzeption zu gründen. Dem Wunsch bin ich gerne nachgekommen. Das vorliegende Lehrbuch enthält einige Elemente des Bändchens von 1990, geht aber in vielen Bereichen weit darüber hinaus; ganz neu ist auch der Übungsteil für das Selbststudium. Insbesondere habe ich mich bemüht, die Darstellungen didaktisch so aufzubereiten, dass möglichst ohne viel Vorkenntnis ein Einstieg in die komplexe und komplizierte Materie möglich ist. Diesem Ziel sollen vor allem zahlreiche Grafiken und Abbildungen dienen, die ich selbst entworfen und teilweise in Seminaren mit Studierenden ‚ausprobiert' habe. Für Anregungen aus dem Kreise der Studierenden danke ich an dieser Stelle herzlich.

Zu danken habe ich auch Ulrich Staarmann, Ellen Uherek, Sabine Durchholz und besonders Judith Breuer (alle Aachen) für Gespräche, Hilfen bei Recherchen, beim Korrekturlesen und bei der Endredaktion.

Dem Verlag Peter Lang danke ich für alle technische Beratung und für eine adressatenfreundliche Kalkulation des Verkaufspreises.

Ich würde mich sehr freuen, wenn das Buch in Seminaren Eingang finden und Studierenden des Faches eine länger währende Hilfe sein könnte bei der nicht leichten Aufgabe, sich in die Gegebenheiten mittelalterlicher Textkultur und Textgeschichte einzuarbeiten.

Es lohnt die Mühe. Denn die Kenntnisse, die man hier erlangt, sind keineswegs nur im engen Bereich der mittelalterlichen Literaturgeschichte gewinnbringend anzuwenden, sondern sie erweitern grundsätzlich die Perspektive auf jede Art von Textualität, selbst auf solche unserer gegenwärtigen Alltagskultur.

Thomas Bein   Aachen, im September 2007

I. Einleitung: Was ist ein Text?

Diese Einführung beschäftigt sich mit ‚Text-Kritik', mit ‚Text-Editionen', mit ‚Text-Geschichte' und ‚Text-Überlieferung'. Die genannten Wörter bzw. Begriffe haben in der Germanistik einen festen Platz; es sind Fachtermini, wenn auch nicht immer eindeutig definiert oder definierbar. Treffen sich ‚Text-Kritiker' und benutzen solche Wörter, so lässt sich aber meist schnell ein kommunikativer Konsens herstellen: man weiß, worüber gesprochen wird.
Für einen Anfänger sind Begriffe wie die genannten indes keineswegs evident, wenn auch die einzelnen Bestandteile – ‚Text', ‚Kritik', ‚Geschichte' usw. – ‚klar' zu sein scheinen – man verwendet sie doch täglich. Es bedarf aber nur eines einfachen Tests um zu erkennen, dass ein ‚Verständnis' der Wörter und Begriffe am Anfang des Studiums einer Literaturwissenschaft noch wenig entwickelt ist. Man stelle sich die banal anmutende Frage: Was ist ein Text? und versuche, treffende Antworten zu geben, Antworten, die das, was man unter ‚Text' zu verstehen glaubt, präzise und differenziert beschreiben. Viele Erstsemester tun sich erfahrungsgemäß schwer, obwohl (oder vielleicht auch: weil) dieser Begriff zum Elementarsten einer jeden Literaturwissenschaft zählt.
Ist einmal ein Problembewusstsein geweckt, wird allerdings schnell deutlich, dass es auch ‚Fachleuten' keineswegs leicht fällt zu erklären, was ein Text ist. Rasch tut sich ein schier unüberschaubares Feld auf: Texttheorien unterschiedlichster Couleur, Herkunft und ‚Tiefe' lassen sich finden – eine Orientierung fällt, besonders einem Anfänger, nicht leicht. Und die Verwirrung dürfte perfekt sein, wenn man auf kluge Abhandlungen stößt, die gar behaupten: ‚Le texte n'existe pas' (‚Es gibt keinen Text')[1].

In unserem Zusammenhang muss auf eine allzu tief gehende Theoretisierung verzichtet werden. Stattdessen soll ein möglichst pragmatischer, an strukturalistische Überlegungen angelehnter Textbegriff umrissen werden, um auf die später zu erläuternden Themengebiete wie ‚Text-Geschichte', ‚Text-Edition' usw. vorzubereiten.

Unter ‚Text' sei hier eine bestimmte Menge von Sinn erzeugenden (weil wohlgeordneten) sprachlichen Zeichen und Zeichenkomplexen verstanden. Texte sind alltäglich wahrnehmbare mündliche und/oder schriftliche Kommunikationseinheiten – einmal mehr, einmal weniger ästhetisch überformt. Ausgehend von der Bildlichkeit, die dem Wort ‚Text' von seiner Etymologie her innewohnt, lässt sich der Begriff weitergehend umschreiben.

---

[1] Vgl. Louis Hay: Le texte n'existe pas. Réflexions sur la critique génétique. In: Poétique XVI, 1985, S. 147-158.

Das Wort ‚Text' leitet sich ab von lat. *textus* (< *texere*), was soviel wie ‚Gewebtes', ‚Gewebe' bedeutet. Dieses Bild vermittelt anschaulich, aus welchen Elementen ein Text besteht und welche Rollen einerseits der Textproduzent und -rezipient und andererseits bestimmte Kulturtechniken spielen. Leicht lassen sich Analogien zwischen ‚Gewebe' und ‚Text' herstellen.

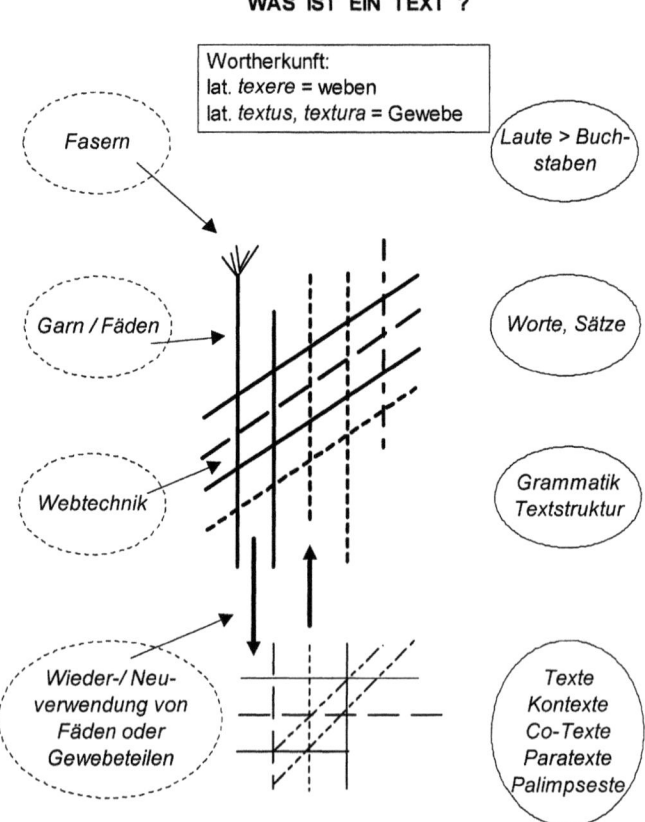

- Ein Stück Stoff, ein Gewebe, besteht aus Fäden. Die Fäden ihrerseits bestehen aus gesponnenen (ineinander verdrehten) Woll- oder Baumwollfasern, die so etwas wie die kleinsten, die ‚ersten' Teile eines Gewebes sind. Dem entsprechen als kleinste Bestandteile eines (geschriebenen) Textes die Buchstaben bzw. Buchstabenkombinationen, die ihrerseits nicht flüchtige Zeichen (Grapheme) für bestimmte (flüchtige) Laute (Phoneme) einer Sprache sind.

Was ist ein Text?

- Mit den gesponnenen Fasern lassen sich Fäden und Fadenverbindungen herstellen. Dem entsprechen in einem Text Worte, Wortkomplexe und Sätze.
- Damit aus dem Garn ein erkennbares und vor allem mittelfristig haltbares Gewebe wird, müssen die Fäden in bestimmter (nicht willkürlicher) Weise miteinander verbunden/ verwoben werden, um dem Gewebe eine innere Statik zu verleihen. Auf die Text-Ebene übertragen bedeutet dies: Sprachliche Elemente müssen nach bestimmten (grammatikalischen und weitergehend nach aussagelogischen bzw. narratologischen[2]) Regeln verknüpft werden, damit Sinn entsteht bzw. eine überindividuelle Kommunikation gewährleistet ist.
Die Wortkette
  ‚und des Enkel grauen der Buch Mannes liest alten einem in'
ergibt keinen Sinn. Erst die Anordnung der Wörter nach bestimmten konventionalisierten Mustern (Regeln) gewährleistet eine sinnvolle Aussage, hinter der eine bestimmte Absicht (Intention) steht:
  ‚Der Enkel des alten und grauen Mannes liest in einem Buch'.
- Ein Stoff kann einfach gewebt und einfarbig (monochrom) sein oder aber in aufwändiger Variation der Webtechnik und mehrfarbig (polychrom) angelegt sein. In vergleichbarer Weise können Texte eher eindimensional sein (z.B. Sachtexte, die sich nur auf die Darlegung eines Sachverhaltes, z.B. der Ankunftszeit eines Zuges, beschränken) oder aber auch mehrdimensional (z.B. fiktionale, poetische Texte, die bewusst Leerstellen enthalten und deren ‚Sinn' sich nicht ad hoc ergibt).
- Ein Gewebe besteht nicht notwendigerweise immer aus ‚neuen' Fäden und Fadenverknüpfungen, sondern sie können alten, nicht mehr gebrauchten Geweben entnommen sein; oder alte Gewebe werden ‚recycled' – und aus ihnen neue Fäden gesponnen. So ist kein Text jemals wirklich ‚neu', es gibt aber Differenzierungen: manche Texte sind bewusst oder unbewusst durchzogen von Elementen anderer Texte (man spricht dann vom Phänomen der Intertextualität) und entfalten ihr Sinnpotential erst in der rezeptiven Realisierung des textuellen Mit- und Nebeneinanders, zuweilen gar des Übereinanders, etwa im Sinne von Gérard Genettes Paratext- bzw. Palimpsest-Theorien[3]. Das bedeutet z.B., dass ein Text (wie ein Gewebe) eine Oberflächenstruktur hat, die offen zutage liegt und die einigermaßen gut zugänglich ist. Doch unter dieser Oberfläche verbergen sich andere Strukturen und Elemente, gleichsam Reste ehemaliger anderer Gewebe, die einmal mehr, einmal weniger deutlich (und oft abhängig vom Blickwinkel) ‚durchschimmern' und die Oberfläche verändern.

---

[2] narratologisch = die Struktur einer Erzählung betreffend.
[3] Vgl. Gérard Genette: Palimpseste: die Literatur auf zweiter Stufe. Frankfurt/M. 2004 und ders.: Paratexte: das Buch vom Beiwerk des Buches. Frankfurt/M. 2001.
Palimpsest = mehrfach beschriebenes (Pergament-) Blatt, wobei ältere Texte (teilweise) gelöscht und von jüngeren überschrieben werden. *Paratext* = ‚Nebentext', der einen ‚Haupttext' in vielfältiger Weise beeinflussen kann. (Genette verwendet den Palimpsest-Begriff allerdings nicht in historisch-paläographischer Weise, sondern als Metapher für Textkultur schlechthin.)

Über diese in der Grafik aufgeführten Analogien hinaus lassen sich viele weitere finden, hier sei nur noch auf folgende verwiesen:

- Die Herstellung von (einigermaßen lang haltbaren) Textilien stellt im Rahmen der Menschheitsgeschichte eine große kulturtechnische Leistung dar (Spinnrad, Webrahmen usw.) – genauso wie die Konstruktion von unterschiedlichsten Schriftsystemen (Buchstabenschriften, Bildschriften, Symbolschriften usw.) und die Entwicklung von Techniken der Text-Konservierung (Niederschrift auf Papyrus, Pergament, Papier ... und heute als digitale Datenmengen)
- Um die ‚Dichte' eines Gewebes oder vielleicht auch die ‚Schönheit' eines Stoffes erkennen zu können, muss man sich intensiv mit den Webtechniken befassen, mit den verwendeten Garnen, mit dem technischen Stand der Webgeräte usw. Will man ‚verstehen', warum ein Text eine bestimmte Wirkung hat oder wieso man den einen Text als ‚spannend', einen anderen eher als ‚langweilig' einstuft, muss man sich genau mit den verwendeten sprachlichen Mitteln beschäftigen, muss die Anordnung dieser Mittel studieren, muss den historischen Kontext (die literarische Epoche) ins Visier nehmen und vieles mehr.
- Ein Gewebe wird hergestellt – von einem Weber. Dieser kann aus eigenem Antrieb mit schöpferischer Intention an die Arbeit gehen, er kann aber auch bloß im Auftrag werken und muss dann meist eine Reihe von Wünschen seines Auftraggebers beachten und umsetzen. Ähnlich steht es um den Autor eines Textes: Ganz ‚frei' und ‚autonom' ist auch er fast nie. Selbst ein zeitgenössischer Autor muss Zugeständnisse an seinen Verlag (an die Lektoren) machen, muss Rücksicht nehmen auf Werbestrategien und kommerzielle Interessen. Je weiter wir in der Literaturgeschichte zurückgehen, umso deutlicher sehen wir, wie sehr ein ‚Literat', ein ‚Dichter' in vielerlei Abhängigkeiten steckt. Besonders im Mittelalter, genauer im 12. und 13. Jahrhundert, steht hinter fast jedem produzierten Text ein Auftraggeber, ein Mäzen, der den Autor bezahlt, der Quellen beschafft, der Vorlieben artikuliert. Der Text ist nicht allein Produkt des Autors; der Autor setzt vielmehr (einmal mehr, einmal weniger talentiert) individuelle und kollektive kulturelle Wünsche um.
- Ein Gewebe wird in den meisten Fällen mit einer bestimmten Zielrichtung hergestellt: jemand will mit dem Gewebe etwas Bestimmtes tun: es zu Kleidung weiterverarbeiten, zu Vorhängen machen, als Zu- oder Tischdecke benutzen, es als kunstvollen Wandteppich herrichten lassen und so fort. In seinem und durch seinen Gebrauch verändert sich das Gewebe fortwährend – der Wandteppich weniger schnell, die täglich gebrauchte Tischdecke umso schneller. So ergeht es auch Texten: Von ihren Autoren in die Welt entlassen und einem Publikum überantwortet (vorgelesen, zum Lesen aufgeschrieben) mutieren sie: Varianten schleichen sich ein. Da werden Wörter, die man nicht mehr kennt, ausgetauscht; da werden Sätze in ihrem Bau verändert, weil sie dann leichter zu verstehen sind; da werden Textpassagen gestrichen, weil sie langweilig erscheinen – und andere hinzugefügt, weil

jemand neue Ideen entwickelt hat. Ein Text ist somit niemals eine feste Größe, er ist ständig in Bewegung und macht Veränderungen durch.

Verlassen wir nun die Metaphorik rund um das Weben und Gewebtsein und knüpfen wir an der zuletzt genannten Analogie an: Veränderungen unterliegen einer Linearität, sie geschehen ‚in der Zeit', haben eine Geschichte: Texte haben eine Geschichte!

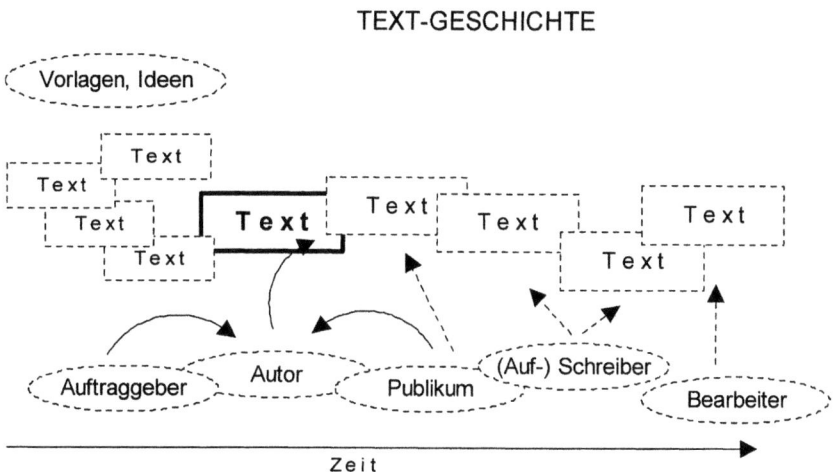

Es ist wichtig zu begreifen, dass ein Wissenschaftler, der einen Text analysiert oder ‚interpretiert', immer nur einen *bestimmten Zustand* des jeweiligen Textes untersucht, gleichsam eine Momentaufnahme vom Text. Eine Textanalyse kann immer nur eine bedingte Geltung beanspruchen, die sich ableitet von der gewählten Position innerhalb des Zeitkontinuums, dem der Text unterliegt. Wähle ich einen Textzustand links vom fett gedruckten Text (Grafik oben), so kann es sich beispielsweise um Entwürfe handeln; wähle ich den fett gedruckten Text, so handelt es sich (im besten Falle) um ein autorisiertes (erstes) Original; wähle ich einen Text rechts vom fett gedruckten, so kann es sich um ein weiteres autorisiertes ‚Original' handeln (um eine Überarbeitung oder Umarbeitung durch den Autor selbst), es kann aber auch eine von anderen Kulturinstanzen besorgte Abschrift sein, um eine einmal mehr, einmal weniger getreue Kopie oder gar um einen Text, der nur noch zu einem Teil vom ursprünglichen Autor stammt und der vermischt oder planvoll kombiniert ist mit Textanteilen anderer Autoren.

Während man sich im schulischen Deutschunterricht in aller Regel auf die Analyse eines bestimmten Text*zustandes* beschränkt („Interpretiere den Text...!'), erweitert sich die universitäre, ‚wissenschaftliche' Auseinandersetzung mit Textkulturen um die Analyse von Text*prozessen* („Schau, wie ein Text entstanden und was aus ihm geworden ist!').

Um solche Textprozesse erforschen zu können, bedarf es freilich geeignet aufbereiteten Materials. Aufgefundene Text-Zeugen müssen hierarchisiert werden, eine zeitliche Schichtung ist erstrebenswert, Varianten müssen in einer Weise präsentiert werden, die es erlaubt, sie unter typologischen Gesichtspunkten zu betrachten. Dies zu tun ist Aufgabe eines Text-Editors.

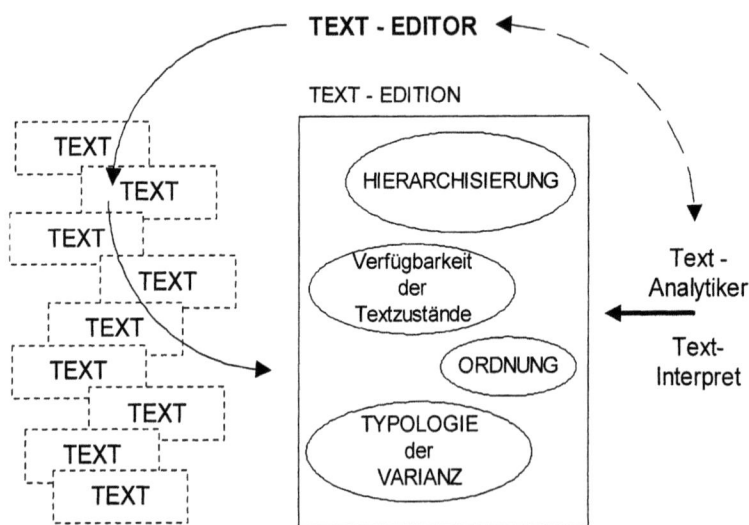

Der Text-Editor und die Text-Edition haben eine Mediatorenrolle inne: Sie vermitteln ungeordnete, schwer zugängliche Textzustände an Text-Analytiker und -interpreten. Es versteht sich aber von selbst, dass die hierarchisierende, ordnende, typologisierende Arbeit des Editors immer auch schon eine interpretierende ist, insofern lässt sich eine strenge Trennung zwischen Editor und Interpret nicht vornehmen. In der textwissenschaftlichen Praxis aber ist es doch so, dass ein Fach wie die Germanistik bestimmte Aufgabenbereiche aufgeteilt hat. So gibt es Fachkolleginnen und -kollegen, die sich darauf spezialisiert haben, Texte zu edieren, während andere hauptsächlich mit den bereits edierten Texten arbeiten und sie unter systematischen, theoretischen oder historischen Gesichtspunkten analysieren.

Was ist ein Text?

Wir waren von der Frage ausgegangen: Was ist ein Text? Wir sollten nun festhalten, dass ein Text eine nicht willkürlich strukturierte kommunikative Einheit ist, die wechselhafte Zustände aufweist. Ein Text hat niemals nur einen Urheber, sondern ein Text enthält Spuren vieler unterschiedlicher Instanzen, die ihn – im Fortgang der Zeit – prägen. Die wissenschaftliche Beschäftigung mit einem Text hat unter anderem zum Ziel, seine Prozesshaftigkeit zu beschreiben. Vorarbeiten dazu leistet der Texteditor, dessen Tätigkeit indes niemals ‚objektiv' oder ‚wertfrei' zu nennen ist – der Editor ist immer auch schon Interpret von textualen Zuständen, die er zu ordnen und handhabbar zu machen bemüht ist.

Nachdem nun einige grundsätzliche Elemente rund um den Textbegriff erläutert worden sind, können wir uns im folgenden Kapitel etwas spezifischer mit der Frage befassen, welche medialen Zustände die mittelalterliche Textkultur aufweist. Solche Zustände zu kennen ist wichtig für ein adäquates Dokumentieren und Edieren von Texten.

***

Bibliographische Hinweise zum Textbegriff
(berücksichtigt sind vor allem Arbeiten aus jüngerer Zeit, die ihrerseits zahlreiche weiterführende Literaturangaben enthalten):

Eine erste gute Orientierung bietet:
→ Susanne Horstmann: [Artikel] Text. In: Reallexikon der deutschen Literaturwissenschaft. Neubearbeitung des Reallexikons der deutschen Literaturgeschichte. Bd. III: Gemeinsam mit Georg Braungart, Harald Fricke, Klaus Grubmüller, Friedrich Vollhardt und Klaus Weimar hrsg. von Jan-Dirk Müller. Berlin, New York 2003, S. 594-597
Eine nützliche Sammlung einschlägiger Arbeiten zum Textbegriff enthält der Band:
→ Texte zur Theorie des Textes. Hrsg. von Stephan Kammer und Roger Lüdeke. Stuttgart 2004
Weitere Arbeiten (in chronologischer Folge):
Avant-texte, texte, après-texte. Volume publié par Louis Hay et Péter Nagy. Paris, Budapest 1982
Püschel, Ulrich: „Puzzle-Texte" – Bemerkungen zum Textbegriff. In: Die Zukunft der Textlinguistik. Traditionen, Transformationen, Trends. Hrsg. von Gerd Antos und Heike Tietz. Tübingen 1997, S. 27-41
Grubmüller, Klaus: Verändern und Bewahren. Zum Bewußtsein vom Text im deutschen Mittelalter. In: Text und Kultur. Mittelalterliche Literatur 1150-1450. Hrsg. von Ursula Peters. Stuttgart 2001, S. 8-33
Quast, Bruno: Der feste Text. Beobachtungen zur Beweglichkeit des Textes aus Sicht der Produzenten. In: Text und Kultur. Mittelalterliche Literatur 1150-1450. Hrsg. von Ursula Peters. Stuttgart 2001, S. 34-46
Fix, Ulla/ Adamzik, Kirsten u.a. [Hrsg.]: Brauchen wir einen neuen Textbegriff? Antworten auf eine Preisfrage. Frankfurt am Main 2002
Breuer, Ulrich: Schnittstelle Text. Lesarten des Textbegriffs. In: Berührungsbeziehungen zwischen Linguistik und Literaturwissenschaft. Hrsg. von Michael Hoffmann und Christiane Keßler. Frankfurt am Main 2003, S. 23-39

Brüning, Jochen: Die Sammlung als Text. Text als Sammlung. In: Zeitschrift für Germanistik 3. 2003, S. 560-572

Fix, Ulla: "Simply two peas in the philological pod"? Der Text als das Gemeinsame zwischen Sprach- und Literaturwissenschaft. In: Berührungsbeziehungen zwischen Linguistik und Literaturwissenschaft. Hrsg. von Michael Hoffmann und Christiane Keßler. Frankfurt am Main 2003, S. 41-57

Kammer, Stephan: Textur – Zum Status literarischer Handschriften. In: Schrift – Text – Edition. Hans Walter Gabler zum 65. Geburtstag. Hrsg. von Christiane Henkes u.a.. Tübingen 2003, S. 15-25

Panagl, Oswald; Wodak, Ruth [Hrsg.]: Text und Kontext. Theoriemodelle und methodische Verfahren im transdisziplinären Vergleich. Würzburg 2004

Kanzog, Klaus: Der ‚richtige Text'. Universeller Anspruch – unterschiedliche Wege. Ein mediengeschichtlicher Exkurs. In: Editio 18. 2004, S. 56-68

II. Texte unterwegs: Zur Medialität mittelalterlicher Literatur

1. Mündlichkeit – Schriftlichkeit: Texte und ihre Aggregatzustände

Im ersten Kapitel haben wir uns etwas Klarheit über den Textbegriff verschafft. Nun wollen wir uns näher anschauen, welche editionswissenschaftlich bedeutsamen Besonderheiten ein *mittelalterlicher* Text mit sich bringt. Es gibt natürlich eine ganze Menge solcher Besonderheiten, und viele von ihnen werden noch an späterer Stelle zur Sprache kommen. Hier nun soll zunächst der Blick auf etwas sehr Grundsätzliches gelenkt werden, nämlich auf das – vielfältigen Einflüssen unterworfene – ‚Unterwegssein' von Texten und die damit zusammenhängende ‚Bimedialität' mittelalterlicher Texte, ihr häufiges Wechseln zwischen ‚Mündlichkeit' und ‚Schriftlichkeit'.
Vergegenwärtigen wir uns kurz die Situation im Allgemeinen:

Kultur und Medialität im Wandel der Zeit

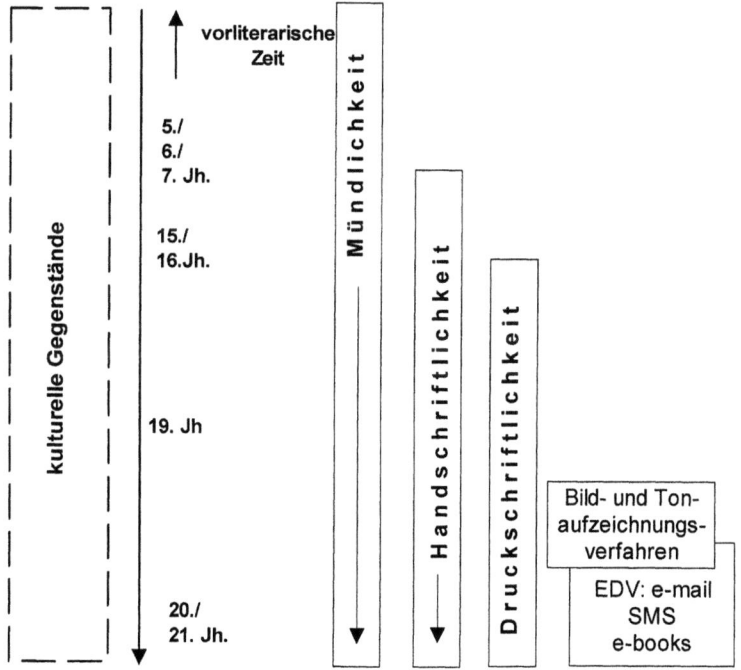

Der Mensch verständigt sich mittels Sprache, zunächst mittels gesprochener Sprache, einer Lautsprache (zuweilen ergänzt durch eine gestische Zeichensprache). In einem sekundären Kulturprozess wird das Kommunikationssystem um eine Schriftsprache erweitert (z.B. Bildschriften, Alphabetschriften und andere Typen). Die Einführung solcher Schriftsysteme hat in den verschiedenen Kulturräumen der Menschheit zeitlich sehr differenziert und zum Teil sehr früh stattgefunden.[1]
Wir müssen uns im Kontext dieser Einführung auf die Frage konzentrieren: Wann werden *deutsche* Texte[2] erstmals *schriftlich fixiert*? und können die Antwort geben: etwa ab dem 6./7. Jahrhundert auf der Basis des lateinischen Alphabets, das im Laufe der Zeit um bestimmte Sonderzeichen erweitert wird, die der spezifischen Lautentwicklung der ‚deutschen' Sprache verpflichtet sind. Wie die Grafik verdeutlicht, löst die (Hand-) Schriftlichkeit die Mündlichkeit natürlich nicht ab, sondern tritt nur als neue mediale Erscheinungsweise neben die der Mündlichkeit. Im Prinzip ist dies bis heute die einzige wirkliche mediale Veränderung geblieben. Denn die Erfindung des Buchdrucks (Johannes Gutenberg, 1. Hälfte 15. Jahrhundert) hat zwar die intellektuelle Welt revolutioniert, aber neu ist nicht die sprachliche Medialität, sondern lediglich ihre technische Umsetzung. Auch die Erfindungen von Bild- und Tonaufzeichnungsapparaturen im 19. Jahrhundert sowie die vielfach als ‚Neue Medien' bezeichneten digitalen Errungenschaften jüngerer Zeit haben nicht wirklich die Bimedialität von Sprache verändert oder um irgend etwas Anderes erweitert. Wir schreiben am Computer nur nicht auf analoges Papier, sondern auf ein virtuelles Blatt in einer Textverarbeitung – und wir malen die Buchstabenzeichen nicht mit einer Feder oder einem Stift, sondern geben vorgefertigte Zeichen über eine Tastatur ein. Interessant sind die neuen Kommunikationsformen e-mail und SMS, stellen sie vielfach doch eine eigentümliche Mischung aus Elementen mündlicher und schriftlicher Kommunikation dar.
Halten wir fest: Texte aus der uns interessierenden Periode (6./7. bis 13./14. Jahrhundert) haben ein Leben in einer Zeit, in der über mehrere Jahrhunderte hinweg eine neue Kulturtechnik entwickelt wird: die schriftliche Fixierung von sprachlichen Artefakten. Es ist allein dieser Kulturtechnik zu verdanken, dass wir heute überhaupt etwas über die Literatur (und die sie tragende Gesellschaft) aussagen

---

[1] Vgl. Harald Haarmann: Universalgeschichte der Schrift. Frankfurt/M., New York 1990.
[2] ‚Deutsch' leitet sich ab von lat. ‚theodiscus', was so viel wie ‚zum Volk gehörend' bedeutet. Mit ‚lingua theodisca' wurde also, im Gegensatz zur ‚lingua latina', die Volkssprache bezeichnet – und zwar nicht die französische oder spanische, sondern die Volkssprache, die von Bayern, Alemannen, Hessen und anderen germanischen Stämmen gesprochen wurde. Eine ‚deutsche Sprache' hat es insofern nie gegeben, sondern eher eine deutschsprachige Textkultur, die sich in unterschiedlichen Mundarten (bairisch, alemannisch, fränkisch, thüringisch usw.) manifestiert. Anders gesagt: ‚Deutsch' ist ein Sammelbegriff für sprachgeschichtlich in spezifischer Weise verwandte Mundarten. Vgl. für weitere Informationen: Der Volksname Deutsch. Hrsg. von Hans Eggers. Darmstadt 1970; Thomas Klein: Zum Alter des Wortes ‚deutsch'. In: Zeitschrift für Literaturwissenschaft und Linguistik 24, 1994, S. 12–25.

können. Ohne Schriftlichkeit gäbe es keine Philologie, keine historische Wissenschaft. Doch es ist nicht so, dass das Medium der Schrift erforschenswürdige Gegenstände und Inhalte in einer einfachen Zeichen-Inhalt-Relation (in einem stets gleichen Eins-zu-Eins-Verhältnis) fixiert. Vielmehr kann das Verhältnis zwischen Zeichen und Bezeichnetem je nach Zeit, Kulturraum oder Stand der Kulturtechnik unterschiedlich ausgeprägt sein.

Das bedeutet: Wollen wir uns heute einen Eindruck von einem kulturellen Ereignis (zum Beispiel von einem literarischen Text aus vergangener Zeit) verschaffen, so ist es nicht damit getan, die noch greifbare Verschriftlichung dieses Ereignisses zur Kenntnis zu nehmen, sondern wir müssen auch versuchen, die Bedingungen der Verschriftlichung zu rekonstruieren. Nicht nur das durch die Schrift Vermittelte ist also Gegenstand philologischer und historischer Forschung, sondern auch das Medium (die Schriftlichkeit, die Verschriftlichung) selbst, das gerade in der Zeit des Mittelalters noch eine vielfach unfeste Verankerung im Kulturbetrieb hat.

2. Autor – Redaktor – Schreiber – Editor

Im ersten Hauptkapitel dieses Buches wurde ebenfalls über ‚Medialität' gesprochen, dort allerdings in einem anderen Sinne. Es wurde gesagt, dass ein Editor oder eine Editorin[3] eine *Mediatorenrolle* einnimmt. Der Editor *vermittelt* Textgut, das nicht (mehr) unmittelbar und jedermann zugänglich ist. Insbesondere mittelalterliche Texte sind selbst einem Fachpublikum (von bloßen ‚Literaturliebhabern' ganz zu schweigen) nur in Ausnahmefällen ohne editorische Vermittlung zugänglich – zum Beispiel, wenn man die Möglichkeit bekommt, das Original einer mittelalterlichen Handschrift in einer Bibliothek einzusehen. Aber selbst dann ist gerade einmal *einer* Person ein überlieferter Text nahe gebracht. Ein (wissenschaftlicher) Austausch über den Text ist so noch nicht möglich.

Der Text muss also gleichsam aus dem Medium der je einzigartigen Handschrift gelöst und in ein anderes Medium überführt werden, in das einer wissenschaftlichen Textausgabe, sei es in analoger Buchform, sei es in elektronischer, digitaler Form – in einer Form jedenfalls, die beliebig viele Kopien zulässt, sodass der edierte Text möglichst vielen Interessenten zugänglich wird.

Anders gesagt: Ein Editor befasst sich mit der adäquaten Medialisierung von historischen Inhalten, die ihrerseits in einer spezifischen, historisch bedingten Weise medialisiert vorliegen.

---

[3] Hinweis: Ich werde im Folgenden aus stilistischen Gründen nicht immer männliche *und* weibliche Redeformen verwenden. Wenn aber von *einem Editor* oder *einem Herausgeber* oder *einem Textkritiker* gesprochen wird, so sind mit den männlichen Wortformen selbstverständlich immer auch Frauen gemeint, die sich editorisch betätigen.

Die Grundprobleme, die ein jeder Texteditor bei dieser Aufgabe zu bewältigen hat, lassen sich durch folgendes Fragenbündel veranschaulichen:

Auf welche Weise überführt der Editor den historischen Text? *Fotografiert* er ihn aus der Handschrift bloß ab? *Schreibt* er ihn ab? Wie genau orientiert sich seine Transkription (Abschrift) am Original? *Vereinheitlicht* er Schreibweisen? Orientiert er sich an aktuellen (ortho-) graphischen *Regeln*? Verbessert er Fehler? Was ist ein *Fehler*? Soll er Verständnishilfen in die Textausgabe einfügen oder den edierten Text *kommentieren*, damit nicht nur Spezialisten etwas mit dem Text anfangen können? Soll er alle Texte, die in der Handschrift im Mittelalter aufgezeichnet wurden, edieren oder *wählt* er nur einige *aus* (zum Beispiel nur Textes *eines* Autors, während die Handschrift aber auch noch Texte anderer Autoren enthält)? Wie wichtig ist es für spätere Leser des edierten Textes, den in der Handschrift manifesten *Kontext* zu kennen? Wie kann man ihn vermitteln? Was ist zu tun, wenn der zu edierende Text nicht nur in einer Handschrift aufgefunden wird, sondern wenn zwei, drei oder noch mehr andere Handschriften ihn ebenfalls überliefern – und hier und da *Textvarianten* begegnen? Für welche Handschrift entscheidet man sich? Ist die *Entscheidung* gut begründet und kann sie von möglichst vielen anderen Fachleuten nachvollzogen werden? Welchen *Anspruch* hat der Editor mit seiner Edition? Will er den Benutzern seiner Edition die unterschiedlichen *Existenzweisen des Textes* so nahe bringen, wie sie in den Handschriften gespiegelt werden? Oder will er mit seinem Editionstext über die Handschriften hinausgehen und einen *Autortext*, ein ‚*Original'* herausgeben? Wie aber mag das ‚Original' ausgesehen haben? Sind diejenigen Texte, die der Editor noch unmittelbar einsehen, ja anfassen kann, noch nahe am ‚Original' dran – oder liegt dazwischen eine kaum mehr überbrückbare Kluft? Welche W e g e u n d S c h i c k s a l e mag der handschriftlich vorliegende Text hinter sich haben? Wie intensiv will man sie nachzuzeichnen versuchen?

Diese Fragen, die durchaus noch um manche andere vermehrt werden könnten, zeigen eines deutlich: Ein Editor steht meist vor einer Grundsatzentscheidung: Will er vornehmlich einen Text*zustand* reproduzieren (wie er ihn in einer Handschrift vorfindet) oder will er mehr einen Text*prozess* dokumentieren oder rekonstruieren? Anders gesagt: Will der Editor mit seiner Edition einem Publikum einen Text zur Verfügung stellen, der den Anspruch hat, autor- oder originalnah zu sein? Oder will er einen Text präsentieren, wie er nachweislich zu einer bestimmten Zeit schriftlich fixiert worden ist? Oder aber – das wäre ein ganz anderer Ansatz – möchte er, etwa mittels Dokumentation von Varianten oder variierenden Textfassungen, seinem Publikum Möglichkeiten an die Hand geben, etwas über die Text- und Überlieferungsgeschichte zu erfahren, über Wege und Stationen des Textes?

Was auch immer der Editor vorhat – er muss von Anfang an im Blick haben, dass diejenigen Texte, die ihm in Form von handschriftlichen Aufzeichnungen vorliegen, jeweils nur fixe Momentaufnahmen einer Textgeschichte sind, die uns weithin unzugänglich ist. Strebt ein Editor etwa an, einen Text herauszugeben, der nah an das (verlorene) Original herankommen soll, so muss ihm stets bewusst sein, dass der Blick auf den ‚Urheber', den ‚Autor' des Textes und auf das, was dieser Urheber einstmals in die Welt entlassen hat, mehr als getrübt ist. Um im Bild zu bleiben: Der Text, der dem Editor vorliegt, gibt zwar einen Blick frei auf das Original, aber dieser Blick ist ein Blick wie durch eine dicke Milchglasscheibe, zuweilen noch prismenartig gebrochen. Denn die Texte, die zu einer bestimmten Zeit schriftlich fixiert worden sind, haben in den meisten Fällen einen langen Weg hinter sich. Versuchen wir, uns diesen Weg zunächst ganz vereinfacht vorzustellen. Ein Text hat einen Autor; und eine Handschrift hat einen Schreiber. Was wir heute haben, ist die Handschrift. Sie wurde von einem Schreiber angefertigt, der in aller Regel nicht mit dem Autor des aufgeschriebenen Textes identisch ist. Wie der Autor seinen Text fixiert hat, wissen wir nicht (genau). Er kann ihn beispielsweise auf mit Wachs bezogenen Holztäfelchen wie einen Entwurf geschrieben haben, er kann ihn ‚im Kopf' konzipiert und memoriert, er kann auf Pergament oder Papier erste Fassungen notiert haben.

Wie aber kommt der Text des Autors zum Schreiber? Wir kennen nicht sehr viele mittelalterliche Schreiber, d.h., wir wissen nur über einige wenige biographisch einigermaßen Bescheid. In aller Regel sind Schreiber bloße ‚Handwerker', die in so genannten Skriptorien im Auftrag arbeiten. Manchmal nennt man sie auch ‚Kopisten', also: ‚Abschreiber', was die fast ‚mechanische' Arbeit der Textvervielfältigung betont. Schreiber sind in aller Regel keine ‚Kulturverwalter'; ihre Schreibaufträge erhalten sie von anderen Personen, die ihre Arbeit überdies auch noch überwachen: von sogenannten ‚Redaktoren'.

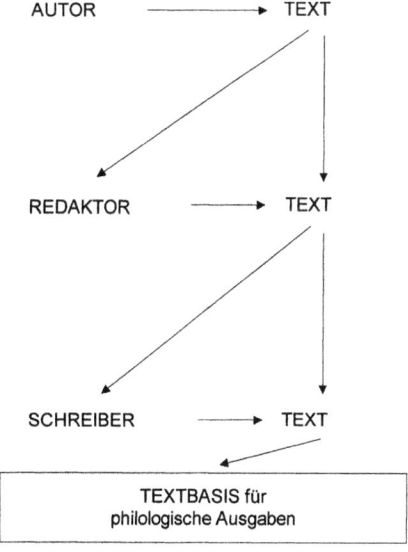

Ein Autor verfasst einen Text; dieser gelangt in die Hände eines Redaktors, der mit dem Text etwas anstellen will oder soll und ihn einem Schreiber überantwortet, der den Text (neu) fixiert. In dieser Gestalt nimmt ihn der Editor zur Kenntnis und überführt den Text (mehr oder weniger stark verändert) in eine moderne Textedition.

Das Modell sieht noch einfach aus. Die Wirklichkeit der Textgeschichte (im Mittelalter) ist indes wesentlich komplexer, denn Texte im Mittelalter sind in einem hohen Maße vergesellschaftete Kulturgüter, d.h., an ihnen sind weit mehr Instanzen beteiligt als nur Autor, Redaktor und Schreiber:

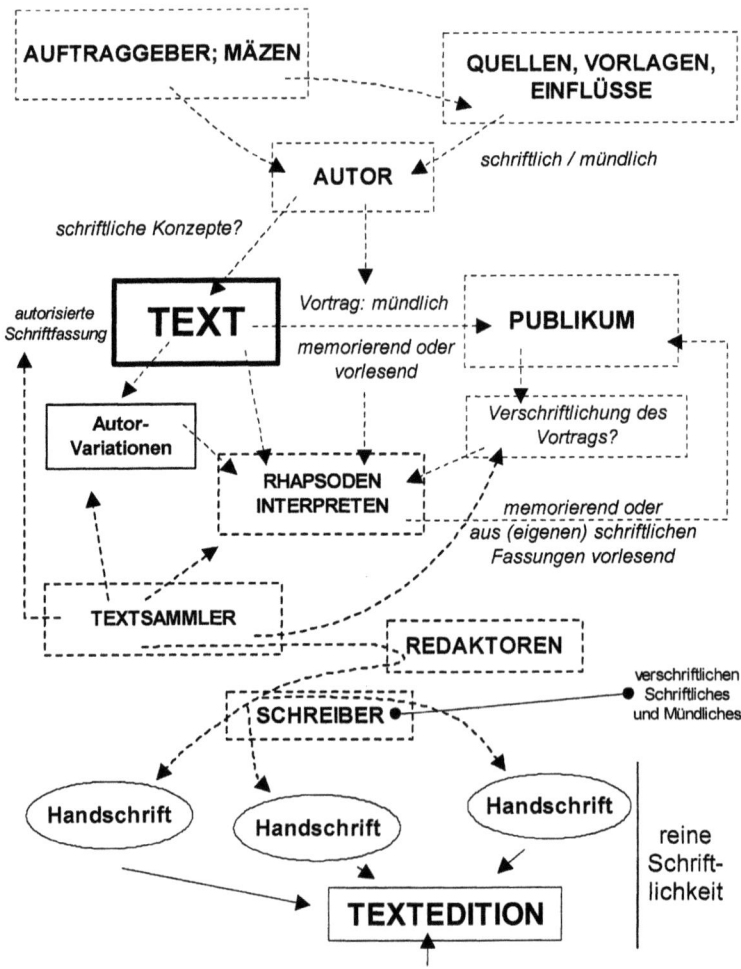

Gehen wir vom Text aus: Er hat einen Urheber, gemeinhin ‚Autor' genannt; dieser aber ist nicht der alleinige Urheber. An der Textproduktion beteiligt sind mittelbar auch Auftraggeber und/oder Mäzene, die etwa bestimmte Vorlieben haben, die einen Autor mit literarischen Wünschen konfrontieren und die ihn, im Mittelalter ganz wesentlich, mit Quellentexten (etwa fremdsprachigen Vorlagen, die es zu übersetzen bzw. zu bearbeiten gilt) versorgen. Der Autor konzipiert seinen Text in den meisten Fällen wohl schriftlich; besonders bei längeren epischen Werken dürfte dies nötig sein (auf Wachstafeln, später dann auf Pergament- oder Papierblättern). Der Autor präsentiert seinen Text zu irgendeinem Zeitpunkt einem Publikum zum ersten Mal – und zwar, nach allem, was wir wissen, mündlich, indem er entweder aus schriftlichen Konzepten vorliest oder aber – bei lyrischen Texten gut denkbar – auswendig gelernte Texte vorträgt. Das heißt: In beträchtlichem Maße ist Literatur im (Hoch-) Mittelalter (hier gemeint 11.-13. Jahrhundert) Aufführungskunst – sie lebt und wirkt nicht (vornehmlich) in der stillen individuellen Lektüre, sondern ein literarischer Text entfaltet sich zunächst in immer wieder neuer und notwendigerweise variierender Aufführung: ein Text wird vorgetragen, vorgesungen, vorgespielt – nicht selten mit musikalischer Begleitung. Was das Publikum mit den gehörten Texten tut, wissen wir nicht. Es mag Zuhörer geben, die einmal Gehörtes gut memorieren können und es gegebenenfalls an andere Orte weiter tragen; es mag freilich auch den einen oder anderen, aber doch eher selten anzunehmenden Fall geben, dass während eines Vortrags mitgeschrieben wird.

Den erstmals vorgetragenen Text kann der Autor weiter bearbeiten, modifizieren, ergänzen, er kann Kürzungen vornehmen oder Details mit Rücksicht auf ein anderes Publikum verändern. In den meisten Fällen dürften solche Autor-Modifikationen ebenfalls einen schriftlichen Niederschlag im Umfeld des Autors erfahren. Spätestens nach dem Tod des Autors befinden sich die Texte aber in anderer Hand: in der Hand von Kollegen, Vorträgern, Rhapsoden, Interpreten, Nachsängern – es finden sich viele konkurrierende Begriffe. Diese rezitieren und singen die Texte – entweder memorierend oder aus schriftlichen Vorlagen ablesend. Ihr Publikum rezipiert in den meisten Fällen wohl passiv, Aufzeichnungen in dieser Gruppe sind aber nicht ausgeschlossen.

Bis zu dieser Stufe der Text- und Überlieferungsgeschichte müssen wir mit mehrfachem Wechsel des Aggregatzustandes rechnen. Die Texte wechseln ihr ‚Dasein': einmal finden sie sich fixiert auf Wachs oder Pergament, dann wieder im ephemeren (flüchtigen, nicht fixierten) Zustand der Oralität (Mündlichkeit). Vom einen in den anderen Zustand kann es mehrfach wechseln.

Es folgt nun aber eine Phase der Texttradition, die immer deutlicher von Schriftlichkeit geprägt ist. Erste Katalysatoren dürften Textsammler sein. Es sind dies Mitglieder eines Kulturbetriebes, die, zumeist gegen Ende des 13. Jahrhunderts, vermehrt im 14. Jahrhundert, ein kulturkonservatorisches Interesse entwickeln, so, als ob sie dem wechselhaften, flüchtigen Leben der Texte mehr Stabilität und Sicherheit verleihen wollten. Diese Sammler suchen Texte oder lassen suchen. Dabei greifen sie, zwangsläufig, auf alles zurück, was sie finden können: darunter mögen schriftliche Aufzeichnungen sein, die noch auf den Autor der Texte zurückgehen, sicher aber auch solche aus dem Umfeld von Nachsängern und Rhapsoden. Möglicherweise lassen sich die Sammler aber auch von Personen informieren, die den einen oder anderen Text nur ‚im Kopf' haben – ähnlich wie die Brüder Jacob und Wilhelm Grimm sich für ihre Sammlung Märchen von Erzählerinnen diktieren ließen[4]. Das gefundene Textmaterial überantworten die Sammler dann wohl Redaktoren, die es ordnen und vorab lesen, die gegebenenfalls Korrekturen vornehmen, die – in Lyrikhandschriften häufiger zu finden – Platz für mögliche Nachträge freizulassen anordnen. Die Tätigkeiten dieser Redaktoren, das ist evident, ähneln derjenigen eines Editors modernen Zuschnitts. Die Redaktoren schließlich geben ihr Material in eine Schreibstube (ein Skriptorium) und lassen es dort in eine neue schriftliche Form überführen. Der Schreiber, teils ein bloß mechanisch arbeitender Kopist, teils aber auch mitdenkend, verbessernd, zuweilen verschlimmbessernd, stellt die vorerst letzte Instanz dar, die zu dem führt, was wir heute als Basis für unsere Textausgaben heranziehen: die Handschriften. Mit den Worten ‚Schreiber' und ‚Handschrift' wird auch sprachlich deutlich, dass wir uns nun in einer Phase reiner Schriftlichkeit befinden. Es mag sein, dass aus den Handschriften heraus im 14., 15. oder 16. Jahrhundert die Texte noch einmal in einen mündlichen Zustand überführt wurden – doch dieser hat (in den meisten Fällen) keine uns bekannte Wiederverschriftlichung erfahren.

Es ist allein die zuletzt erwähnte Ebene der Schriftlichkeit, auf der der Editor seine Arbeit gründen kann. Es dürfte aber nun deutlich geworden sein, dass ein Text dieser Ebene ein langes und teilweise sehr bewegtes Leben hinter sich hat, ein Leben zwischen Mündlichkeit und Schriftlichkeit, ein intermediales Leben, das vielfältige (Text-) Veränderungen mit sich gebracht hat, die wir heute nur ansatzweise noch nachzeichnen können, meist dann, wenn uns ein Text in mehreren Handschriften vorliegt, die unterschiedliche Fassungen dieses Textes bewahrt haben.

Im nächsten Kapitel wollen wir uns eingehender mit der heute allein zugänglichen medialen Ebene der mittelalterlichen Textgeschichte beschäftigen: mit den Handschriften, ihren Haupttypen und Erscheinungsweisen.

Darüber darf aber nie vergessen werden, dass ein mittelalterlicher, schriftlich fixierter Text nur die eine Hälfte des literarischen ‚Werks' darstellt; die andere ist uns nicht überliefert. Der französische Mediävist Paul Zumthor hat in vielen Publikationen mit Nachdruck darauf hingewiesen – seine in der folgenden Literaturliste genannten Arbeiten seien daher besonders zum vertiefenden Studium empfohlen.

Bibliographische Hinweise zur Medialität von (mittelalterlichen) Texten

Allgemeines zur Medientheorie:
→ Metzler Lexikon. Medientheorie, Medienwissenschaft. Ansätze, Personen, Grundbegriffe. Hrsg. von Helmut Schanze. Unter Mitarbeit von Susanne Pütz. Stuttgart/Weimar 2002
→ Ludwig Jäger/ Bernd Switalla (Hgg.): Germanistik in der Mediengesellschaft. München 1994

---

[4] Vgl. dazu mit weiteren Hinweisen Lothar Bluhm: Grimm-Philologie. Beiträge zur Märchenforschung und Wissenschaftsgeschichte. Hildesheim 1995.

➔ Medienwechsel. Erträge aus zwölf Jahren Forschung zum Thema ‚Mündlichkeit und Schriftlichkeit'. Hrsg. von Wolfgang Raible. Tübingen 1998

Besondere, für die mittelalterlichen Verhältnisse relevante Titel (in chronologischer Folge):

Manfred Günter Scholz: Hören und Lesen. Studien zur primären Rezeption der Literatur im 12. und 13. Jahrhundert. Wiesbaden 1980
➔ Paul Zumthor: Die orale Dichtung: Raum, Zeit, Periodisierungsproblem. In: Epochenschwellen und Epochenstrukturen im Diskurs der Literatur- und Sprachhistorie. Hrsg. von Hans Ulrich Gumbrecht und Ursula Link-Heer. Unter Mitarbeit von Friederike Hassauer, Armin Biermann, Ulrike Müller-Charles, Barbara Ullrich. Frankfurt/M. 1985, S. 359-375
➔ Paul Zumthor: Einführung in die mündliche Dichtung. Berlin 1990
➔ Paul Zumthor: Die performance. Mündlichkeit und Schrift. In: Paul Zumthor: Die Stimme und die Poesie in der mittelalterlichen Gesellschaft. Aus dem Französischen von Klaus Thieme. München 1994, S. 35-58 [frz. Original: La poésie et la voix dans la civilisation médiévale. Paris 1984]
Ursula Schaefer: Zum Problem der Mündlichkeit. In: Modernes Mittelalter. Neue Bilder einer populären Epoche. Hrsg. von Joachim Heinzle. Frankfurt/M., Leipzig 1994, S. 357-375
Horst Wenzel: Medialität von Literatur als Problem der Literaturwissenschaft. In: Germanistik: Disziplinäre Identität und kulturelle Leistung. Vorträge des deutschen Germanistentages 1994. Hrsg. von Ludwig Jäger. Weinheim 1995, S. 121-137
Horst Wenzel: Hören und Sehen. Schrift und Bild. Kultur und Gedächtnis im Mittelalter. München 1995
‚Aufführung' und ‚Schrift' in Mittelalter und Früher Neuzeit. Hrsg. von Jan-Dirk Müller. Stuttgart, Weimar 1996
➔ Martin J. Schubert: Versuch einer Typologie von Schreibereingriffen. In. Das Mittelalter. Perspektiven mediävistischer Forschung. Bd. 7, 2002, H. 2: Der Schreiber im Mittelalter. Hrsg. von Martin J. Schubert, S. 125-144
Achim Diehr: Literatur und Musik im Mittelalter. Eine Einführung. Berlin 2004
Gerald Kampfhammer (u.a.) (Hgg.): Autorbilder: Zur Medialität literarischer Kommunikation in Mittelalter und Früher Neuzeit. Münster 2007
Christian Kiening (u.a.) (Hgg.): SchriftRäume: Dimensionen von Schrift zwischen Mittelalter und Moderne. Zürich 2008
Lena Rohrbach: Schrifträume: vier Ausstellungen und ein Katalog zur Medialität der Schrift vom Mittelalter bis zur Gegenwart. In: Librarium 1, 2009, S. 26-38.

III. Zur Überlieferung (hoch-) mittelalterlicher deutschsprachiger Texte

1. Text – Textgeschichte – Überlieferungsgeschichte

In den vorangehenden beiden Kapiteln haben wir über den Textbegriff gesprochen und uns grundsätzlich vor Augen geführt, wie das Leben eines mittelalterlichen Textes ausgesehen haben kann. Dabei spielte die mediale Situation eine besondere Rolle, das Wechseln des Aggregatzustandes eines Textes: von der Mündlichkeit in die Schriftlichkeit, von der Schriftlichkeit in die Mündlichkeit und wieder zurück in die Schriftlichkeit.
Mittelalterliche Texte in ihrer oralen Existenz sind uns nicht mehr zugänglich. Uns bleibt nur ihr schriftlich fixierter Zustand. Dieser aber kann Aufschlüsse geben über den Lebensweg des Textes und gegebenenfalls auch über sein mediales Changieren. Im Folgenden wollen wir uns näher mit der Schriftlichkeit mittelalterlicher Textkultur befassen. Mit ihr wird der Textkritiker und Editor vom Anbeginn seiner Arbeit an konfrontiert, und die Art und Weise, wie er sich mit ihr beschäftigt und auseinandersetzt, wird später die Edition entscheidend prägen.

2. ‚Literatur': Textsorten

Während wir uns im ersten Kapitel sehr abstrakt über das, was man ‚Text' nennt, verständigt haben, müssen wir nun etwas konkreter unterschiedliche Textsorten oder Texttypen differenzieren, denn die handschriftliche Fixierung weist – teilweise zumindest – Interdependenzen mit der Art des aufgezeichneten Textes auf.
Grundsätzlich sollte man fiktionale von nicht fiktionalen Texten unterscheiden, obwohl man lange und kontrovers darüber debattieren kann, was eigentlich einen ‚fiktionalen' Text ausmacht. Das kann hier nicht geschehen, es sei aber auf die Problematik aufmerksam gemacht.[1] Am ehesten kann man die beiden Grundtypen über die intendierte Funktionalität von Literatur unterscheiden. Nicht-fiktionale Literatur hat meist einen (lebens-) praktischen Zweck, sie will belehren, will rasch über einen Sachverhalt in der Welt berichten, will Fertigkeiten und Wissen konservieren und weitergeben. Dabei verzichtet sie meist auf bewusste Sprachästhetik, d.h., ausgefallene rhetorische Figuren wie Metaphern oder Allegorien fehlen weitgehend, die Vers- und Reimform wird eher in Ausnahmefällen verwendet. Sprache wird grundsätzlich reduziert auf ihr Informations- und Kommunikationspotenzial, wobei freilich auch schon Anfänge einer fachsprachlichen Ausdifferenzierung festzustellen sind. Insofern wundert es nicht, wenn man insbesondere die Fachliteratur

---

[1] Vgl. dazu Walter Haug: Die Wahrheit der Fiktion. Studien zur weltlichen und geistlichen Literatur des Mittelalters und der frühen Neuzeit. Tübingen 2003 (darin viele weitere Hinweise auf Forschungsliteratur).

zur nicht-fiktionalen Textsorte rechnet. Der Anteil der Fachliteratur an der mittelalterlichen Literatur insgesamt ist sehr hoch.²

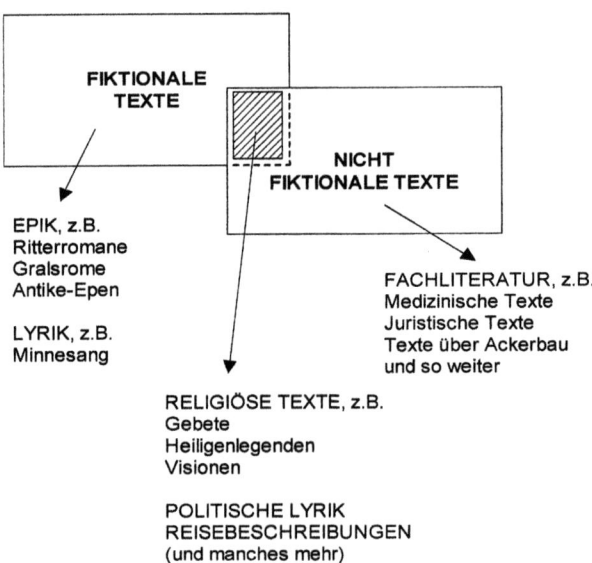

Es gibt z.B. sehr viele deutschsprachige medizinische Texte, die teilweise äußerst kurz sind: knappe Rezepte zur Herstellung eines Medikamentes etwa oder zur Durchführung eines Aderlasses. Sie haben einen ganz lebenspraktischen Bezug.
Unter fiktionalen Texten verstehen wir im Gegensatz dazu eher Texte, denen ein Stoff zugrunde liegt, der sich nicht aus einer unmittelbaren Lebenswirklichkeit ableitet (z.B. der Artus- oder Gralsstoff) oder lyrische Texte (Liebeslieder). Solche Texte sind überdies häufig deutlich über ihre sprachliche Realisierung ästhetisiert (metrisch gebundene Rede; Reime; ausgefeilte Rhetorik).
Gerade im Mittelalter aber gibt es auch nicht wenige Texte, die sich nicht so einfach dieser oder jener Großgruppe zuordnen lassen (in der Grafik die schraffierte

---

² Vgl. dazu Bernhard Dietrich Haage / Wolfgang Wegner: Deutsche Fachliteratur der Artes in Mittelalter und Früher Neuzeit. Unter Mitarbeit von Gundolf Keil und Helga Haage-Naber. Berlin 2007.

‚Schnittmenge'). Es sind dies vielfach Texte religiöser Art, die zum einen freilich einen konkreten ‚Zweck' verfolgen, zum anderen aber auch viele Merkmale der fiktionalen Literatur aufweisen. Das gilt auch für propagandistische Literatur wie z.B. die politische Lyrik, die auf der einen Seite hoch ästhetisiert sein kann, auf der anderen Seite aber tagesaktuellen Wirklichkeitsbezug hat.

3. Hand-Schriften

Texte dieses wie jenes Grundtyps werden bis zum Aufkommen der Inkunabeln (s.u.) und besonders bis zur Erfindung der rationellen und effektiven Technik des Buchdrucks durch Johannes Gutenberg (um 1400-1468) *mit der Hand aufgezeichnet* und – zwecks Vervielfältigung – voneinander *abgeschrieben*.

Mündlichkeit - Handschriftlichkeit - Druckschriftlichkeit

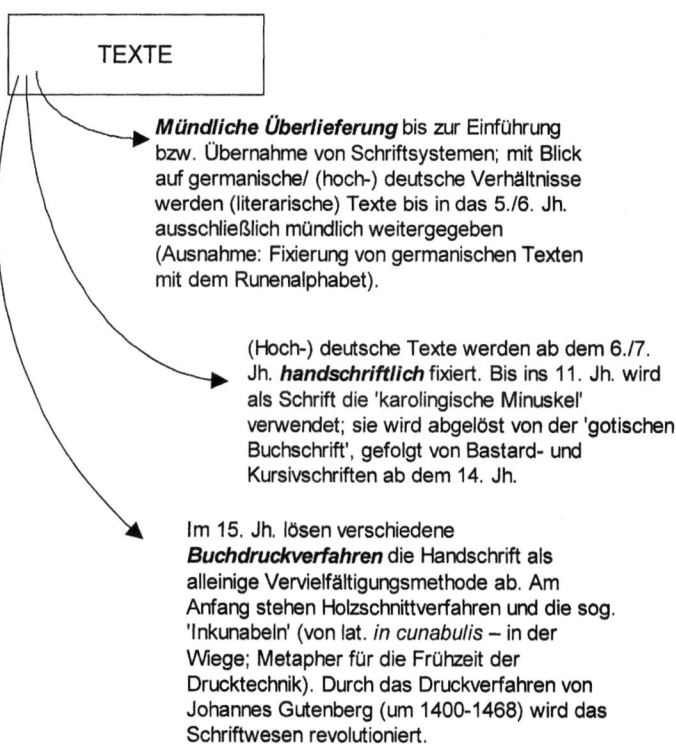

TEXTE

Mündliche Überlieferung bis zur Einführung bzw. Übernahme von Schriftsystemen; mit Blick auf germanische/ (hoch-) deutsche Verhältnisse werden (literarische) Texte bis in das 5./6. Jh. ausschließlich mündlich weitergegeben (Ausnahme: Fixierung von germanischen Texten mit dem Runenalphabet).

(Hoch-) deutsche Texte werden ab dem 6./7. Jh. *handschriftlich* fixiert. Bis ins 11. Jh. wird als Schrift die 'karolingische Minuskel' verwendet; sie wird abgelöst von der 'gotischen Buchschrift', gefolgt von Bastard- und Kursivschriften ab dem 14. Jh.

Im 15. Jh. lösen verschiedene *Buchdruckverfahren* die Handschrift als alleinige Vervielfältigungsmethode ab. Am Anfang stehen Holzschnittverfahren und die sog. 'Inkunabeln' (von lat. *in cunabulis* – in der Wiege; Metapher für die Frühzeit der Drucktechnik). Durch das Druckverfahren von Johannes Gutenberg (um 1400-1468) wird das Schriftwesen revolutioniert.

Deutsche Texte werden mit Hilfe der lateinischen Alphabetschrift ab dem 5./6. Jahrhundert verschriftlicht. Man ist bemüht, den Lauten der (hoch-) deutschen Sprache möglichst eindeutig bestimmte Schriftzeichen (für Vokale und Konsonanten) zuzuordnen. Grundsätzlich wird man von einer recht engen Phonem-Graphem-Relation ausgehen können – eine Voraussetzung für jede Art von lautgeschichtlicher Forschung; Zweifelsfälle aber wird es immer geben. Aus den antiken römischen Buchschriften entwickeln sich allmählich spätantike/ frühmittelalterliche Typen unterschiedlicher Größe und ‚Neigung' (Kursivierung), bis schließlich durch die Kulturpolitik Karls des Großen (747-814) die nach ihm benannte ‚karolingische Minuskel' in weiten Teilen Europas mehrere Jahrhunderte Verwendung fand (dazu ausführlicher unten).

Mittelalterliche Schriftlichkeit ist in zwei Medien manifest: Vor allem schriftliche Entwürfe, Pläne, Konzepte, die nicht über längere Zeiträume aufbewahrt werden mussten, werden auf mit Wachs überzogenen Holztafeln notiert. Die eingeritzten Buchstaben konnten leicht wieder ‚gelöscht' werden.
Was dauerhaften Bestand haben sollte, wird auf Pergament festgehalten, auf einem Beschreibstoff, der etwa 1000 Jahre eine Art Monopolstellung innehat. Das Pergament löst in der Spätantike den weniger haltbaren Papyrus ab. Gleichzeitig dominiert nun das Buch (der ‚Codex', Plural: ‚Codices', dazu unten mehr); nur mehr sehr selten sind die aus der Antike bekannten Schriftrollen. Papier, in China bereits im 1. oder 2. Jahrhundert v. Chr. bekannt, gelangt im 7./8. Jahrhundert in die westliche Welt. Zunächst kultivieren es die auch sonst sehr findigen Araber und geben Informationen an die Spanier weiter, wo man im 10. Jahrhundert erste Papiermühlen vermutet. Durchgesetzt hat sich das Papier als Beschreibstoff jedoch erst sehr viel später, nicht zuletzt der Erkenntnis wegen, dass Papier längst nicht so haltbar ist wie Pergament. Erst im 14. Jahrhundert mehrt sich die Verwendung von Papier, das wesentlich preiswerter und einfacher als Pergament herzustellen war.
Pergament ist die Haut von Schafen, Ziegen oder Kälbern. Bis aus ihr ein beschreibbares Material geschaffen ist, muss viel Mühe aufgewendet werden. Die Haut wird oft mehrere Wochen in Kalklauge gebeizt; sodann schabt man mit einem speziellen Messer die oberen Schichten der Haut ab und entfernt Fettreste. Die Haut wird in einen Rahmen gespannt und getrocknet. Nach der Trocknung kann das Pergament noch weiter bearbeitet, veredelt, auch – z.B. mit Purpur – eingefärbt werden. Das Pergament wird schließlich für die Beschriftung in unterschiedlich große viereckige Stücke geschnitten, zu Lagen und schließlich zum Codex (‚Buch') zusammengestellt.

Text- und Überlieferungsgeschichte 31

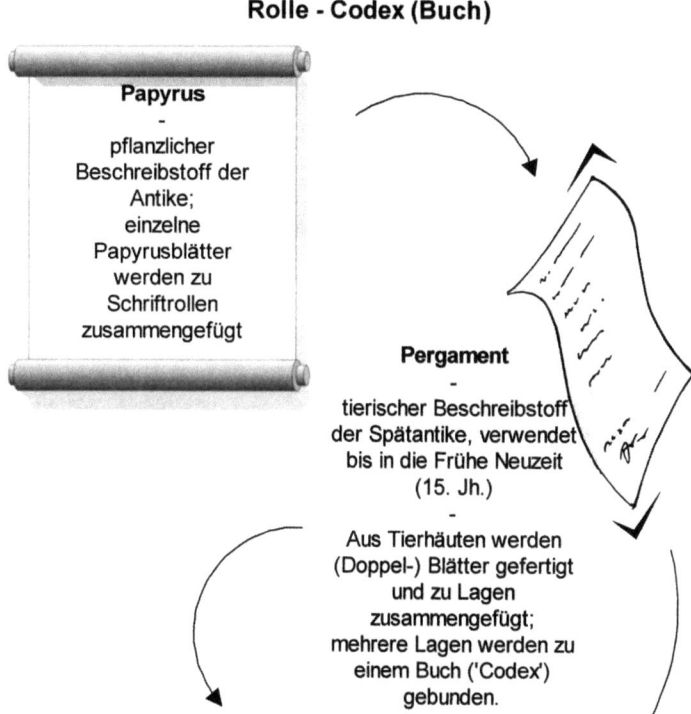

Papyrus - Pergament - Papier
Rolle - Codex (Buch)

Papyrus
-
pflanzlicher Beschreibstoff der Antike; einzelne Papyrusblätter werden zu Schriftrollen zusammengefügt

Pergament
-
tierischer Beschreibstoff der Spätantike, verwendet bis in die Frühe Neuzeit (15. Jh.)
-
Aus Tierhäuten werden (Doppel-) Blätter gefertigt und zu Lagen zusammengefügt; mehrere Lagen werden zu einem Buch ('Codex') gebunden.

Papier

Ab dem späteren 14. Jh. verdrängt das Papier das Pergament als Beschreibstoff. Papier ist kostengünstiger, aber auch weniger haltbar.

Die Herstellung von beschreibbarem Pergament ist ein langwieriger, arbeitsintensiver und vor allem kostspieliger Prozess. Mittelalterliche Bücher sind von daher Lu-

xusartikel. Für ein umfangreiches Werk, etwa eine Evangeliensynopse, eine Bibelübersetzung, ein Psalterium, aber auch für weltliche Texte wie z.b. einen Artusroman, mussten etliche Tierhäute hergerichtet werden.
Je nach Art und Umfang der aufgezeichneten Texte können diese (zunächst) auf losen Einzelblättern aufbewahrt oder weitergegeben werden. Bei Texten, die mehrere Blätter in Anspruch nehmen (z.B. längeren epischen Werken), wird eine Bindung notwendig, häufig erst nach Beschriftung der Blätter. Ein übliches Verfahren ist, zunächst eine bestimmte Anzahl von Doppelblättern (ein Doppelblatt = vier Seiten) zu einer sogenannten Lage zusammenzufügen. Je nachdem, wie viele Doppelblätter verwendet werden, nennt man die Lage ‚Binio' (zwei Doppelblätter), ‚Ternio' (drei Doppelblätter), ‚Quaternio' (vier Doppelblätter), ‚Quinterne' (fünf Doppelblätter) usw.

Blätter - Doppelblätter - Lagen

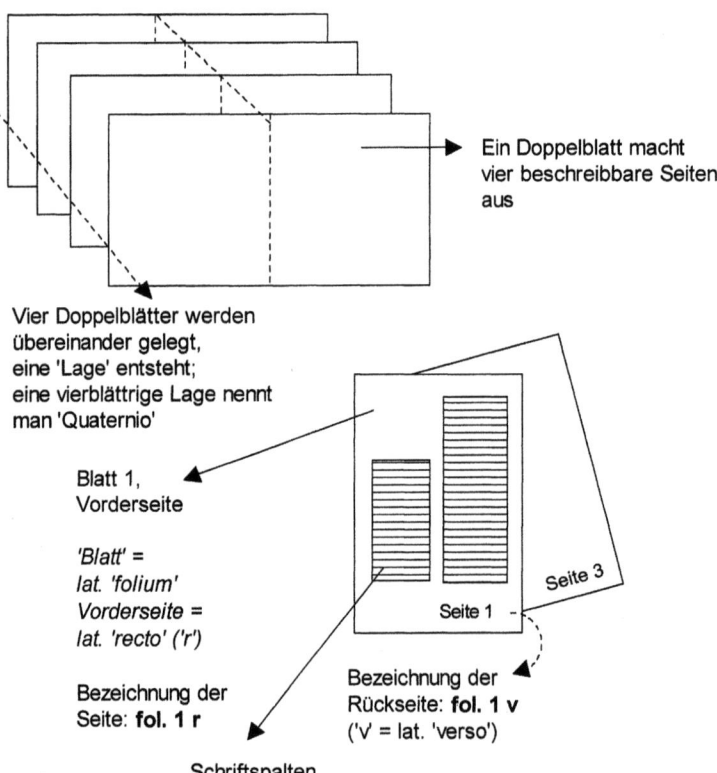

Mehrere Lagen können ihrerseits zusammengebunden und mit zwei hölzernen, häufig mit Leder oder gar Edelmetallen verkleideten Deckeln versehen werden. Das Ergebnis ist der Codex, das mittelalterliche Buch. Das Wort ‚Codex' leitet sich von lat. *caudex* = ‚Holzklotz' ab. Die Etymologie verweist auf das antike Verfahren, beschriftete Holztäfelchen mit Fäden zusammenzubinden (im Lateinischen *tabulae*, *tabellae* genannt). Ordnungseinheit eines Codex ist nicht die Seite, sondern zunächst die Lage (durch sogenannte Kustoden, wörtlich: ‚Wächter', numerisch gekennzeichnet), seit dem 13. Jahrhundert zunehmend das Blatt. Entgegen dem modernen Verfahren der Paginierung (Seitenzählung) herrscht im Hochmittelalter das der Foliierung vor (von lat. *folium* = ‚Blatt'): Gezählt werden nur die Blätter; um eine Unterscheidung zwischen Vorder- und Rückseite eines Blattes treffen zu können, werden die Buchstaben ‚r' (für *recto* = Vorderseite) und ‚v' (für *verso* = Rückseite) verwendet. Bei Spalten-Handschriften lässt sich durch Hinzufügung von Kleinbuchstaben (a, b, c, d) die gemeinte Spalte angeben. So bedeutet z.B. die Angabe ‚fol. 37 rb', dass ein bestimmter Text auf der Vorderseite des 37. Blattes eines Codex in der zweiten Spalte zu finden ist.

Die Buchstaben werden mit Hilfe einer Feder/ eines Federkiels auf das Pergament aufgebracht. Der Federkiel wird zuvor in Tinte eingetaucht. Die Herstellung von Tinte ist ähnlich aufwändig wie die Herstellung von Pergament. Teilweise ist die Tintenqualität aber erstaunlich gut, sodass wir auch noch nach vielen Jahrhunderten Texte in Handschriften lesen können. Um die Tinte dunkler zu machen, wird nicht selten Eisenvitriol untergemengt, was dann allerdings dem Pergament nicht gut bekommt: wo einstmals noch Buchstaben standen, finden sich heute nur noch Löcher. Vor dem Beschriften mit Tinte wird das Pergamentblatt in der Regel noch ‚formatiert': man sticht mit einem Zirkel Zeilenabstände, zieht gegebenenfalls Linien und legt Raum für Initialen (größere Anfangsbuchstaben) oder Miniaturen (Bilder) fest. In entsagungsvoller Arbeit können Texte nun abgeschrieben, bearbeitet oder neu entworfen werden. Korrekturen werden mechanisch mittels eines feinen Messers durchgeführt: die Tinte wird einfach vom Pergament abgekratzt. Zuweilen begegnen einzelne Blätter oder ganze Codices, die zweimal beschrieben worden sind: der erste Text wurde abgeschabt, ein zweiter darüber geschrieben. Man nennt solche Handschriften ‚Palimpseste'. Mittels kriminaltechnischer Methoden können die abgeschabten Texte, die für uns zuweilen interessanter sind als die darüber geschriebenen, teilweise wieder lesbar gemacht werden. Fehler oder unliebsame Texte können freilich auch noch radikaler vor der Nachwelt verborgen gehalten werden, indem man ganze Teile aus den Pergamenten herausschneidet.

Die Beschriftung der Blätter ist vielgestaltig: Einen frühen Typ stellt die spaltenlose Beschriftung dar (d.h. die Zeilen laufen über die gesamte Breite des Blattes bzw. des Schriftspiegels). Vor allem seit dem 13. Jahrhundert finden sich viele zweispaltige, später dann auch dreispaltige Handschriften. Zur optischen Gliederung der Texte können Absätze dienen. Häufiger sind große Anfangsbuchstaben (sogenannte Initialen) oder herausgehobene Großbuchstaben (sogenannte Majuskeln), die, wenn sie farbig sind (oft rot und blau) Lombarden genannt werden. Insbesondere die Initialen können sich zu kleineren Kunstwerken verselbständigen. Inwieweit diese Markierungen auch Sinneinheiten treffen, ist im Einzelfall zu prüfen.

Eine Handschriftenseite

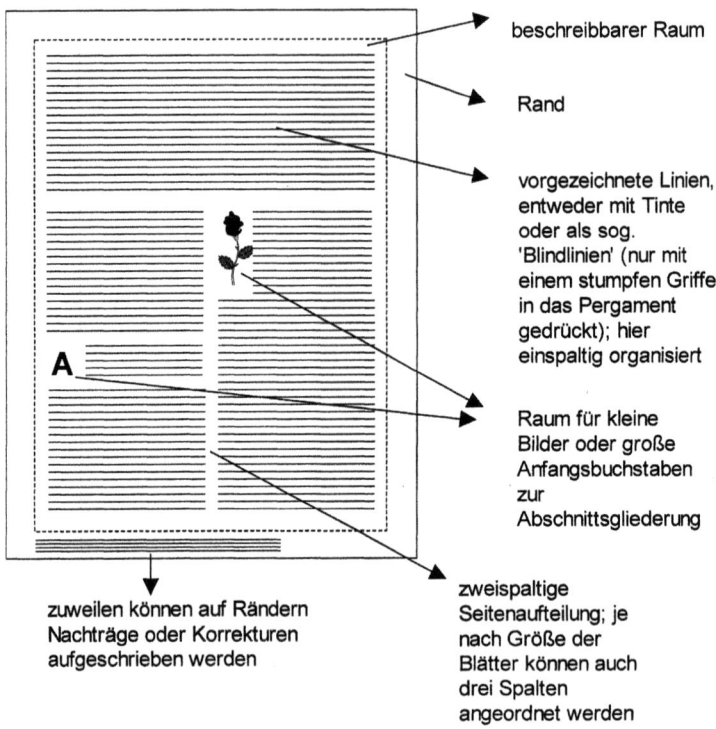

Bibliographische Hinweise zur Handschriften- und Buchkultur

Eine erste Orientierung bietet:
➔ H.-J. Koppitz: [Artikel] Buch I-III. In: Lexikon des Mittelalters. Hrsg. von Robert-Henri Bautier, Robert Auty [u.a.]. 9 Bde. München, Zürich 1999 bzw. 2002 (dtv-Ausgabe), Bd.II, Sp. 802-807.

Weitere Titel:
Haiko Wandhoff: Speicher- und Schauräume der Schrift. Die höfische Epik des hohen Mittelalters aus mediengeschichtlicher Sicht. In: Jahrbuch für Internationale Germanistik 28, 1996, 2 [1997]. S. 80-99

Uwe Neddermeyer: Von der Handschrift zum gedruckten Buch. Schriftlichkeit und Leseinteresse im Mittelalter und in der frühen Neuzeit. Quantitative und qualitative Aspekte. 2 Bde. Wiesbaden 1998
Heinz Buddemeier: Von der Keilschrift zum Cyberspace. Der Mensch und seine Medien. Stuttgart 2001
Peter F. Tschudin: Grundzüge der Papiergeschichte. Stuttgart 2002
➔ Ralf M. W. Stammberger: Scriptor und Scriptorum. Das Buch im Spiegel mittelalterlicher Handschriften. Graz 2003
Christine Jakobi-Mirwald: Das mittelalterliche Buch. Funktion und Ausstattung. Stuttgart 2004
➔ Michael Stolz; Adrian Mettauer [Hrsg.]: Buchkultur im Mittelalter. Schrift – Bild – Kommunikation. Berlin 2005

4. Überlieferungs- und Handschriftentypen

Von den meisten mittelalterlichen Texten, seien es ‚Dichtungen' im engeren Sinne, seien es Sachtexte, existieren zum Glück mehr Abschriften als nur eine. Das erleichtert zwar nicht die Arbeit des Textkritikers (dazu unten mehr), es hilft aber, die Existenzweisen, Überlieferungswege und Abhängigkeiten der Textzeugen (näherungsweise) zu bestimmen.

Die Abschriften begegnen nicht alle in gleicher Form. Es lassen sich verschiedene Typen der Überlieferung unterscheiden, die u.a. bedingt sind durch Gattung und Zeit.

Im Folgenden seien die wichtigsten Vertreter in ihrer Art skizziert; im Abschnitt 6 weiter unten finden sich für einige Typen Abbildungen einzelner Seiten.

Von großer Bedeutung sind **Sammelhandschriften**, die zahlreiche Texte (seien sie poetischer, theologischer oder fachliterarischer Art) vereinen. Sie zeigen häufig das Bemühen, möglichst viele Zeugnisse zu einem oder auch zu mehreren Themen systematisch zusammenzustellen und gesammelt zu bewahren. Eine der größten Sammelhandschriften zur deutschsprachigen Liebeslyrik ist die um 1300 begonnene große Heidelberger Liederhandschrift (Manessesche Handschrift) aus Zürich (Beispielseite unten, Abschnitt 6.5). Hätten wir diese bedeutende Sammlung mit über 5200 Strophen nicht, wäre uns ein Blick auf die Liebespoesie des 12. und 13. Jahrhunderts weitgehend verwehrt. Neben den wertvollen Texten sind es die kunstvollen Dichter-‚Porträts' bzw. szenischen Bilddarstellungen, die diesen Sammelcodex so bedeutend machen. Von ebenfalls großer Bedeutung sind die Lyrikhandschriften A (die ‚Kleine Heidelberger Liederhandschrift', um 1270, Beispiel im Abschnitt 6.4), die Handschrift B (Weingartner Liederhandschrift, 1. Viertel 14. Jahrhundert), die Handschrift E (Würzburger Liederhandschrift, um 1345-1354) sowie die Handschrift J (Jenaer Liederhandschrift, um 1330, Beispiel im Abschnitt 6.6).

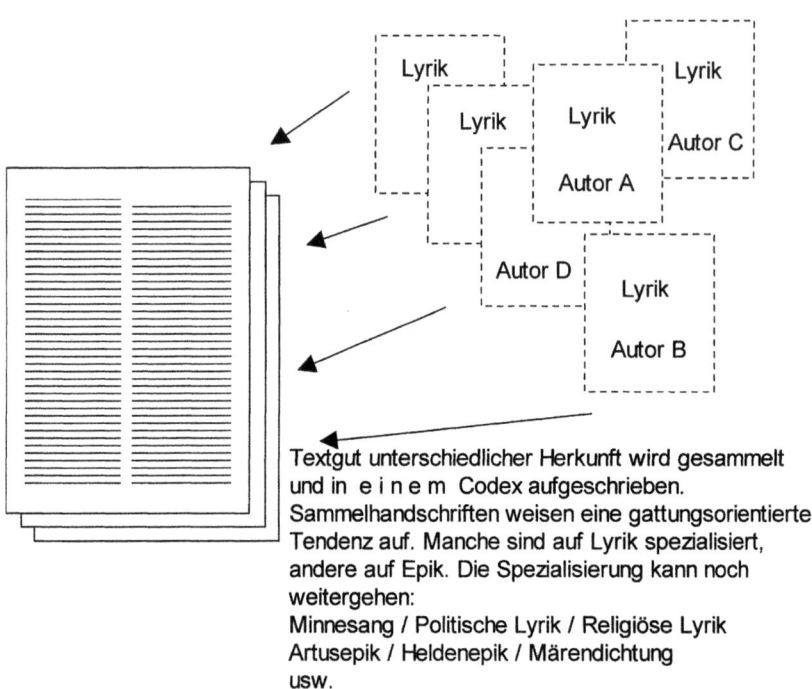

Textgut unterschiedlicher Herkunft wird gesammelt und in e i n e m Codex aufgeschrieben. Sammelhandschriften weisen eine gattungsorientierte Tendenz auf. Manche sind auf Lyrik spezialisiert, andere auf Epik. Die Spezialisierung kann noch weitergehen:
Minnesang / Politische Lyrik / Religiöse Lyrik
Artusepik / Heldenepik / Märendichtung
usw.

Aber nicht nur kurze Texte wie eben Lied- und Sangspruchlyrik werden in Sammelhandschriften bewahrt. Es gibt auch auf Erzähltexte spezialisierte Sammelcodices wie etwa das ‚Ambraser Heldenbuch' vom Anfang des 16. Jahrhunderts. Es handelt sich hier um eine handschriftliche Sammlung längerer und kürzerer höfischer Erzählungen des 12. und 13. Jahrhunderts. U.a. wurden aufgezeichnet das ‚Nibelungenlied', Hartmanns von Aue ‚Erec', ‚Biterolf und Dietlieb', ‚Meier Helmbrecht' und viele andere Texte. Für die Geschichte des deutschen Artusromans ist diese Handschrift besonders bedeutsam, weil der erste deutschsprachige Artusroman vom Ende des 12. Jahrhunderts, der ‚Erec', einigermaßen vollständig nur in dieser späten Handschrift überliefert ist. Der Codex hat enorme Ausmaße (46 x 33,5 cm) und umfasst 243 dreispaltig beschriebene Pergamentblätter.

Neben Sammelhandschriften gibt es auch solche, die die Werke nur *eines* Autors enthalten – **Autorhandschriften**. Zu ihnen rechnet beispielsweise ein Codex, der als Wolfram-von-Eschenbach-Sammlung angelegt war (die Münchener Handschrift Cgm 19, 13. Jahrhundert); sie enthält Wolframs ‚Parzival', den ‚Titurel' und seine

,Tagelieder'. Vergleichbar ist der Codex Vindobonensis 2670 (um 1320), der (mit kleinen Zusätzen) einen Stoff-Zyklus vereint: Wolframs von Eschenbach ,Willehalm' sowie die dazu ,passende' Vorgeschichte des Ulrich von dem Türlin und die Fortsetzung von Ulrich von Türheim.

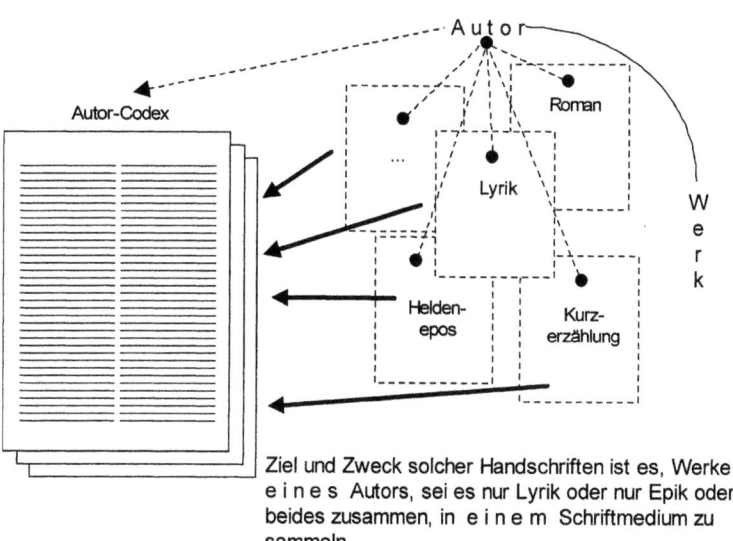

Autor(sammel)handschriften

Ziel und Zweck solcher Handschriften ist es, Werke e i n e s Autors, sei es nur Lyrik oder nur Epik oder beides zusammen, in e i n e m Schriftmedium zu sammeln.

Es gibt auch Mischformen: Unter den Lyrikern finden sich einige, deren Werk in größeren Einzelsammlungen festgehalten wurde. Diese Sammlungen konstituieren allerdings keine eigenständigen Codices, sondern sind mit anderen Sammlungen zusammengebunden. Ein berühmtes Beispiel ist die Riedegger Neidhart-Handschrift R (um 1300). Etwa 400 Neidhart-Strophen sind mit Hartmanns von Aue ,Iwein' und schwankhafter Kleinepik in einem Codex vereint. Die Würzburger Liederhandschrift E (frühes 14. Jahrhundert) enthält zwei umfangreiche, namentlich gekennzeichnete und zusammenhängende Lyriksammlungen (Walthers von der Vogelweide und Reinmars); daneben aber auch andere deutsche und lateinische Texte. Eine Vorstufe zu solchen Sammlungen mögen aber getrennt kursierende ,Autorenbüchlein' gewesen sein.

Neben den Sammelhandschriften gibt es auch Codices, die nur *ein* Werk enthalten (**Einzelhandschriften**). Im Bereich der Dichtung finden wir Vergleichbares eher selten. Biblischen Büchern oder gar der gesamten Bibel sind freilich in den allermeisten Fällen einzelne Codices gewidmet. Mit der ‚Wenzelsbibel', einer deutschsprachigen Prachtbibel vom Ende des 14. Jahrhunderts, begegnen wir beispielsweise einem hoch artifiziellen und repräsentativen Codex dieses Typs. Ähnliches gilt für Gebetbücher und andere liturgische Schriften. Aber auch im Bereich deutschsprachiger weltlicher Dichtung gibt es Beispiele, wie etwa das ‚Rolandslied' des Pfaffen Konrad (Beispiel unten im Abschnitt 6.2). Der Heidelberger Codex 112, noch aus dem 12. Jahrhundert, enthält nur diesen Text.

Einzelhandschriften

Ein Text - ein Buch

Autor ⟶ fiktionaler Text (Roman, Erzählung) *** Bibel AT / NT

unbekannte Zwischenüberlieferung

Einzelhandschriften bewahren in e i n e m Codex nur jeweils e i n e n Text auf.

Zu erwähnen ist schließlich die sogenannten ‚**Streuüberlieferung**'. Hierbei handelt es sich nicht um ein geplantes, sondern eher um ein zufälliges, gelegentliches Aufzeichnen von Liedern (häufiger nur Strophen) oder kürzeren Fachtexten (Rezepten) oder kleinen Gebeten auf Freiräumen oder Rändern fertig gestellter Codices, Lagen oder Einzelblätter, die ursprünglich für andere Texte vorgesehen waren. Ein berühmter Fall solcher Art von Überlieferung wird von den ‚Merseburger Zaubersprüchen' repräsentiert. Die beiden Sprüche gehen weit in die germanischheidnische Zeit zurück und dürften über lange Zeit nur mündlich tradiert worden sein. Im 10. Jahrhundert schreibt sie eine unbekannte Person, die diese Texte kannte oder aber in Form einer schriftlichen Vorlage besaß, auf das leere Vorsatzblatt eines aus Fulda stammenden lateinischen Sakramentars (Sammlung von besonderen Gebeten) aus dem 9. Jahrhundert. Die Zaubersprüche sind uns bislang nur durch diese Handschrift bekannt. Das heißt: Hätte der unbekannte Schreiber nicht den spontanen Einfall gehabt, die Texte auf einem ihm sich wahrscheinlich zufällig bietenden Stück Pergament zu fixieren, wären sie wohl für immer verloren gegangen. Das Beispiel zeigt anschaulich die große Bedeutung der Streuüberlieferung – auch wenn durch sie immer nur einige wenige Texte überliefert werden.

Streuüberlieferung

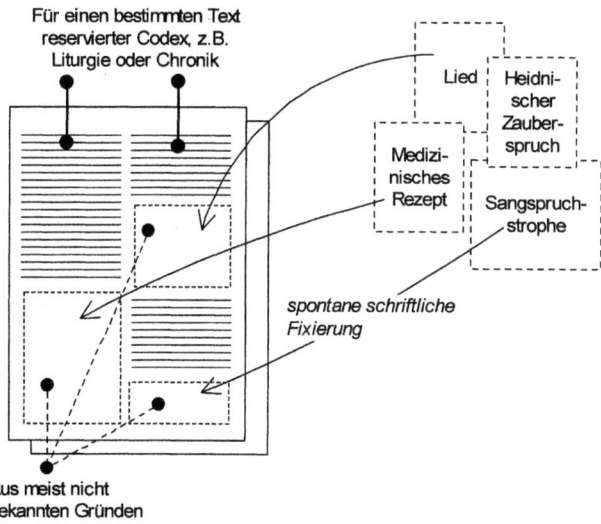

Streuüberlieferung: zufällige, nicht planvolle Fixierung von Textgut in Handschriften, die ursprünglich für andere Zwecke/Texte angelegt waren.

Und schließlich: Ein Großteil aller handschriftlichen Überlieferung hat **fragmentarischen Charakter**. Besonders fatal wirkt sich das in der Epik aus, wenn ganze Textpassagen fehlen und z.B. Struktur und Handlungsverlauf nicht mehr deutlich werden. Die Gründe für fragmentarische Überlieferung sind vielfältig:
Zum einen kann der Autor selbst durch Tod oder andere Umstände höherer Gewalt sein Werk unvollendet gelassen haben (dies ist beim großen Liebesroman des 13. Jahrhunderts, dem ‚Tristan' Gottfrieds von Straßburg, sehr wahrscheinlich der Fall).

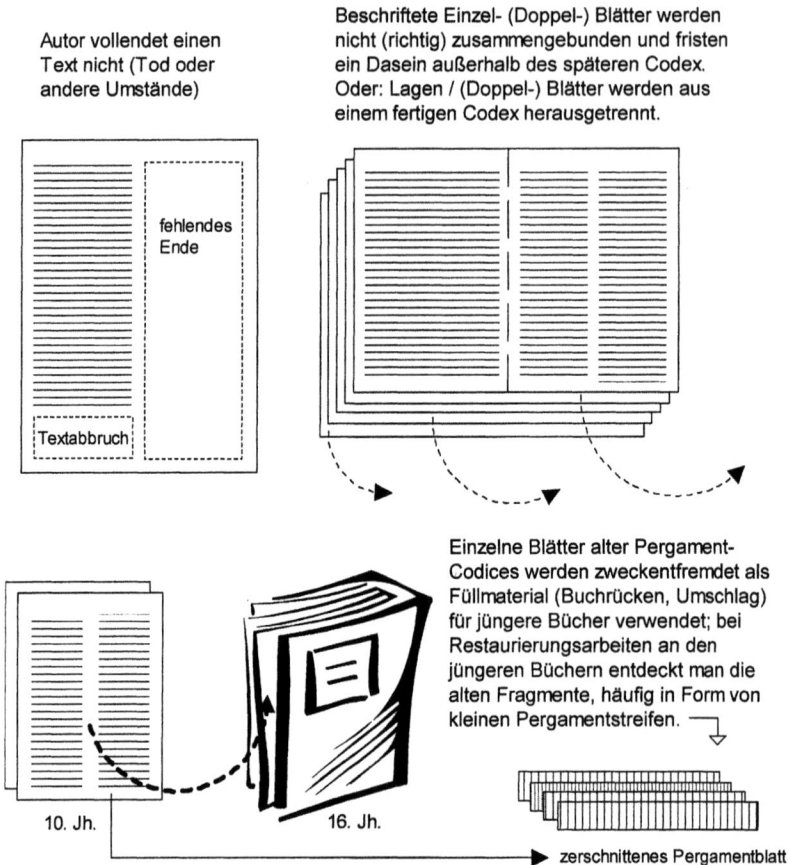

Zum anderen können im Verlauf der Abschrift von Werken Ereignisse eingetreten sein, die ein Fertigstellen verhinderten (Geldmangel, Diebstahl, Tod des Auftraggebers oder Schreibers usw.). Häufiger allerdings sind die Gründe ‚mechanischer' Art: Zusammengehörige Blätter oder Lagen wurden nicht zusammengebunden; fertige Codices wurden ausgebunden; scheinbar uninteressant gewordene Texte wurden auseinandergerissen, die Pergamentblätter zerschnitten und mehr oder weniger zweckgebunden weiterverwendet.

Aber auch Fragmente sind wichtige Textzeugen, die viel über ein Werk in zeitlicher und räumlicher Hinsicht aussagen und zur Beurteilung der Qualität anderer Textzeugen beitragen können. Darüber hinaus treten in Form von Fragmenten immer wieder auch neue, bislang unbekannte Texte zutage bzw. bislang unbekannte Zeugen bereits bekannter Texte, die neue Erkenntnisse zulassen über die zeitliche und räumliche Verbreitung eines Textes.

Für alle hier kurz vorgestellten Handschriftentypen gilt, dass sie potentiell auch **bebildert** sein konnten. Die Geschichte der Buchmalerei geht in die spätrömische Zeit (4. Jahrhundert) zurück und prägt die handschriftliche Buchkultur bis in die Frühe Neuzeit. Stellen schon Handschriften an sich kostbare Luxusgüter dar, so sind dies illuminierte Handschriften in besonderer Weise. Es verwundert von daher nicht, dass es zunächst und vornehmlich religiöse Codices sind, die reich bebildert wurden. Diese Bilder sind, abhängig von zu differenzierenden Epochen, ganz unterschiedlicher Natur. Längst sind es nicht bloß figürliche Darstellungen von Gott, Menschen oder Tieren, sondern, besonders im frühen Mittelalter, dominieren abstraktere farbige Verzierungen der Handschriften: Übergroße Majuskeln (Anfangsbuchstaben eines Buchabschnitts) können sich zu eigenen Kunstwerken verselbständigen, Ränder der Pergamentblätter werden mit Blattgoldauflagen verziert, Motive aus der Pflanzenwelt stellen kunstvolle Textrahmen dar. Etwa ab dem 11. Jahrhundert mehren sich aber auch figürliche Darstellungen: biblische Szenen, Menschen, Christus, der Heilige Geist, Märtyrer. Zunehmend übernehmen solche Bilder didaktische Zwecke; sie sind nicht mehr nur Schmuck, sondern unterstützen den Text, können Menschen, die nicht oder nur schlecht lesen können, bestimmte Inhalte vermitteln.

Abbildung in der ‚Parzival'-Handschrift cgm 19, 13. Jahrhundert; mit einem Schriftband wird dem Betrachter angezeigt, wer mit einer bestimmten abgebildeten Person gemeint ist. Hier gut zu lesen: PARZIV[AL]

Etwa ab dem 12. Jahrhundert können wir eine Erstarkung weltlicher Literatur festmachen (dazu oben mehr). Zunächst dominiert die Text-Handschrift. Je nach Vermögen des Mäzens wurden aber auch weltliche Codices (mit Artusromanen oder

Liebesdichtung) bebildert: einmal nur als recht schmucklose Federzeichnung (siehe unten die Beispielseite aus dem ‚Rolandslied', Abschnitt 6.2), einmal aufwändig mit vielen Farben und Blattgold.

Abbildung in der ‚Manesseschen Liederhandschrift', cpg 848, Anfang bis 1. Drittel 14. Jahrhundert; szenische Darstellung zu Beginn des lyrischen Werks des Dichters Rost.

Bibliographische Hinweise zu Überlieferungs- und Handschriftentypen

Johannes Janota: Artikel ‚Ambraser Heldenbuch'. In: Verfasserlexikon, 2. Auflage, Bd.1, Sp. 323-327

Joachim Heinzle Artikel ‚Heldenbücher'. In: Verfasserlexikon, 2. Auflage, Bd.3, Sp. 947-956

➔ Joachim Bumke: Epenhandschriften. Vorüberlegungen und Informationen zur Überlieferungsgeschichte der höfischen Epik im 12. und 13. Jahrhundert. In: Philologie als Kulturwissenschaft. Studien zur Literatur und Geschichte des Mittelalters. Festschrift für Karl Stackmann zum 65. Geburtstag. Göttingen 1987, S. 45-59 [mit weiterführender Literatur]

Peter Jörg Becker: Handschriften und Frühdrucke mittelhochdeutscher Epen. Eneite, Tristrant, Erec, Iwein, Parzival, Willehalm, Jüngerer Titurel, Nibelungenlied und ihre Reproduktion und Rezeption im späteren Mittelalter und in der frühen Neuzeit. Wiesbaden 1977

Helmut Tervooren, Thomas Bein: Ein neues Fragment zum Minnesang und zur Sangspruchdichtung. Reinmar von Zweter, Neidhart, Kelin, Rumzlant und Unbekanntes. In: Zeitschrift für deutsche Philologie 197, 1988, S. 1-26

➔ Franz Unterkircher: Abendländische Buchmalerei. Graz, Wien 1967

5. Schriftarten

Der Schrifttyp oder die Schriftart, d.h. die Art und Weise, wie die lateinischen Buchstaben und einige Sonderzeichen ‚gebaut' und aufgezeichnet werden, ist zeitgebunden.

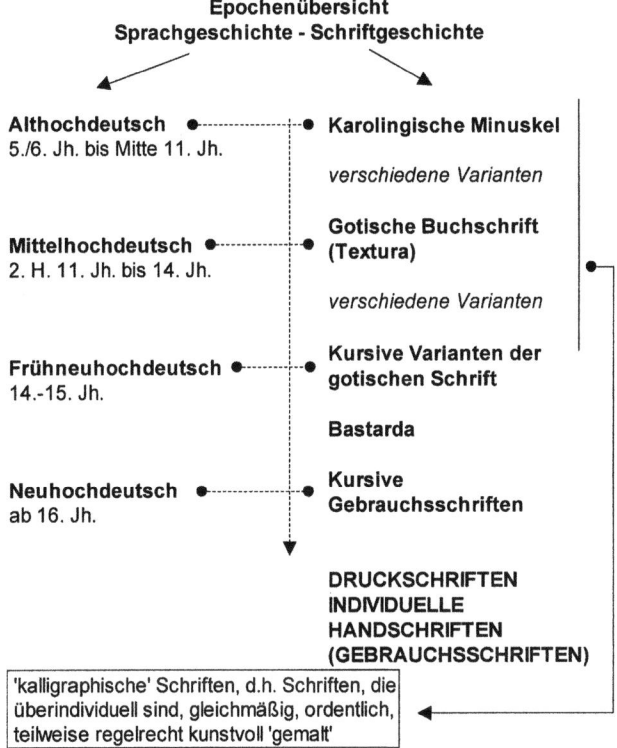

In der ersten Phase deutschsprachiger Schriftlichkeit, der althochdeutschen Zeit, begegnet am häufigsten die ‚karolingische Minuskel', eine recht einheitliche Kleinbuchstabenschrift, die aufgrund der umsichtigen Kulturpolitik Karls des Großen eine weite Verbreitung in Europa fand. Bis in das 11. Jahrhundert hinein lassen sich verschiedene Varianten dieses Schrifttyps ausmachen.

do ſie to dero / heribranteſ

Karolingische Minuskelschrift; ‚Hildebrandslied', Hs. aus dem späten 9. Jahrhundert
Text der Abbildung [Ausschnitt]: *do ſie to dero / heribranteſ*

Die vorstehende Abbildung zeigt einige Charakteristika der karolingischen Minuskel: Es ist eine Kleinbuchstabenschrift. Grundsätzlich wird jeder Buchstaben einzeln gezeichnet – es gibt aber auch schon Buchstabenverbindungen (sog. Ligaturen), sehr schön an der Präposition *to* (‚zu') erkennbar. Bestimmte Buchstaben haben lange Oberlängen, hier besonders ersichtlich bei den Buchstaben ‚d', ‚h' und ‚b'. Das ‚s'-Graphem wird hier mit einem anderen als uns heute geläufigen Zeichen wiedergegeben in Form eines längeren, nach rechts gebogenen Hakens: es handelt sich hier um das sog. Schaft-s: ſ.

Karolingische Minuskel, ‚Wessobrunner Schöpfungsgedicht', Hs. aus dem frühen 9. Jahrhundert
Text der Abbildung [Ausschnitt]: *DE POETA. / Dat * fregin ih mit / firi uuizzo meiſta / uuaſ . noh uſhimil .*

Das zweite Beispiel zeigt weitere Eigentümlichkeiten: Neben den ‚geläufigen' lateinischen Alphabetzeichen findet sich hier ein * - Zeichen, das aus dem runischen Alphabet stammt und für die Silbe ‚ga-‚ steht. Das w-Graphem wird noch deutlich durch zwei aufeinander folgende ‚u' realisiert: *uuizzo* = *wizzo* (auch im ersten Wort der letzten Zeile: *uuaſ* = *was*). Das z-Graphem ist hier in Form des sog. ‚geschwänzten z' präsent: ʒ. Der Ausschnitt zeigt ferner Ansätze einer Interpunktion: Nach *POETA* steht ein Punkt, ebenso nach *uuaſ* und *uſhimil*. Punkte in dieser frühen Phase der Schriftgeschichte signalisieren häufig Sprechpausen, die meist mit syntaktischen Grenzen zusammenfallen; in gereimten Texten signalisieren Punkte sehr oft die Vers- und Reimgrenze.

Text- und Überlieferungsgeschichte

In mittelhochdeutscher Zeit setzt sich mehr und mehr – besonders für repräsentative Handschriften – die sog. ‚gotische Buchschrift' (auch ‚gotische Textura') durch, eine sehr regelmäßige, ordentliche und daher auch heute gut lesbare Schrift, die – wie auch die karolingische Minuskel – zeit- und ortsbedingt vielfältige Varianten hervorgebracht hat.

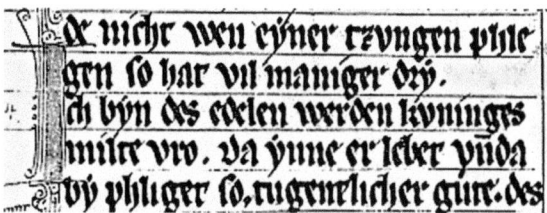

Gotische Textura (Buchschrift), Jenaer Liederhandschrift, 1. Drittel 14. Jahrhundert
Text der Abbildung [Ausschnitt]: *de nicht wen eýner tzvngen phle / gen ſo hat vil maniger drý . / Ich býn des edelen werden kvninges / milte vro . Da ýnne er lebet vñ da / bý phliget ſo. tugentlicher gute . des*

Das Beispiel zeigt sogleich eines: Im Gegensatz zur karolingischen Minuskel, deren Buchstaben insgesamt betrachtet eine eher runde Charakteristik mit horizontaler Orientierung aufweisen, ist die gotische Schrift eine recht kantige und vertikal ausgerichtete Schrift (das Attribut ‚gotisch' ist aus der Kunstgeschichte entlehnt – der gotische Baustil zeichnet sich eben durch das Vertikale und Emporsteigende sowie durch viele Spitzen und Winkel aus, die eine gewisse Gebrochenheit ausdrücken). Manche Buchstaben, z.B. das ‚p' und ‚h' werden in zwei Zügen hergestellt (unter Absetzen der Feder); die auf der Zeile endenden Schäfte, deutlich beim ‚t' und ‚n' zu sehen, erhalten kleine, auf der Grundlinie umgebrochene Häkchen. Grundsätzlich wird jeder Buchstabe einzeln gezeichnet (Absetzen der Feder), aber bestimmten Buchstabenkombinationen werden in einem Schreibzug realisiert bzw. untereinander durch Bögen verbunden, zu sehen bei den Verbindungen ‚tu' und ‚ge' im Adjektiv *tu-ge-ntlicher*. Viele Handschriften weisen z.T. eigentümliche Sonderzeichen bzw. Zeichenvariationen auf. In unserem Beispiel fällt auf, dass das ‚y' mit einem Punkt oder kleinen Strich überschrieben ist: ý. Es ist heute nicht immer mit Bestimmtheit zu sagen, welche Bedeutung solche Zeichen hatten, ob sie z.B. eine bestimmte Lautqualität (z.B. Umlaut bei den umlautfähigen Vokalen ‚a', ‚o' und ‚u') oder –quantität (Vokallänge) anzeigen sollten. Weitgehend ungeregelt ist das Graphem für das ‚u'-Phonem; das Beispiel zeigt, dass sowohl das Zeichen ‚u' als auch das Zeichen ‚v' für den ‚u'-Laut stehen können: *kvninges // gute*. Schließlich zeigt der Ausschnitt auch noch wenigstens ein Beispiel für eine in mittelalterlichen Handschriften häufig vorkommende Eigentümlichkeit: für Abkürzungen. Die Konjunktion ‚und' wird wie folgt geschrieben: *vñ*. Der horizontal über dem nasalen Konsonanten ‚n' angebrachte Querstrich steht hier für den dentalen Konsonanten ‚t' (oder ‚d'), zuweilen gar für eine ganze Silbe: ‚-te'/'-de'. (Weiter unten werden die wichtigsten anderen handschriftlichen Abkürzungen erläutert.).

Vor allem in spätmittelhochdeutscher und frühneuhochdeutscher Zeit begegnen schwerer lesbare Schriften wie z.B. die Bastarda, die eine Stufe zwischen der gotischen Buchschrift (und der aus ihr entwickelten ‚Notula') und der frühneuzeitlichen Kursive darstellt. Die Buchstaben greifen ineinander und sind oft flüchtig(er) gezeichnet. Oft werden die sog. Luftlinien (= Schlingenbildungen an den Oberlängen von b, d, k, l etc.) mitgeschrieben, und die kurzschäftigen Buchstaben m, n, u und i wandeln sich mehr und mehr zu einer wenig differenzierten, fortlaufende Zackenlinie.

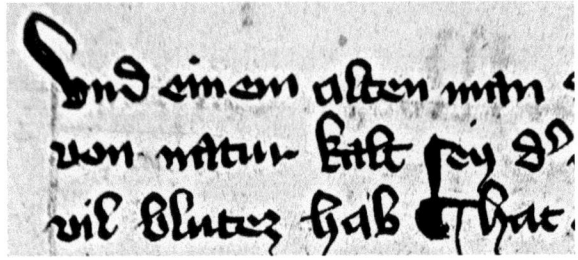

Bastarda, Papierhandschrift eines medizinischen Textes Ortolfs von Baierland, 1498
Text der Abbildung [Ausschnitt]: *Vnd einem alten man / von natur kalt ſey d^s / vil blutȝ hab ⁋ hat*

Das Beispiel zeigt eine deutliche Zunahme der Ligaturen (Buchstabenverbindungen – wichtiges Merkmal der späteren Kursivschriften bis hin zu unseren heutigen individuellen Gebrauchshandschriften), insgesamt aber noch eine recht regelmäßige, an die gotische Schrift erinnernde Typographie. Auch hier gibt es noch Abkürzungen, diesmal eine für die Silbe ‚-er' im Pronomen ‚der', die durch ein an ein ‚s' erinnerndes hochgestelltes Häkchen realisiert wird (das hier allerdings eher wie ein geschlossenes ‚o' aussieht): d^s.

In mittelalterlichen Handschriften, besonders in lateinischen, aber auch in vielen deutschsprachigen, finden sich zahlreiche derartige Kürzel. Man nennt sie Abbreviaturen (von lat. *abbreviare* = ver-/abkürzen). Es sind Sonderzeichen, die das lateinische Alphabetinventar erweitern. Es gibt neben den Abkürzungszeichen aber noch andere Sonderzeichen bzw. Schreibeigentümlichkeiten. Zum einen zählen dazu die sogenannten ‚Superskripte'. Damit werden Buchstaben bezeichnet, die vertikal über Buchstaben, die auf der Grundlinie stehen, gesetzt sind. Sehr häufig werden mittelhochdeutsche Diphthonge (Doppellaute) in dieser Weise aufgeschrieben.

küchen

Das Wort ‚Kuchen' lautet im Mittelhochdeutschen *kuochen* (an der Stelle des neuhochdeutschen langen ‚u' stand im Mittelhochdeutschen der Diphthong ‚uo'). Das Beispiel (aus einer Handschrift des 14. Jahrhunderts) zeigt deutlich, dass diese Vokalkombination vertikal angeordnet ist.

Aber auch Umlaute können durch übergeschriebene Buchstaben (meist ein ‚e') gekennzeichnet werden; hin und wieder findet sich aber auch bloß ein Strich als Umlautmarkierung (ein Vorläufer unserer heutigen Doppelpunkte oder Doppelstriche über umlautfähigen Vokalen: a > ä, o > ö, u > ü).

böſes   fürſprechen

Im Fall des Wortes *böſes* (links) wird der o-Umlaut durch ein übergeschriebenes ‚e' gekennzeichnet; bei dem Wort *fürſprechen* deutet lediglich ein Strich über dem u den Umlaut an (Hs. aus dem 14. Jahrhundert)

Im Folgenden sind einige der häufigsten Abbreviaturen und Superskripte genannt, die in deutschsprachigen Handschriften des Mittelalters begegnen (in lateinischen Handschriften gibt es ungleich mehr Abkürzungen; beeindruckend ist die Liste im ‚Lexikon Abbreviaturarum' von Adriano Cappelli, siehe Literaturhinweise am Ende dieses Abschnitts):

Der Nasalstrich: Er kann für -n oder -m stehen:

mā $m\bar{a}$ = man

Ein horizontaler Strich über dem ‚n' in ‚und' steht für den Dental -t/-d oder -te/-de:

vn̄ $v\bar{n}$ = vnd(e) = und(e)

Ein hochgestellter Häkchen steht für die Silbe -er:

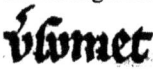 $v^s\int vmet$ = versumet (das -er-Häkchen kann auch als ſ wiedergegeben werden)

Das Zeichen ‚c' kann für den ‚k'-Laut stehen; als Abkürzung aber bezeichnet es die Silbe ‚-az':

    dc = daz

Vokale, die über andere Vokale geschrieben werden, repräsentieren zusammen einen Diphthong (Doppellaut), ein ‚e' über einem ‚a', ‚o', ‚u' meist einen Umlaut:

muͦt   mu̇t = muot   **bőſes**   bȯſes = böses

Ein sogenanntes ‚kaudiertes' ‚e', d.h., ein ‚e' mit einem Häkchen am unteren Teil des Buchstabens, bezeichnet den langen ‚ä'-Laut:

baptiſtę   baptiſtę = baptistae

Bibliographische Hinweise zur Schriftgeschichte

Den besten und fundiertesten Überblick bietet:
➔ Karin Schneider: Paläographie und Handschriftenkunde für Germanisten. Eine Einführung. Tübingen 1999

Zu mittelalterlichen handschriftlichen Abkürzungszeichen:
➔ Adriano Cappelli: Lexikon Abbreviaturarum. Wörterbuch lateinischer und italienischer Abkürzungen, wie sie in Urkunden und Handschriften besonders des Mittelalters gebräuchlich sind, dargestellt in über 14000 Holzschnittzeichen. Zweite, verbesserte Auflage Leipzig 1928, [6]1994

Jürgen Römer: Geschichte der Kürzungen. Abbreviaturen in deutschsprachigen Texten des Mittelalters und der Frühen Neuzeit. Göppingen 1997

Franz-Josef Arlinghaus; Marcus Ostermann; Oliver Plessow ; Gudrun Tempel: Schrift im Wandel – Wandel durch Schrift: die Entwicklung der Schriftlichkeit im Mittelalter. CD-ROM des Sonderforschungsbereichs 231 „Träger, Felder, Formen Pragmatischer Schriftlichkeit im Mittelalter" an der Westfälischen Wilhelms-Universität Münster. 2003

Friedrich Beck und Lorenz Friedrich Beck: Die lateinische Schrift. Schriftzeugnisse aus dem deutschen Sprachgebiet vom Mittelalter bis zur Gegenwart. Köln [u.a.] 2007

Peter Stein: Schriftkultur. Eine Geschichte des Schreibens und Lesens. Darmstadt 2010

Informationen zu einem elektronischen Abkürzungszeichen-Thesaurus bietet:
➔ http://www.ruhr-uni-bochum.de/philosophy/projects/abbrev.htm [Juli 2007]

Weitere Titel:
Erich Petzet/Otto Glauning (Hgg.): Deutsche Schrifttafeln des IX. bis XVI. Jahrhunderts aus Handschriften der K. Hof- und Staatsbibliothek in München. Bd. I-III München 1910-12, Bd. IV-V Leipzig 1924-30

➔ Bernhard Bischoff: Paläographie des römischen Altertums und des abendländischen Mittelalters. Mit einer Auswahlbibliographie 1986 - 2008 von Walter Koch. Berlin 2009

Karin Schneider: Gotische Schriften in deutscher Sprache. Bd.1. Vom späten 12. Jahrhundert bis um 1300. Wiesbaden 1987

Herbert E. Brekle: Die Buchstabenformen westlicher Alphabetschriften in ihrer historischen Entwicklung. In: Schrift und Schriftlichkeit. Writing and Its Use. Ein interdisziplinäres Handbuch internationaler Forschung [...] Hrsg. von Hartmut Günther, Otto Ludwig. 1. Halbband / Volume 1. Berlin, New York 1994, S. 171-204

Text- und Überlieferungsgeschichte 49

6. Handschriften-Geschichte: Acht Beispiele

Nachdem wir uns über wesentliche Typen und Eigenheiten handschriftlicher Überlieferung im Allgemeinen verständigt haben, sollen nun einige für die germanistische Mediävistik herausragende Handschriften etwas genauer vorgestellt werden. Die Beispiele reichen von der althochdeutschen bis in die frühneuhochdeutsche Zeit und repräsentieren die wesentlichen Schrift- und Überlieferungstypen.

6.1. Otfrid von Weißenburg, Evangelienharmonie – Wiener Handschrift V, cod. 2687, 9. Jahrhundert, Pergament karolingische Minuskelschrift

Otfrid von Weißenburg ist ein hochgelehrter deutschsprachiger Dichter, Theologe und Mönch im Kloster Weißenburg; genaue Lebensdaten sind nicht bekannt, man vermutet seine Geburt um 800, seinen Tod nach 870. Die Bedeutung Otfrids für die deutsche Sprach- und Literaturgeschichte kann nicht hoch genug angesetzt werden: Er ist der erste deutsch schreibende Autor, der seinen Namen selbstbewusst mit seinem Werk verknüpft. Er ist der erste, der es wagt, die Evangelien in einer anderen als in einer der drei heiligen Sprachen (Hebräisch, Griechisch, Lateinisch) wiederzugeben, nämlich in deutscher Sprache (Fränkisch). Er ist ferner der erste, der in einer deutschsprachigen Dichtung (seiner ‚Evangelienharmonie', einer Art Zusammenfassung der vier Evangelien zu einem Text) anstelle des alten germanischen Stabreims den romanischen Endreim einführt und damit für die deutsche Literaturgeschichte eine neue und bis heute anhaltende Formtradition begründet.

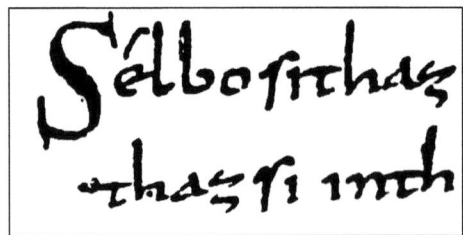

Vergrößerter Ausschnitt

Die abgebildete Handschrift ist eine mit Akzentzeichen versehene karolingische Minuskelschrift. Der Wiener Codex stellt eine große Besonderheit dar, da er sehr wahrscheinlich vom Autor Otfrid selbst durchredigiert worden ist und somit einen authentischen Charakter hat. Das trifft sonst so gut wie auf keine andere uns heute zugängliche deutschsprachige Handschrift des frühen und hohen Mittelalters zu – oft liegen zwischen Handschrift und Autor bzw. ‚Original' mehrere Jahrzehnte, manchmal gar Jahrhunderte – für die Editoren eine besondere Herausforderung.

Literatur (Handschrift, Editionen):

Otfrid von Weissenburg: Evangelienharmonie. Vollständige Faksimile-Ausgabe des Codex Vindobonensis 2687 der Österreichischen Nationalbibliothek. Einführung Hans Butzmann. Graz 1972

Otfrid von Weißenburg: Evangelienbuch. Band I: Edition nach dem Wiener Codex 2687. Teil 1: Text / Teil 2: Einleitung und Apparat. Hrsg. v. Wolfgang Kleiber unter Mitarbeit v. Rita Heuser. Tübingen 2004

Otfrid von Weißenburg: Evangelienbuch. Band II: Edition der Heidelberger Handschrift P (Codex Pal. Lat. 52) und der Handschrift D (Codex Disciscus: Bonn, Berlin/Krakau, Wolfenbüttel) Teil 1: Texte. Hrsg. und bearb. v. Wolfgang Kleiber unter Mitarbeit v. Rita Heuser. Tübingen 2006, Teil 2: Einleitung und Apparat. Tübingen 2010

6.2. Das ‚Rolandslied' des Pfaffen Konrad, Handschrift P, Heidelberg cpg 112, Ende 12. Jahrhundert, Pergament, gotische Buchschrift

mir uble. man nimt rz ane gotes ere. unde geruwet uns
hernach vile sere. Der keiser zurnte harte. mit ge-
streichtem barte. mit uf gewunden granen. hiez er die
phapht ware tragen. ir flit mit unzuchten daz wil
ich sprach er richten. wardet is uwerht mere. rut
iz durch gotes ere. un gesamnet iuch einer rede.

uch einer rede. die uns der heilige gebe. daz wir
des besten ramen. si sprachen alle amen. Die
franken gesament sich drate. mite gemeinem rate
giengen si uf einen buhel grune. der sunne schein
wole schone. si riefen al umbe. ir iegelich besunder
da riet mannegelich. mit grozen sorgen waren
sich. daz in duchte daz beste. si besanden die geste
zu deme rate dy chom. uone beieren der herzoge.

Das ‚Rolandslied' ist eine knapp 10.000 Verse umfassende mittelhochdeutsche Version der altfranzösischen ‚Chanson de Roland'. Der deutsche Text dürfte um 1170 entstanden sein, verfasst von einem Weltgeistlichen namens Konrad vermutlich im Auftrag Heinrichs des Löwen (um 1129/30 – 1195).

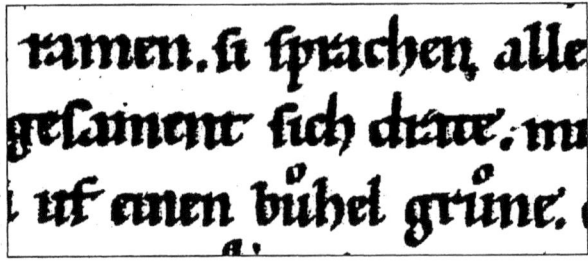

Vergrößerter Ausschnitt

Der Text erzählt vom Krieg Karls des Großen gegen die spanischen Heiden, von der Vernichtung der Nachhut unter Rolands Führung (R. ist der Neffe Karls), vom verspäteten Hilferuf Rolands, der Rückkehr Karls und dessen Sieg über das heidnische Heer.

Der Text muss bereits kurz nach seiner Fertigstellung eine gewisse Popularität erlangt haben, denn es lassen sich immerhin 6 Handschriften (davon 4 fragmentarisch und eine 1870 verbrannt) noch in das 12. Jahrhundert datieren – das ist eher ungewöhnlich. Die einzige *fast vollständige* Handschrift, die heute noch existiert, ist die Heidelberger Handschrift P. Sie umfasst 123 Blätter, die einspaltig beschrieben sind. Von besonderem Wert sind 39 Federzeichnungen, die über die Handschrift verteilt sind und einzelne Szenen illustrieren.

Literatur (Handschrift, diplomatische Transkription):

Das ‚Rolandslied' des Pfaffen Konrad. Cpg 112. Einführung von W. Werner und H. Zirnbauer. 2 Bde. Heidelberg 1970

Vollständig digitalisiert und kostenfrei einsehbar auf:
 http://digi.ub.uni-heidelberg.de/cpg112 [Juni 2007]

Carl Wesle: Das ‚Rolandslied' des Pfaffen Konrad. Bonn 1928 (ND Halle 1955 und 1963); 2. Aufl., besorgt von Peter Wapnewski. Tübingen 1967 (3. Aufl. 1985)

6.3. Das Nibelungenlied, Handschrift C, Donaueschingen, cod. 63, 2. Viertel 13. Jahrhundert, Pergament, gotische Buchschrift

Das Nibelungenlied wurde um 1200 von einem unbekannten Autor verfasst, d.h., dieser hat mehrere Stoffe, die teils literarischer, teils realhistorischer Art waren (und die ggf. auch schon vor ihm Synthesen eingegangen waren), miteinander verwoben. Diese Stoffe selbst sind wesentlich älter und gehen teilweise in die Völkerwanderungszeit zurück.

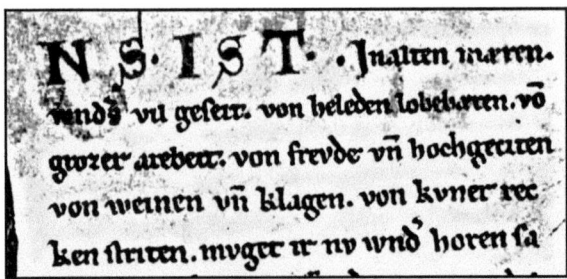

Vergrößerter Ausschnitt

Viele Handschriften haben den Text bis heute bewahrt, freilich nicht alle in der gleichen Textgestalt. Die Abbildung zeigt eine der drei Haupthandschriften, die Hs. C aus dem 2. Viertel des 13. Jahrhundert – eine der ältesten Hss., die noch erhalten sind. Mit einer gewaltigen ‚U'-Initiale beginnt das Epos: *U NS . IST . In alten maeren ...* Im vergrößerten Ausschnitt gut erkennnbar sind einige der weiter oben beschriebenen Abkürzungen.

Literatur (Handschrift, Edition):

Das Nibelungenlied und die Klage. Handschrift C der F.F. Hofbibliothek Donaueschingen. Kommentar bearbeitet von Heinz Engels. Stuttgart 1968

Das Nibelungenlied. Mittelhochdeutsch/Neuhochdeutsch. Nach dem Text von Karl Bartsch und Helmut de Boor ins Neuhochdeutsche übersetzt und kommentiert von Siegfried Große. Stuttgart 1997

→ Es gibt noch eine ganze Reihe anderer konkurrierender Textausgaben; Hinweise bei: Ursula Schulze: Das Nibelungenlied. Stuttgart 2003

6.4. Die Kleine Heidelberger Liederhandschrift A cpg 357, um 1270, Pergament, gotische Buchschrift

Die Kleine Heidelberger Liederhandschrift ist die älteste uns vollständig erhaltene Sammlung von mittelhochdeutscher Lyrik (791 Strophen und zwei Leichs; 29 Autorennamen werden genannt). Aufgrund paläographischer Befunde (d.h. Analysen des Schrifttyps) dürfte sie gegen Ende des 13. Jahrhunderts aufgeschrieben worden sein; einige Nachträge gehen in das frühe 14. Jahrhundert.
Die Handschrift ist für die Geschichte des Minnesangs von großer Bedeutung, ebenso aber auch für die Geschichte der Minnesangüberlieferung.

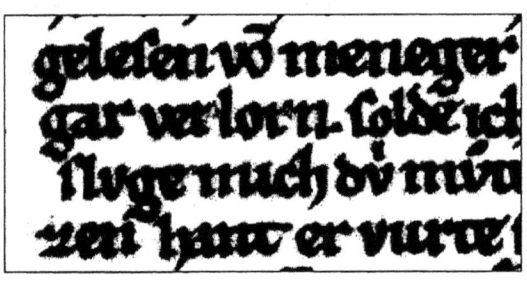

Vergrößerter Ausschnitt

Die Handschrift umfasst 45 Blätter und ist recht kleinformatig (18,5 x13,5 cm; vgl. dazu unten die sehr große Jenaer Liederhs.). Sie ist einspaltig beschrieben in sehr kleiner Schrift. Obwohl das Erscheinungsbild des Codex insgesamt nicht sehr anspruchsvoll ist, gebührt dem Schreiber aber Respekt, denn so klein und dennoch ordentlich zu schreiben, war eine große Leistung.
Die Abbildung zeigt, dass – wie in den meisten Handschriften – Verse nicht ‚abgesetzt' sind, d.h. dass einem Vers keine eigene Zeile gegönnt wurde, sondern dass man ohne Rücksicht auf Reimgrenzen den Text fortlaufend aufschrieb. Auf Reimgrenzen wird aber durch Punkte hingewiesen, die hinter Reimwörter gesetzt sind (allerdings nicht ganz durchgehend). Um Strophen voneinander abzusetzen, wird der Anfangsbuchstabe einer neuen Strophe groß geschrieben und überdies farbig (abwechseln rot und blau) ausgezeichnet (solche Großbuchstaben nennt man ‚Lombarden'). In späterer Zeit sind am Rand Paragraphenzeichen nachgetragen worden: sie signalisieren den Anfang eines neuen Tones (eines neuen Liedes).

Literatur (Handschrift, Edition):

Die Kleine Heidelberger Liederhandschrift. Cod. pal. germ. 357 der Universitätsbibliothek Heidelberg. Einführung von Walter Blank. Wiesbaden 1972
Die alte Heidelberger Liederhandschrift. Hrsg. von Franz Pfeiffer. Stuttgart 1844 (ND Hildesheim 1962)
Vollständig digitalisiert und kostenfrei einsehbar auf:
http://digi.ub.uni-heidelberg.de/cpg357 [Juni 2007]

6.5. Die Große Heidelberger Liederhandschrift C (Manessesche Handschrift, cpg 848), Anfang bis 1. Drittel 14. Jahrhundert, Pergament, gotische Buchschrift

Die Große Heidelberger oder Manessesche Liederhandschrift entstand in den ersten Jahrzehnten des 14. Jahrhunderts im alemannischen Raum (Zürich) und stellt eine auf Vollständigkeit hin angelegte Sammlung des Minnesangs des späten 12. bis frühen 14. Jahrhunderts dar. Es lassen sich mehrere Schreiberhände (alle verwenden aber die gotische Buchschrift) unterscheiden – an der Handschrift wurde viele Jahre, ja Jahrzehnte gearbeitet. 140 Dichter werden namentlich genannt und ständisch geordnet. Mit dem sozial Höchsten, *keiser heinrich*, wird die Sammlung eröffnet, mit dem *Chanzler*, einem (heute) nicht weiter einzuordnenden Dichter, endet sie. Der Codex beginnt mit einem ausführlichen namenorientierten Inhaltsverzeichnis. Den einzelnen Dichterœuvres vorangestellt sind stilisierte Autorenporträts, die mit dem Namen des Betreffenden überschrieben sind (zuweilen ist auch ein szenisches Geschehen wie Feste oder Turniere festgehalten). Innerhalb eines Autorœuvres sind die Texte nach Tönen (metrisch-musikalischen Bauformen) angeordnet, deren Wechsel durch farbige Lombarden (rot und blau) angezeigt wird (mehrere Strophen mit durchgängig blauen Strophenanfangsbuchstaben stellen also ein Lied oder eine metrisch zusammenhängende Reihe dar; eine mit rotem Anfangsbuchstaben folgende Strophe signalisiert, dass nun ein neues Lied mit anderer Metrik folgt).

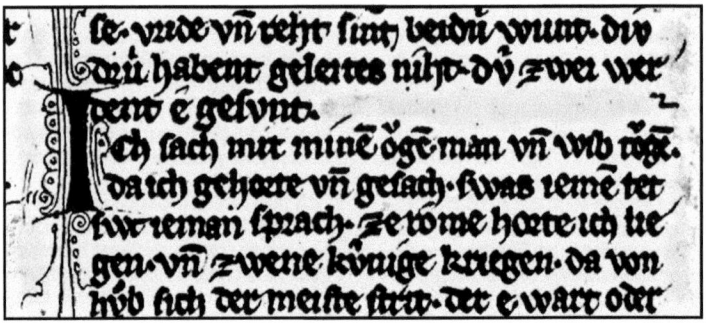

Vergrößerter Ausschnitt

Der Wunsch, möglichst umfangreiche Autorœuvres zusammenzustellen, zeigt sich daran, dass nicht selten kostbarer Pergamentraum freigehalten wurde, manchmal mehrere Blätter im Anschluss an das, was in einem ersten Sammelprozess transkribiert wurde, manchmal lediglich Raum für eine Strophe oder ein Lied inmitten von anderen aufgeschriebenen Texten. Der Codex ist nie ‚fertig' geworden, das zeigen solche Leerstellen deutlich. Wäre der ‚Codex Manesse' verloren gegangen, wäre unsere Kenntnis von der mittelhochdeutschen Lyrik um einiges ärmer.

Literatur (Handschrift, Forschung):

Codex Manesse – die große Heidelberger Liederhandschrift. Vollständiges Faksimile des Codex Palatinus Germanicus 848 der Universitätsbibliothek Heidelberg. Frankfurt/M. 1975-1981 Vollständig digitalisiert und kostenfrei einsehbar auf: http://digi.ub.uni-heidelberg.de/cpg848 [Juni 2007]
Codex Manesse, Die Große Heidelberger Liederhandschrift, Kommentar zum Faksimile des Cod. Pal. Germ. 848 der Universitätsbibliothek Heidelberg. Hrsg. von Walter Koschorreck und Wilfried Werner. Frankfurt/M., Kassel 1981
Codex Manesse. Katalog zur Ausstellung vom 12. Juni bis 4. September 1988. Universitätsbibliothek Heidelberg. Hrsg. von Elmar Mittler und Wilfried Werner. Heidelberg 1988

6.6. Die Jenaer Liederhandschrift J, Ms. El. f. 101, fol. 15r, Pergament, um 1330 (?), TUL Jena, Pergament, gotische Buchschrift

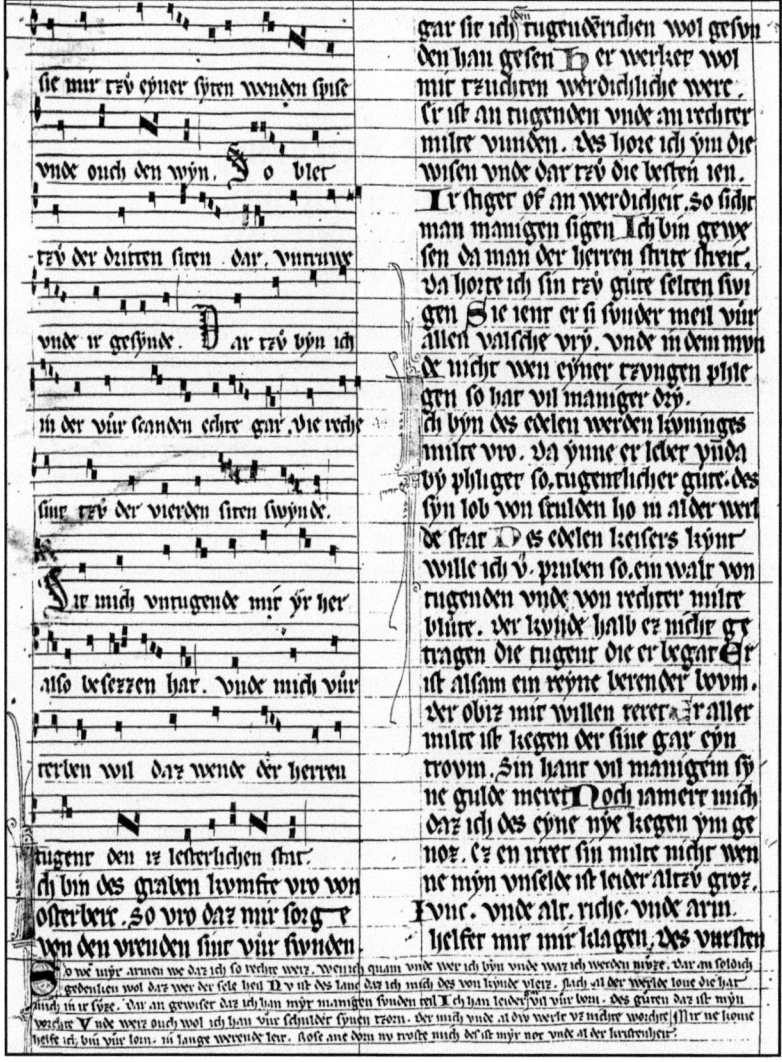

Die sehr großformatige Handschrift (56 x 41 cm !) enthält auf 133 Blättern sog. ‚Sangsprüche' (Strophen meist didaktischer, religiöser oder politischer Art), Leichs (lyrische, formal sehr anspruchsvolle Großformen), Lieder sowie den ‚Wartburgkrieg'³; zahlreiche Autoren sind vertreten, darunter 26 mit Namen genannt. Die Hs. entstand im 1. Drittel des 14. Jahrhunderts. Aufgrund der ungewöhnlichen Größe der Pergamentblätter konnte auch die Schrift sehr großformatig gestaltet werden; sie ist sehr regelmäßig und auch für Anfänger gut lesbar. Besondere Bedeutung erhält die Jenaer Liederhandschrift durch die Beigabe von Melodien (in Quadratnotation).

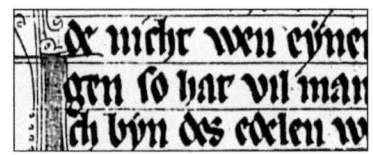

Vergrößerter Ausschnitt

Die Abbildung auf der vorangehenden Seite zeigt, wie eine solche Notation aussieht. Auf vorgezeichneten roten Notenlinien stehen die Quadratnoten und zeigen die Tonhöhe an. Darunter steht der entsprechende Text. Die Noten werden immer nur jeweils für eine Strophe eines Tons (= einer Liedeinheit) aufgeschrieben, darauf folgt dann jeweils nur der Text der übrigen zum Ton gehörigen Strophen (dieses Prinzip findet man noch heute z.B. in Gesangbüchern der Kirche). Die meisten anderen Lyriksammelhandschriften enthalten keine Notationen, d.h., sie tradieren keine Reste ursprünglicher Aufführungspraxis. Umso wichtiger ist das Zeugnis von J, weil hier zweifelsfrei dokumentiert ist, dass die lyrischen Texte zum musikalisch begleiteten, sanglichen Vortrag bestimmt waren.

Die Abbildung auf der vorangehenden Seite zeigt darüber hinaus anschaulich, wie Texte auf einer bereits fertig beschriebenen Seite nachgetragen werden konnten. Am unteren Blattrand wurde in kleinerer Schrift und ohne Rücksicht auf die sonst gültige Spalteneinteilung Textgut festgehalten.

Literatur (Handschrift, Forschung):

Georg Holz, Franz Saran, Eduard Bernouilli (Hrsg.): Die Jenaer Liederhandschrift. [I] Getreuer Abdruck des Textes. II. Übertragung, Rhythmik und Melodik. Leipzig 1901, Nachdruck Hildesheim 1966

Helmut Tervooren, Ulrich Müller (Hrsg.): Die Jenaer Liederhandschrift in Abbildung. Mit einem Anhang: Die Basler und Wolfenbüttler Fragmente. Göppingen 1972

Lorenz Welker: Jenaer Liederhandschrift. In: Die Musik in Geschichte und Gegenwart. 2. Auflage. Hrsg. von Ludwig Finscher. Kassel [usw.] 1994ff., Sachteil Bd. 5 (1996), Sp. 1455-1460

Online-Faksimile: http://www.urmel-dl.de/Projekte/JenaerLiederhandschrift.html

---

[3] Der ‚Wartburgkrieg' ist eine über einen längeren Zeitraum entstandene Sammlung von Sangspruchgedichten (13.-14. Jahrhundert), die u.a. einen fingierten Dichter-/ Sängerwettstreit enthalten, an dem sechs Sänger (Heinrich v. Ofterdingen, Walther v. d. Vogelweide, Tugendhafter Schreiber, Biterolf, Reinmar v. Zweter, Wolfram von Eschenbach) teilnehmen.

Text- und Überlieferungsgeschichte

6.7. Die Oswald von Wolkenstein-Handschrift A, Wien, Codex Vindobonensis 2777, Pergament, 1425/~ 1436, Notula/Bastarda-Schrift

Einer der bedeutendsten Liederdichter des Spätmittelalters ist der Südtiroler Oswald von Wolkenstein (1376/78-1445). Er unterscheidet sich als Dichterpersönlichkeit stark von den hochmittelalterlichen Literaten, und sein Werk weist eine fast einzigartige Vielfalt an Themen und Formen auf.

Vergrößerter Ausschnitt

Während man über das Leben der hochmittelalterlichen Autoren so gut wie gar nichts Gesichertes weiß, ist Oswald durch eine sehr große Zahl von Urkunden bezeugt, die es auch erlauben, seinen Lebensweg nachzuzeichnen.

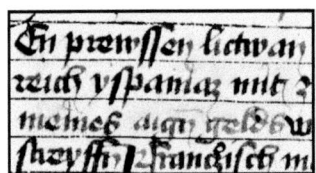

Vergrößerter Ausschnitt

Einige seiner literarischen Texte weisen darüber hinaus einen hohen Grad an autobiographischen Zügen auf. Ebenfalls ‚untypisch' ist die Überlieferung seines gewaltigen Werks. Die meisten Lieder (mit vielen Melodien!) und Reimreden sind in drei Haupthandschriften überliefert, die im Auftrag Oswalds angefertigt worden sind und die er möglicherweise auch selbst durchgesehen und redigiert haben mag. Für die Überlieferungsgeschichte mittelalterlicher Literatur ist ein solcher Fall höchst selten anzutreffen (vgl. aber oben die Erläuterungen zu Otfrid von Weißenburg).

Die Abbildungen stammen aus einer dieser Haupthandschriften, der Wiener Handschrift A aus dem ersten Drittel des 15. Jahrhunderts. Sie umfasst 61 Blätter mit einer Blattgröße von ca. 37x27 cm. Die Blätter sind teilweise mit roter Tinte liniiert und teilweise einspaltig beschrieben worden; es gibt aber auch zweispaltige Aufteilungen. Initialen sind farbig hervorgehoben (rot, blau abwechselnd und auch rotblau kombiniert). Der Handschriftentyp gehört in die Zeit der späten gotischen Kursive bzw. der Bastarda; auffällig sind die zahlreichen Buchstabenverbindungen.

Literatur (Handschrift, Forschung):

Oswald von Wolkenstein. Handschrift A. Vollständige Faksimile-Ausgabe im Originalformat des Codex Vindobonensis 2777 der Österreichischen Nationalbibliothek. Kommentar: Francesco Delbono. Graz 1977

Erika Timm: Die Überlieferung der Lieder Oswalds von Wolkenstein. Lübeck/Hamburg 1972

6.8. Die Kolmarer Liederhandschrift, cgm 4997, Papier, 15. Jahrhundert (ein Wasserzeichen lässt sich auf 1459/62 datieren), Bastarda-Schrift

Mit der Kolmarer Liederhandschrift befinden wir uns schriftgeschichtlich im 15. Jahrhundert; Beschreibstoff ist nun auch nicht mehr Pergament, sondern Papier. Die Handschrift umfasst 856 Blätter (!) im Format 29,5 x 20 cm. Sie enthält etwa 4380 (!) Strophen (größtenteils aus dem 14. und frühen 15. Jahrhundert), die sich auf unterschiedlich strukturierte, größere Formeinheiten verteilen.

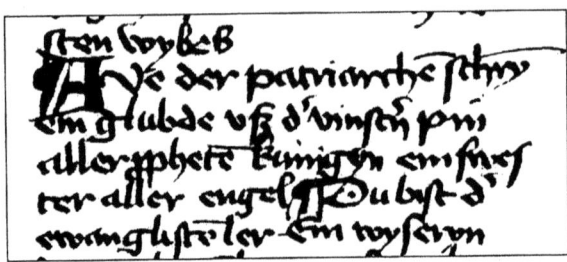

Vergrößerter Ausschnitt (Schrift)

„Thematisch bietet [die Hs.] das ganze Spektrum meisterlicher Lieddichtung. Geistliches dominiert, besonders beliebt sind Marienlob und Preis der Trinität und der Inkarnation. [...] Bei den weltlichen Liedern hat Kunstthematik den Vorrang" (B. Wachinger, Verfasserlexikon).

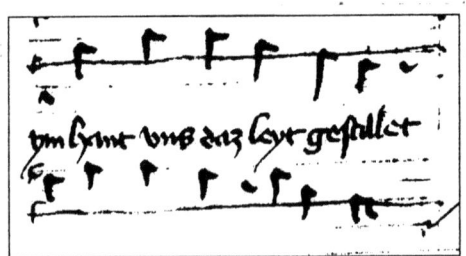

Vergrößerter Ausschnitt (Noten)

Im Vergleich etwa mit der Großen Heidelberger Liederhandschrift (s.o.) wirkt die Kolmarer weniger ordentlich, was aber auch durch die veränderte Schrift suggeriert wird. Die Buchstaben verraten natürlich noch deutlich ihre Herkunft aus der gotischen Schrift, es fällt aber auf, dass die Anzahl der Ligaturen (Buchstabenverbindungen) zugenommen hat und dass insgesamt die Buchstaben flüchtiger und schneller aufgezeichnet wirken. Wie die Jenaer Liederhandschrift überliefert auch die Kolmarer Melodien in Form sog. ‚gotischer Choralnotation' (Hufnagelnotation).

Literatur (Handschrift, Forschung):

Die Kolmarer Liederhandschrift der Bayerischen Staatsbibliothek München (cgm 4997). In Abbildung hrsg. von Ulrich Müller, Franz Viktor Spechtler, Horst Brunner. 2 Bde. Göppingen 1976

Burghart Wachinger: ‚Kolmarer Liederhandschrift'. In: Verfasserlexikon 2. Aufl., Bd. 5, 1985, Sp. 27-39

IV. Original und Abschrift(en)

In den beiden vorangegangenen Kapiteln wurden Grundlagen der medialen und materiellen Überlieferung von Textgut im Mittelalter erläutert. Das III. Kapitel im Besonderen zeigte auf, in welcher Form uns schriftlich fixierte Texte des Mittelalters begegnen. Es sind dies diejenigen Dokumente, die positiv vorhanden sind, die wir anfassen, in denen wir blättern und die wir mit kriminaltechnischen Methoden untersuchen können, um etwa Aufschluss über die Zusammensetzung der Tinte zu bekommen oder um herauszufinden, wie ein ursprünglich notiertes, später aber vom Pergament abgekratztes Wort gelautet hat.

Mit einiger Sicherheit lassen sich solche Dokumente auch (auf Jahrzehnte genau) datieren, z.B. anhand des Schrifttyps oder über die äußere Ausstattung und Anlage des Codex. Doch damit ist freilich noch so gut wie gar nichts ausgesagt über das Alter der aufgezeichneten Texte selbst. Texte haben, das ist im II. Kapitel verdeutlicht worden, eine z.T. sehr lange und komplexe Geschichte hinter sich, bis sie in einer Form verschriftlicht wurden, die uns heute noch zugänglich ist. Meist wissen wir über diese Wege eines Textes nichts, wissen nicht, was den Texten widerfahren ist, ob sie verändert wurden, erweitert, gekürzt, aktualisiert ... Kurz: Wir wissen nicht, wie der Text in seinem Ursprung ausgesehen hat, kennen – wie die Grafik auf der folgenden Seite verdeutlicht – nicht seinen ersten, vom Urheber autorisierten Zustand. Wir können nur mutmaßen, dass ein Dichter/Autor seinen schöpferischen textgenetischen Prozess zu einem bestimmten Zeitpunkt (zunächst einmal) für abgeschlossen erklärt und den Text in der dann vorliegenden Form einem Publikum präsentiert – heute würden wir sagen: veröffentlicht. Gerade für eine Kulturgesellschaft, die noch nicht über mechanische Vervielfältigungstechniken verfügt, gilt indes, dass Text-Kulturgüter nach einer ersten ‚Veröffentlichung' beständiger Veränderung ausgesetzt sind, wobei zunächst der Autor selbst am Text arbeiten und ihn für weitere Aufführungen variieren kann. Von daher ist es fast unmöglich, von e i n e m Urtext zu reden, den man gerne kennen würde (was jedoch über sehr lange Zeit das Ziel philologischer Arbeit gewesen ist; Näheres dazu im folgenden Kapitel zur Geschichte der Editionswissenschaft).

Was dem Textkritiker und Literarhistoriker vorliegt, sind handschriftliche Dokumente, die im günstigen Fall Jahre, meist aber Jahrzehnte, zuweilen gar Jahrhunderte jünger sind als der anzunehmende Entstehungszeitraum der überlieferten Texte. Die Literaturgeschichtsschreibung war und (mit wenigen Ausnahmen) ist allerdings vornehmlich an dieser schwer zugänglichen Entstehungszeit eines Textes interessiert. Man will z. B. wissen, was Walther von der Vogelweide um 1200 dichtete, nicht, in welcher Form Texte von ihm um 1400 aufgeschrieben wurden. Erst allmählich wendet sich die Forschung auch dem Aspekt der Text- und Kultur r e z e p - t i o n zu.

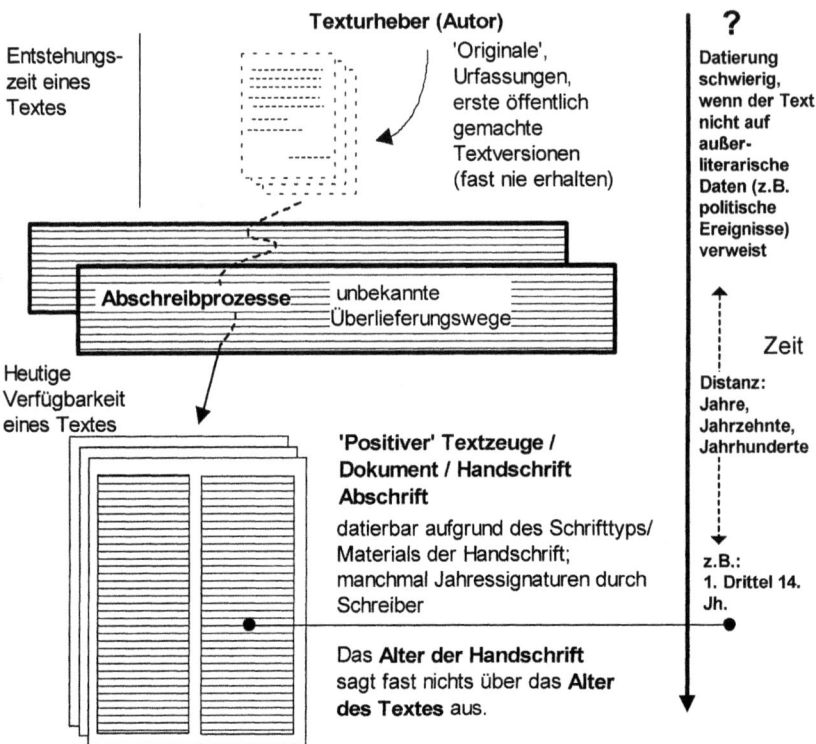

Mittelalterliche deutschsprachige Literatur liegt also meist nicht im ‚Original' oder in einer im Sinne des Wortes ‚autorisierten' Fassung vor. Es gibt allerdings – neben einigen anderen – zwei sehr berühmte Beispiele für Ausnahmen, wo es uns erlaubt ist, von ‚autorisierten' oder ‚authentischen' Texten zu sprechen. Dazu rechnet wohl die Wiener Handschrift V von Otfrids ‚Evangelienharmonie' aus dem 9. Jahrhundert (siehe auch die Abbildung einer Seite dieser Handschrift im Kapitel III). Man hat gute Gründe anzunehmen, dass Änderungen, Zusätze und Umstellungen in der Handschrift vom Autor Otfrid stammen.

Ein sehr viel späteres Beispiel ist Oswald von Wolkenstein (1376-1445), dessen Werk im wesentlichen in drei Sammelhandschriften überliefert ist (siehe auch die Abbildung einer Seite dieser Handschriften im Kapitel III). Oswald ließ zu seinen Lebzeiten zwei Handschriften mit seinen Liedern anfertigen (Hss. A, Wien und B, Innsbruck). Ob und inwieweit Oswald selbst korrigierend an den Handschriften beteiligt war, ist unsicher. In jedem Fall aber sind sie in seinem Auftrag und dann

wohl auch unter seiner Aufsicht entstanden und bilden daher die Grundlage jeder Oswald-Edition.
Es gibt noch andere Beispiele (etwa Hugo von Montfort, Ende 14. Jahrhundert), in den allermeisten anderen Fällen aber liegen zwischen der mutmaßlichen Entstehung eines Textes und seiner heute noch greifbaren Überlieferung Jahrzehnte bis Jahrhunderte und nicht selten mehrere oft kontaminierte Überlieferungsstufen.
Es sind zwei Typen von Überlieferungsprozessen grundsätzlich zu unterscheiden: die einfache und lineare Überlieferung auf der einen und die komplexe, kontaminierte Überlieferung auf der anderen Seite. Die Grafik auf der Folgeseite verdeutlicht diese beiden Typen. Die einfache, lineare Überlieferung ist grundsätzlich selten anzutreffen, mehr als im Mittelalter wohl noch in der Antike, und weniger bei lyrischen als vielmehr bei epischen (Erzähl-) Texten. Ausgehend vom Postulat e i - n e r Urfassung stellt man sich vor, dass zeitlich aufeinander folgend jeweils ein Schreiber vom anderen abschreibt, dass die eine Abschrift unmittelbar Quelle für eine weitere Abschrift ist. Wenn alle am Tradierungsprozess Beteiligten gewissenhaft arbeiten und bemüht sind, das Abzuschreibende getreu zu kopieren, dann kann man davon ausgehen, dass selbst eine zeitlich sehr junge Handschrift einen sehr alten Text ‚originalnah' wiedergeben kann. Dies wäre besonders dann wichtig, wenn – mit Blick auf die linke Seite der Grafik – die Zwischenstufen A und B nicht mehr vorhanden sind und wir nur noch die Handschrift C besitzen, die uns Aufschluss über die Textgestalt von X geben soll.
Sehr viel häufiger aber als mit einer solchen ‚einfachen' Überlieferung werden wir mit komplexer, kontaminierter Überlieferung konfrontiert (rechte Seite der Grafik). Die Komplexität dieses Modells setzt bereits beim ‚Urtext' ein. Zumindest in theoretischer Perspektivierung wird grundsätzlich die Existenz e i n e s Urtextes in Frage gestellt, statt dessen geht man davon aus, dass es mehrere ‚Erstfassungen', womöglich alle vom Autor verantwortet, gegeben hat. Sie sind uns nicht mehr zugänglich, bilden aber den Startpunkt für die schriftliche Überlieferung, die uns einmal mehr, einmal weniger umfangreich erhalten geblieben ist. Wie in der Grafik veranschaulicht, zeichnet sich die Textüberlieferung vielfach durch Quellen- und Textmischungen aus. Der Schreiber (Redaktor, Auftraggeber) einer Handschrift vertraut nicht bloß e i n e r Quelle, sondern ist bemüht, mehrere Quellen für seinen Text oder sein Autorœuvre zu finden und sie für seine ‚Werk'-Version zugrunde zu legen. Dabei können durchaus intensive Textvergleiche angestellt werden, die dazu führen, dass z.B. A ein Liebeslied aus zwei Quellen (X 2 und X 3) ‚zusammenstellt': Zwei Strophen aus X 2 und drei weitere aus X 3. Das Ergebnis in A ist ein Text, den es in dieser Gestalt zuvor noch gar nicht gegeben hat. Solche Mischungen von Texten, Textteilen, Versen, Strophen und Wörtern prägen dann den weiteren Weg der Überlieferung. Es ist evident, dass man am Ende einer solchen ‚Kette' (in der Grafik Handschrift F) so gut wie keine Chance hat, auf frühe, ‚ursprüngliche' Textstufen rückschließen zu können.

Original und Abschrift(en)

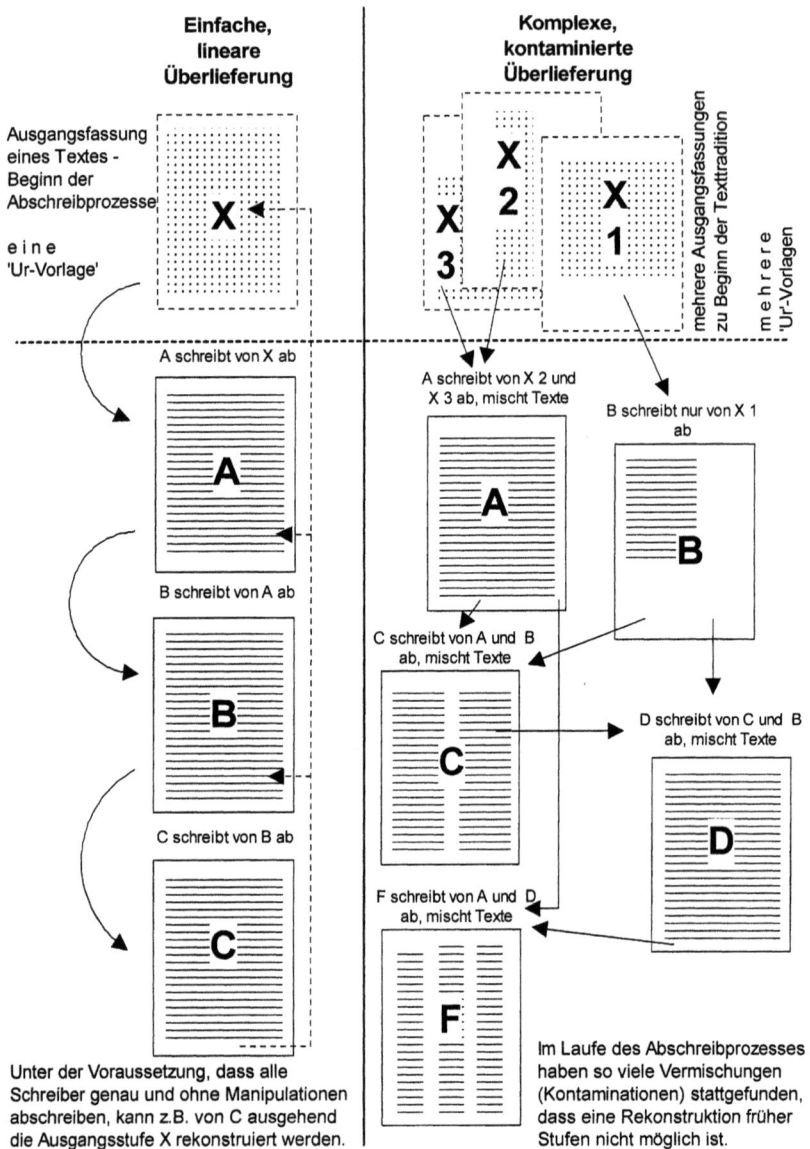

Die Grundproblematik, die sich aus den genannten Überlieferungsverhältnissen ergibt, sei anhand einiger markanter Fallbeispiele aufgezeigt:

Der Artusroman zählt zu den bekanntesten Erzähltexten des Mittelalters, nicht zuletzt weil der Artusstoff eine bis in die jüngste Gegenwart anhaltende Rezeption erfahren hat. Es gibt in deutscher Sprache mehrere Artusromane, den wichtigen und wirkmächtigen Anfang hat Hartmann von Aue mit den Romanen ‚Erec' (Ende 12. Jahrhundert) und ‚Iwein' (Anfang 13. Jahrhundert) gemacht. Der erste Roman ‚Erec', der auf eine altfranzösische Vorlage von Chrétien de Troyes zurückgeht, dürfte im letzten Viertel des 12. Jahrhunderts entstanden sein. Die einzige, fast vollständige Abschrift, die uns heute noch erhalten ist, stammt allerdings aus der Zeit von 1504-1515/16 (das sog. ‚Ambraser Heldenbuch', eine große Sammelhandschrift). Zwischen ‚Original' und erhaltenem Textzeugen liegen also mehr als etwa drei Jahrhunderte; lediglich einige kürzere Fragmente belegen eine schriftliche Tradition auch im 13. und 14. Jahrhundert

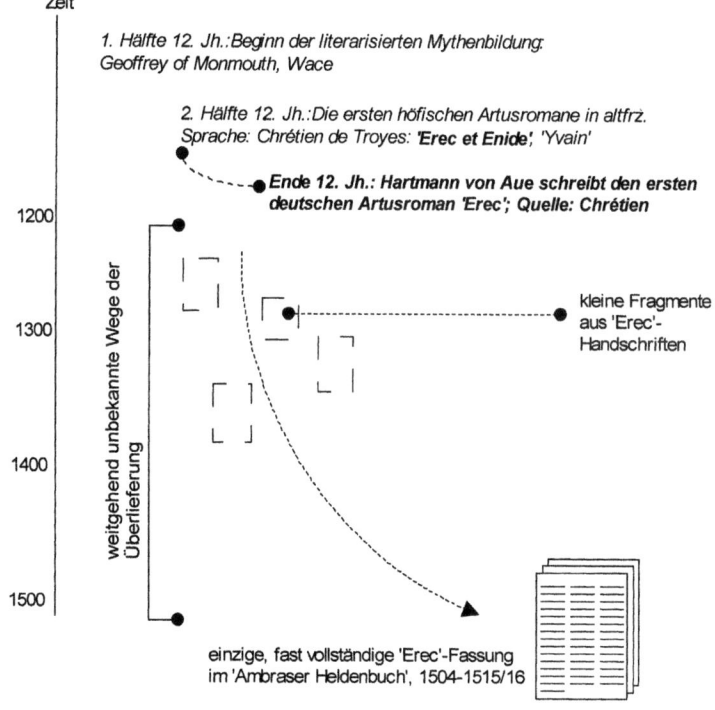

Eine der bedeutendsten Lyrik-Handschriften ist die Große Heidelberger Liederhandschrift (Manessische Handschrift) aus dem 1. Drittel des 14. Jahrhunderts. (siehe dazu auch die Abbildung im Kapitel III). Viele Lieder und Strophen zahlreicher Minnesänger und Sangspruchdichter von frühester Zeit (2. Drittel 12. Jahrhundert) an werden nur durch sie tradiert. Zwischen ‚Original' (im Sinne einer vom Dichter autorisierten Erstfassung) und Überlieferungsträger können hier über 100 Jahre liegen (wie es z.B. bei einigen Liedern Walthers von der Vogelweide (um 1170 - um 1220/30 ?) der Fall ist.

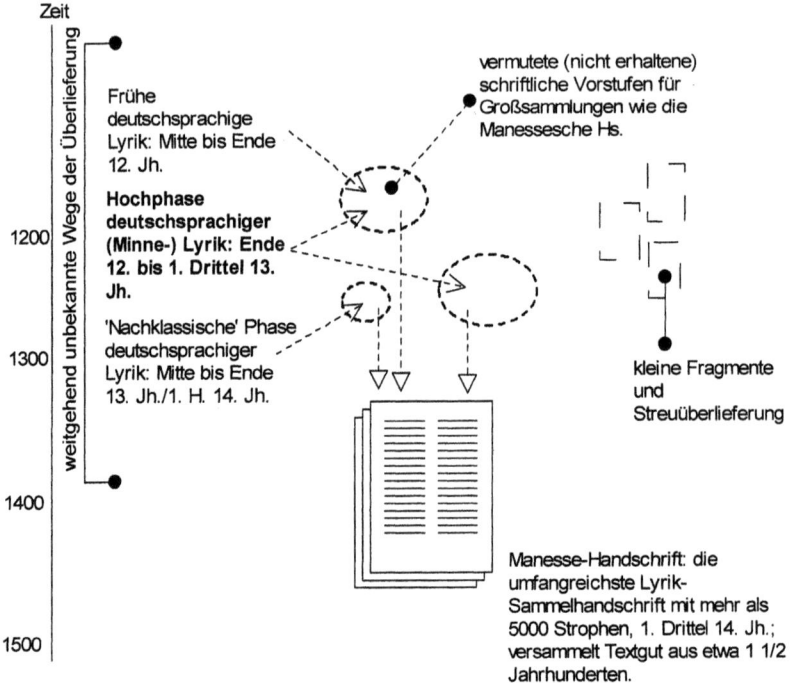

Freilich gibt es hin und wieder auch glücklichere Umstände in dem Sinne, dass die erhaltene Abschrift noch nahe an die Lebens- und Schaffenszeit des Autors heranreicht. Die Gießener Handschrift B des ‚Iwein' (des zweiten Artusromans Hartmanns von Aue) stammt aus dem Anfang des 13. Jahrhunderts und dürfte nur wenige Jahre jünger als das ‚Original' sein. Einige Handschriften, die den ‚Tristan'-Roman Gottfrieds von Straßburg überliefern (entstanden um 1200/1210), datieren

in die 1. Hälfte des 13. Jahrhunderts und sind – mehr lässt sich nicht sagen – höchstens 50 Jahre jünger als eine anzunehmende erste ‚Autorfassung'.
Halten wir fest: Bis auf wenige Ausnahmen sind die uns überlieferten mittelalterlichen Texte nicht autorisiert. Die ‚Originale' – wie immer sie ausgesehen haben mögen – sind so gut wie immer verloren. Dieser Sachverhalt stellte und stellt die größte Herausforderung an die Textkritik dar und hat verschiedene Methoden, ‚Schulen' und Positionen hervorgebracht. Grundsätzlich lassen sich zwei extrem gegensätzliche Standpunkte unterscheiden: Hinter dem einen steht die Grundüberzeugung, dass das positiv vorhandene Textmaterial eo ipso stark korrumpiert ist, dass die Abschreiber grundsätzlich suspekt und unzuverlässig sind und dass es die Arbeit des Philologen ist, das verlorene Original oder doch eine ihm nahe kommende Überlieferungsstufe zu rekonstruieren.

Der andere Standpunkt zeichnet sich durch eine positive(re) Einschätzung des Abschreibers aus, durch einen Verzicht auf – nicht selten auf subjektiven Urteilen beruhende – Rekonstruktionen und durch eine Beschränkung auf möglichst wenige, absolut notwendig scheinende Verbesserungen der Handschrift. Im folgenden Kapitel werden die fach- und wissenschaftsgeschichtlichen Hintergründe näher erläutert.

Bibliographische Hinweise zum Verhältnis von Textentstehung, Textgenese Überlieferungs- und Literaturgeschichte

Zur Begrifflichkeit (‚Autor', ‚Original', ‚Authentizität', ‚Autorisation'):
Fotis Jannidis, Gerhard Lauer, Matias Martinez, Simone Winko (Hrsg.): Rückkehr des Autors. Zur Erneuerung eines umstrittenen Begriffs. Tübingen 1999
→ Thomas Bein: Autor – Autorisation – Authentizität. Mediävistische Anmerkungen zur Begrifflichkeit. In: Autor – Autorisation – Authentizität. Beiträge der Internationalen Fachtagung der Arbeitsgemeinschaft für germanistische Edition in Verbindung mit der Arbeitsgemeinschaft philosophischer Editionen und der Fachgruppe Freie Forschungsinstitute in der Gesellschaft für Musikforschung, Aachen, 20. bis 23. Februar 2002. Hrsg. von Thomas Bein, Rüdiger Nutt-Kofoth und Bodo Plachta. Tübingen 2004, S. 17-24
→ Hingewiesen sei auch auf die entsprechenden Artikel im Reallexikon der deutschen Literaturwissenschaft. Neubearbeitung des Reallexikons der deutschen Litertaurgeschichte. Bd. I (1997): gemeinsam mit Harald Fricke, Klaus Grubmüller und Jan-Dirk Müller hrsg. von Klaus Weimar; Bd. II (2000): gemeinsam mit Georg Braungart, Klaus Grubmüller, Jan-Dirk Müller, Friedrich Vollhardt und Klaus Weimar hrsg. von Harald Fricke; Bd. III (2003): gemeinsam mit Georg Braungart, Harald Fricke, Klaus Grubmüller, Friedrich Vollhardt und Klaus Weimar hrsg. von Jan-Dirk Müller. Berlin, New York 1997-2003
Zum Verhältnis von Überlieferungsgeschichte und Literaturgeschichte:
→ Im ‚Jahrbuch für Internationale Germanistik' sind seit 2002 11 Beiträge erschienen (Stand 2007), die sich dem Rahmenthema „Überlieferungsgeschichte – Textgeschichte – Literaturgeschichte" widmen (erste Folge 2003 (JIG, Jg. XXXIV, Heft 2, Bern usw. 2002[!] bis vierte Folge 2006)

Weitere Titel:
Willy Krogmann: Zur Überlieferung von Otfrids >Evangelienbuch< [1963]. In: Otfrid von Weißenburg. Hrsg. von Wolfgang Kleiber. Darmstadt 1978, S. 239-250 [Weitere Hinweise siehe ebda., S.2]

Hans-Hugo Steinhoff: Bibliographie zu Gottfried von Straßburg. Berlin 1971 [zur Überlieferung vgl. S. 16-20]

Gisela Kornrumpf: Artikel ‚Heidelberger Liederhandschrift C'. In: Verfasserlexikon, 2. Auflage, Bd.3, Sp.584-597

Edition und Interpretation. Neue Forschungsparadigmen zur mittelhochdeutschen Lyrik. Festschrift für Helmut Tervooren. Hrsg. von Johannes Spicker in Zusammenarbeit mit Susanne Fritsch, Gaby Herchert und Stefan Zeyen. Stuttgart 2000

Thomas Bein: „die ächte lesart". Über mittelalterliche Texte und ihre Konstitutionen (am Beispiel Walthers von der Vogelweide). In: Text. Kritische Beiträge 9, 2004, S. 47-63

Deutsche Texte des Mittelalters zwischen Handschriftennähe und Rekonstruktion. Berliner Fachtagung 1.-3. April 2004. Hrsg. von Martin J. Schubert. Tübingen 2005

Christoph Cormeau/ Wilhelm Störmer: Hartmann von Aue. Epoche, Werk, Wirkung. Dritte aktualisierte Auflage. Mit bibliographischen Ergänzungen (1992/93 bis 2006) von Thomas Bein. München 2007

Françoise Lartillot und Axel Gellhaus (Hgg.): Dokument / Monument: Textvarianz in den verschiedenen Disziplinen der Germanistik. Akten des 38. Kongresses des Französischen Hochschulgermanistikverbandes (AGES). Bern (u.a.) 2008

V. Zur Geschichte der altgermanistischen Textkritik

1. Die Bedeutung der Fachgeschichte

In den Kapiteln I-IV wurden die medienhistorischen Gegebenheiten erläutert, das Aussehen und die Beschaffenheit derjenigen Kulturdokumente, die Quellen für den Kultur- und Literarhistoriker sind.
Diese Quellen werden aber in den meisten Fällen von Kultur- und Literarhistorikern nicht unmittelbar eingesehen und ‚verarbeitet' – in dem Sinne, dass sie sich in Handschriftenabteilungen von Bibliotheken mit den alten Codices und Pergament- oder Papierfragmenten beschäftigten.
Dieser vielfache Verzicht auf Quellen-Unmittelbarkeit hat gute Gründe:

- Originalhandschriften dürfen aus konservatorischen Gründen nicht beliebig zugänglich gemacht werden.
- Handschriften sind oft geographisch weiträumig verteilt; langwierige Reisen wären nötig.
- Texte in Handschriften sind aufgrund der alten Schrift nicht für jeden Benutzer einfach lesbar.
- Wer sich mit der Handlung eines Romans, wie z. B. des ‚Parzival', beschäftigen will, käme kaum weiter, wenn er zunächst in verschiedenen Bibliotheken viele Handschriften studieren müsste;
- und vor der Aufgabe stehend, aus der Menge von vorhandenen Handschriften eine oder zwei ‚wichtige' auszuwählen, müssten viele Interessenten mangels Kompetenz kapitulieren.

Kurzum: Wessen Interesse eher den Inhalten von Texten gilt, der ist in den meisten Fällen darauf angewiesen, dass jemand für ihn die Überlieferung bereits gesichtet hat, dass sie vorgeordnet wurde, dass die Handschriften beschrieben und ihr Wert (im literarhistorischen Sinn) ermittelt wurden. Aus pragmatischen Gründen möchte der Literarhistoriker (zunächst) mit e i n e m Text arbeiten, der ihm als ‚gut', als ‚authentisch', als ‚zuverlässig' ausgewiesen wird. Er möchte schnell einen Überblick über Varianten bekommen, ohne sich selbst in das Dickicht der Überlieferungsgeschichte begeben zu müssen. Und schließlich, ganz wichtig, muss ein effizient arbeitender akademischer Lehrer in literaturgeschichtlich und -wissenschaftlich ausgerichteten Seminaren auf vorbereitetes Textmaterial zurückgreifen können, sprich: auf Textausgaben, Editionen, die, wenn sie vornehmlich für ein studentisches Publikum konzipiert sind, ‚Studienausgaben' genannt werden. (Das bedeutet nicht, dass nicht auch einmal mit Handschriften oder Faksimiles gearbeitet werden kann und soll; es ist in der Praxis aber eher selten der Fall, wenn denn eine literaturgeschichtliche Ausbildung mit gewisser Breite im Vordergrund steht.)

Dies alles hat man bereits in einem frühen Stadium der Geschichte des Faches ‚Germanistik' erkannt und war sich bewusst, dass es Spezialisten geben muss, die sich mit Handschriften, Schrifttypen, Materialien, Varianten, Abhängigkeiten, Abschreibfehlern und manchem mehr auskennen; die Fähigkeiten mitbringen, in die z.T. großen, fast unüberschaubaren Mengen von Textzeugnissen eine Ordnung zu bringen und den ‚inhaltsdurstigen' Literaturgeschichtler mit e i n e m Text zu versorgen, der als ‚vertrauenswürdig' gelten kann. Schon zu Beginn des Faches Germanistik im frühen 19. Jahrhundert entwickelt sich also ein Spezialistentum: Der eine liest Handschriften, schreibt Texte daraus ab, vergleicht unterschiedliche Zeugen und s t e l l t dann e i n e n T e x t zum Arbeiten h e r (den er, zumindest in der Frühphase des Faches für autor- oder originalnah hält). Der andere nimmt diesen hergestellten Text (manchmal sehr vertrauensselig) zur Hand und stellt unterschiedlichste literaturwissenschaftliche und –historische Untersuchungen damit an.

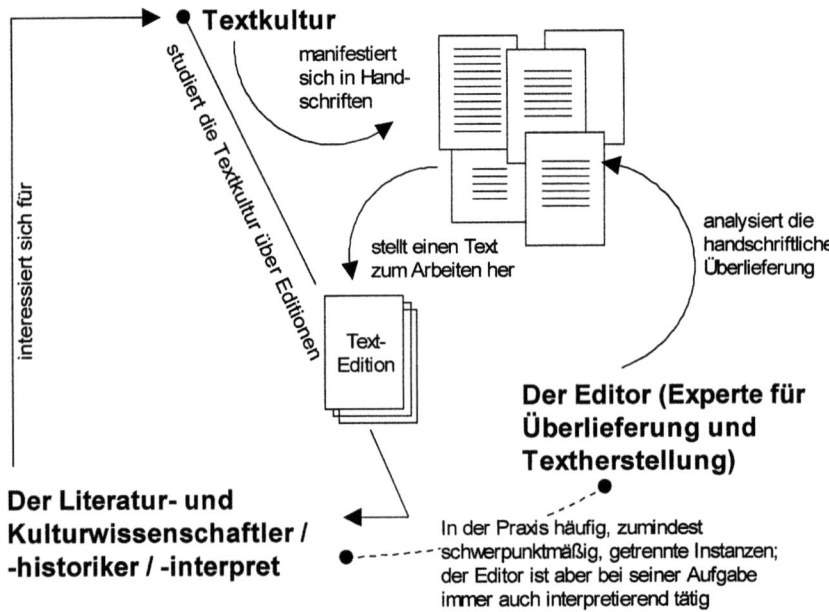

Der eine ist Text-Editor, der andere Text-Interpret oder -Historiker. Eine solche Aussage ist so richtig, wie sie auch falsch ist. Man darf sie auf jeden Fall nicht absolut verstehen in dem Sinne, dass das eine mit dem anderen nichts zu tun hätte. Denn es dürfte vielleicht schon an dieser Stelle deutlich sein, dass die Tätigkeit, einen Text aus Handschriften herauszulösen und leicht zugänglich ‚herzustellen',

Zur Geschichte der altgermanistischen Textkritik 75

eine ist, die eine Menge Textinterpretation einschließt, manchmal gar voraussetzt. Denn der Editor muss ja, will er die eine Textversion mit einer anderen variierenden vergleichen, bereits ein Textverständnis haben. Ein Editor ist somit immer auch ein Textinterpret. Dennoch hat sich im Laufe der Geschichte unseres Faches ein gewisses Expertentum etabliert, dergestalt, dass es Fachkollegen und -kolleginnen gibt, die schwerpunktmäßig eher edierend bzw. interpretierend und analysierend tätig sind.

Die Hauptfragen, um die es uns in diesem Kapitel geht, lauten nun: Welche Techniken wendet der Editor an, um aus der oft bunten Überlieferung einen Arbeitstext herzustellen? Welche Ideen leiten ihn bei der Selektion und Hierarchisierung der Textzeugen? Was will er mit seiner Arbeit erreichen? Will er über die einzelnen Handschriften zurück zum ‚Original', zum Ausgangspunkt der Überlieferung, kommen? Oder will er die Überlieferung ‚nur' ordnen – nach Zeit, Ort und Qualität, um schließlich den Arbeitstext auf der für ihn besten Handschrift basieren zu lassen?

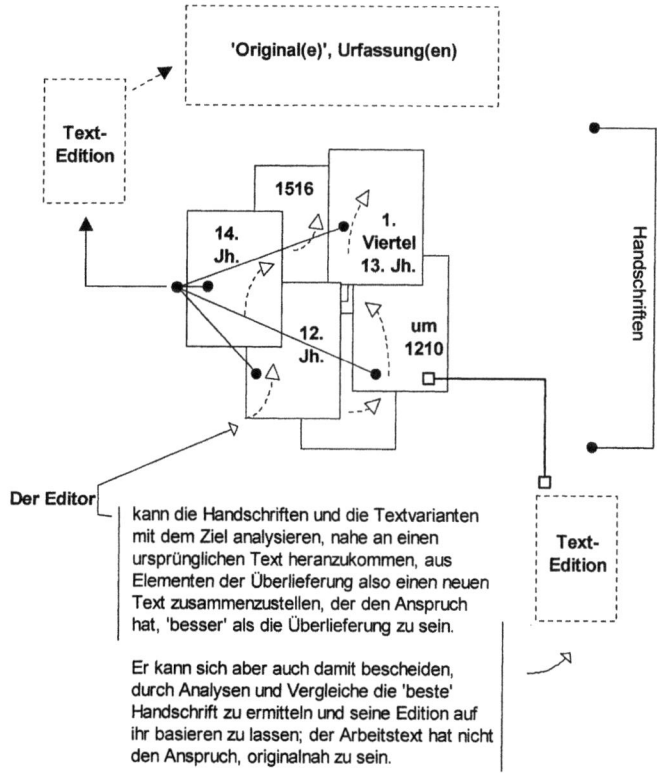

Dies sind Fragen, die seit Bestehen der Germanistik zum Teil sehr kontrovers diskutiert worden sind. Derzeit gibt es zwar die deutliche Tendenz, historische Texte möglichst überlieferungstreu zu edieren, doch geschieht dies keineswegs ‚mechanisch', wie von einem Automatismus gelenkt. Hinter jeder neuen oder neu bearbeiteten Textausgabe verbirgt sich eine längere fachgeschichtliche Vergangenheit, die ihre Spuren hinterlassen hat.

Wer heute einen Text edieren will, kommt nicht darum herum, sich mit der Geschichte der Editorik zu befassen. Man muss Positionen der Vergangenheit kennen, um darauf aufbauend alternative Konzepte zu entwickeln, die dem jeweiligen Fall möglichst adäquat sind.

Im folgenden Abschnitt soll das (teilweise bis heute) europaweit wirkmächtigste Editionsmodell oder -konzept vorgestellt werden: die ‚Lachmannsche Methode', zurückgehend auf Karl (Carl) Lachmann, zusammen mit den Brüdern Jacob und Wilhelm Grimm Mitbegründer des Universitätsfaches Germanistik. Darauf folgend sollen Wege der altgermanistischen Editionswissenschaft ins 21. Jahrhundert skizziert werden.

2. Die Anfänge der wissenschaftlichen Textkritik: Karl Lachmann und die ‚Lachmannsche Methode'

Die Germanistik ist eine vergleichsweise junge Wissenschaft. Als ihr ‚Vater' wird gerne und mit guten Gründen Jacob Grimm (1785-1863) genannt. Das Interesse an deutschem Kulturgut, insbesondere auch an der alten deutschen Literatur, wird im 19. Jahrhundert sehr lebendig. Zu einem großen Teil sind politische Motivationen dafür verantwortlich. Die Brüder Jacob und Wilhelm Grimm sammeln altes deutsches Erzählgut (Sagen, Märchen), beschäftigen sich mit der Sprachgeschichte und ihren ‚Gesetzen' und beginnen mit der Arbeit an dem – erst 1960 abgeschlossenen – Deutschen Wörterbuch. Sie reisen in viele Bibliotheken und suchen alte Handschriften, die sie ihrerseits abschreiben und einem größeren Kreis bekannt machen. Die Grimms stehen in Kontakt mit ebenso arbeitsamen Kollegen und tauschen – oft brieflich – ihre Erkenntnisse aus. Einer dieser Kollegen ist Karl Lachmann, dessen theoretische und praktische Arbeiten zur Textkritik der ((alt-) deutschen) Literatur eine erste und äußerst wirkungsmächtige Grundlage wissenschaftlicher Editionen darstellte.

> Karl Lachmann wurde am 4. März 1793 in Braunschweig geboren und starb am 13. März 1851 in Berlin. Er studierte Theologie, klassische Philologie, Altertumskunde und germanische Sprachen und Literaturen. Im Alter von 22 Jahren habilitierte er sich über ein altphilologisches textkritisches Thema; ein Jahr später folgte in Berlin eine zweite Habilitation mit einer Properz-Edition und dem Versuch, „die ursprüngliche Gestalt des Gedichts von der Nibelungen Noth" zu beschreiben. Zahlreiche Bibliotheksbesuche nutzte Lachmann, um mittelhochdeutsche Handschriften zu suchen, abzuschreiben und zu vergleichen. Seit 1827 war er ordentlicher Professor in Berlin und lehrte Germanistik und Altphilologie.

Lachmanns wissenschaftliche Bedeutung gründet vor allem in seinen zahlreichen, z.T. mit anderen Forschern gemeinsam erstellten Editionen mittelhochdeutscher Texte (das ‚Nibelungenlied', Hartmanns von Aue ‚Iwein' und ‚Gregorius', Walther von der Vogelweide, Wolfram von Eschenbach, Ulrich von Lichtenstein; Arbeit an ‚Des Minnesangs Frühling'). Daneben dürfen die Editionen des *Novum Testamentum Graece* (*et Latine*), der Fabeln Äsops sowie der gesammelten Werke G. E. Lessings nicht vergessen werden.

Lachmann hat seine Vorstellungen von der Edition literarischer Werke nicht übersichtlich, gar monographisch, niedergelegt. Man muss sie aus verstreuten Bemerkungen und vor allem durch Abstraktion seiner praktischen Editionsarbeit freilegen. Dieser gleichermaßen mühsamen wie verdienstvollen Aufgabe haben sich – was die altgermanistische Editionspraxis Lachmanns angeht – Magdalene Lutz-Hensel und Harald Weigel in Monographien angenommen. Ihre Arbeiten sind für detaillierte Einsicht in die ‚Lachmannsche Methode' maßgeblich geworden. An dieser Stelle können nur einige wesentliche Punkte herausgegriffen werden.

„Soll die Kritik endlich zur besonnenen Kunstübung reifen, so muss überall zuerst der Grad der Sicherheit des überlieferten zur Anschauung gebracht werden. Die Herausgeber des Horaz hegen noch immer unbewusst den Aberglauben, dass so gut als nirgend Vermutungen nöthig seien, wenn man nur den ältesten Handschriften folge."[1] Diese Sätze schrieb Lachmann 1845, und sie sind geeignet, die Anfänge der germanistisch-mediävistischen Edition zu skizzieren: Lachmann spricht von „Kritik" und von einer „Kunstübung". Damit sind zwei wesentliche Aspekte der frühen wissenschaftlichen Editorik genannt: Editorische Arbeit ist ‚kritische' Arbeit, sie besteht nicht im bloßen Abschreiben von Handschriften, sondern sie zeichnet sich durch die kritische Sichtung möglichst der gesamten noch greifbaren Überlieferung aus. Das ‚Kritische' des editorischen Tuns besteht u.a. im wohlüberlegten Sortieren der Textzeugen (Handschriften), in der Gruppierung von Handschriften, in ihrer Hierarchisierung, in der Erstellung eines Stemmas (eines Stammbaums der Überlieferungszeugen) und in der möglichst konsequent angewandten Fehlertypologie. Mit all diesen und noch weiteren Prozeduren soll, wie Lachmann sagt, „der Grad der Sicherheit des überlieferten zur Anschauung gebracht werden". Lachmann geht nämlich davon aus, dass längst nicht alle Handschriften den jeweiligen Text, um den es geht, gleichermaßen gut überliefern. Um das Gute vom weniger Guten, das Gesicherte vom weniger Gesicherten, das Ursprünglichere vom weniger Ursprünglichen zu sondern, muss der Textkritiker über eine gehörige Portion sprach- und literarhistorischer Kompetenz verfügen, aber auch über ein ästhetisches Grundvermögen, das es ihm erlaubt, autornähere von autorferneren Lesarten zu erkennen. Und insofern ist für Lachmann Textkritik auch eine „besonnene Kunstübung". Für

---

[1] Karl Lachmann: Verbesserungen zu Horazens Oden [1845]. In: Kleinere Schriften zur classischen Philologie. Von Karl Lachmann. Hrsg. von J. Vahlen. Berlin 1876, S. 81-84, hier S. 81.

weniger besonnen und einfühlsam hält er die bisherigen Horaz-Herausgeber, denen er methodische Defizite vorwirft. Sie hingen einem „Aberglauben" an, wenn sie sich nur den jeweils ältesten Handschriften anvertrauten und dann auf „Vermutungen" verzichten zu können glaubten. Mit den ‚Vermutungen' sind Schritte der Textrekonstruktion und -besserung gemeint, davon ausgehend, dass alle handschriftliche Überlieferung bereits ‚fehlerhaft' auf uns gekommen sei. Textkritik im Lachmannschen Sinn bedeutet also neben einer kritischen Sichtung des Materials auch die kritische Rekonstruktion einer dem Original sehr nahe kommenden, aber eben nur zu ‚vermutenden' Textstufe oder -fassung (dem sogenannten ‚Archetyp').

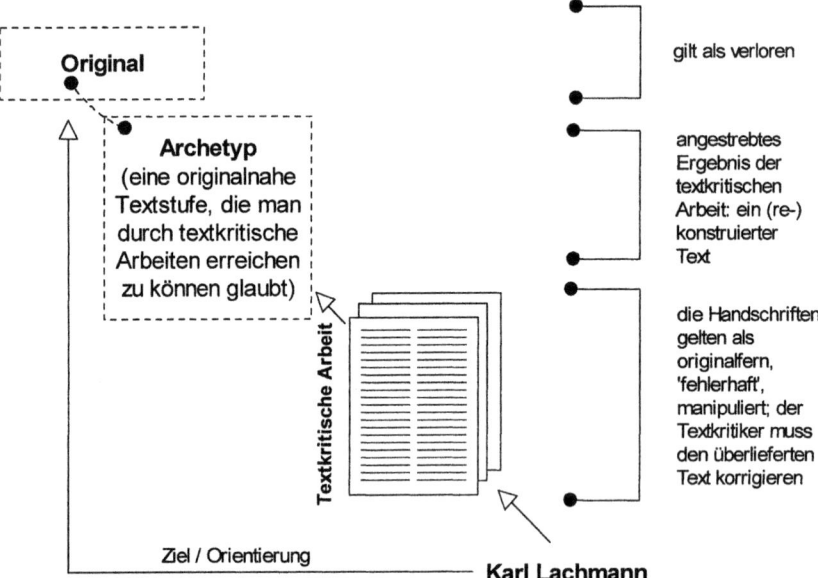

Lachmanns oben zitierte Worte stammen aus einer Studie zu Horaz. Das zeigt, dass die Anfänge einer germanistischen Editionswissenschaft von den Gegenständen und Methoden der Altphilologie her kommen. Lachmann selbst war Altphilologe und hat sein wissenschaftliches Rüstzeug von dort in die Germanistik mitgebracht. Genau dies jedoch führte auch zu einem methodischen Defizit. Denn Lachmann übertrug die Überlieferungsverhältnisse im Bereich der Altphilologie zu leichtfertig auf die der alt- und mittelhochdeutschen Literatur. Pointiert formuliert, begegnet in der griechischen und römischen Literaturgeschichte eher eine lineare, geradlinige Überlieferung (siehe die Grafik im Kapitel IV), was die Erstellung eines Stemmas, das Abhängigkeitsverhältnisse möglichst klar darstellen will, begünstigt, während Texte aus alt- und mittelhochdeutscher Zeit in den meisten Fällen keine solche geradlinige Tradition aufweisen, sondern durch Kontamination geprägt sind (siehe die

Grafik im Kapitel IV). Das bringt freilich für das Geschäft des Rekonstruierens große Unsicherheiten mit. Dennoch war die erste große Phase der germanistisch-mediävistischen Editionswissenschaft von den Vorgaben Lachmanns geprägt, und die einzelnen Fachvertreter waren bemüht, recht weit hinter die positiven Textzeugen (die Handschriften) zurückzugehen, um sich dem Original weitestgehend anzunähern, d.h., eine ‚archetypische' Textfassung zu rekonstruieren.
Wie aber ist eine solche Rekonstruktion ins Werk zu setzen?
Hören wir erneut Lachmann selbst im Vorwort zu seiner ‚Nibelungenlied'-Ausgabe (1816): „Wir sollen und wollen aus einer hinreichenden Menge von guten Handschriften einen allen diesen zum Grunde liegenden Text darstellen, der entweder der ursprüngliche selbst seyn oder ihm doch sehr nahe kommen muss". Dieser Satz enthält eine Reihe von Gedanken und Informationen, die erlauben, Lachmanns Konzept und textkritische Technik näher zu erläutern: Für die Altgermanistik ‚neu' ist, dass Lachmann einen Text nicht in Form des Abdrucks e i n e r Handschrift veröffentlichen will, sondern dass dazu, sofern vorhanden, m e h r e r e Handschriften eines Werkes heranzuziehen sind. Diese Handschriften sollen ‚gut' sein, d.h. möglichst wenige ‚Fehler' bzw. Abweichungen von einem (natürlich bloß angenommenen) Original enthalten, und sie sollen möglichst alt sein, wenngleich Lachmann auch jüngere Codices nicht rundweg negativ einschätzte. Die ‚guten' Handschriften mussten zunächst gefunden, abgeschrieben und – das ist das Entscheidende – verglichen werden. Durch diesen Vergleich sollte nicht nur die Qualität der Handschriften bestimmt, sondern auch ihre Verwandtschaft ermittelt werden. Die Textzeugen sollten nach Möglichkeit zu Handschriftengruppen geordnet werden (die auf je eine Vorlagenstufe zurückgingen); so konnte ein erster Schritt in Richtung ‚Original' getan werden. Diesen Arbeitsschritt, *recensio* genannt, glaubte Lachmann *sine interpretatione*, also ohne Subjektivität, ohne Deutung tun zu können.
Das Ergebnis der *recensio* war ein sogenanntes Stemma, ein Stammbaum, der die Verästelungen und Verzweigungen der Überlieferung anzeigte (Lachmann selbst setzte ihn jedoch nie graphisch um) und an dessen Spitze das Original oder zumindest der sogenannte Archteyp stand, die dem Original nächststehende Textfassung. Aufgrund der Verwandtschaftsverhältnisse glaubte Lachmann, durch Anwendung ‚objektiver Regeln' echte oder doch archetypische Lesarten zu ermitteln. Die ‚Regeln' sind im Einzelnen recht kompliziert und ließen sich nur durch umfangreiche Beispiele verdeutlichen. Hier sei auf die Arbeiten von Sebastiano Timpanaro (S. 93-100) und Magdalene Lutz-Hensel (S. 228ff) verwiesen, die die ‚mechanische' *recensio* Lachmanns eingehend besprechen und ihre Schwächen herausstellen.

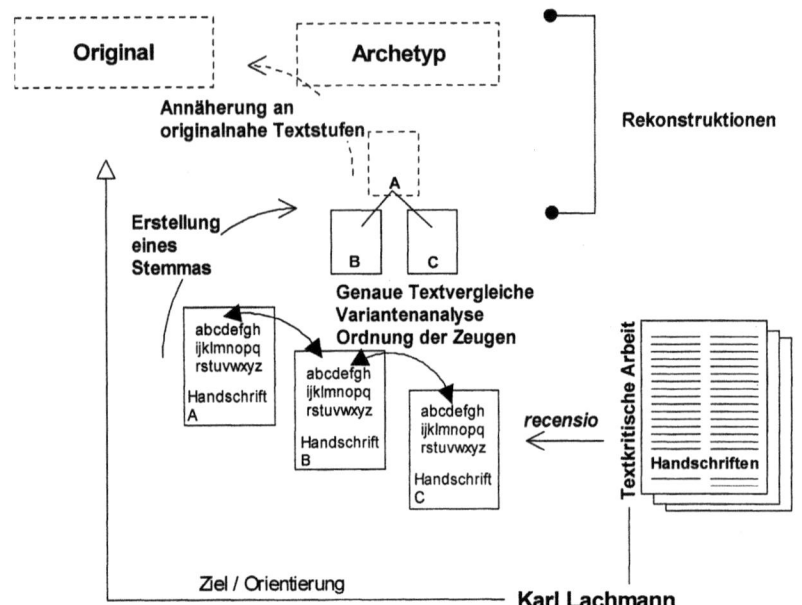

Der Begriff ‚Stammbaum' impliziert eine konsequente und weitgehend geradlinig verlaufende ‚Entwicklung'. Auf die Tradierung von Texten bezogen bedeutet dies, dass sicher sein muss, dass am Anfang nur ein Original vorhanden war, dass nur dieses eine Original abgeschrieben wurde, dass für folgende Abschriften immer nur eine Vorlage benutzt wurde usw. Nur dann lässt sich tatsächlich ein Stemma erstellen, das deutlich die Verwandtschaften von Handschriften kundtut. Diese idealen Verhältnisse trifft man in der altdeutschen Literatur nur selten an, häufiger noch in der Epik; in der Lyrik hingegen ist vielfach mit Kontamination zu rechnen, d.h. dass eine Handschrift auf mehrere nicht unmittelbar verwandte Vorlagen zurückgeht (siehe auch die Darstellungen in Kapitel IV). Dann ist es äußerst problematisch, wenn nicht unmöglich, klare Abhängigkeitsverhältnisse nachzuweisen. Insofern (darauf haben neben anderen Sebastiano Timpanaro und Karl Stackmann aufmerksam gemacht) bleibt Lachmanns Konzept ein ideales und geht häufig an den Gegebenheiten der Überlieferung vorbei.

Ein zweiter Schritt, die sogenannte *emendatio*, war für Lachmann ebenfalls nicht ein Akt des bloß subjektiven Meinens, sondern eine Leistung des *iudicium*, des wohlbegründeten Urteils des Editors. Der durch Vergleich mehrerer Handschriften gewonnene Text (seinerseits aber nicht erhalten), der auf das ‚Original' hinweist, wird ‚verbessert' (emendiert). Und zwar überall dort, wo er ‚Fehler' zeigt, d.h. wo – nach dem *iudicium* (der begründeten Einschätzung/ Meinung) des Editors – der

Text grammatikalische, metrische oder stilistische Formen zeigt, die dem Autor (dem Original) nicht zugeschrieben werden mögen. Das *iudicium* versuchte Lachmann durch genaues Studium z.B. der Metrik, der Grammatik, der topischen Formeln, der Häufigkeit von sprachlichen Phänomenen u.a. zu erlangen. Durch diese Operationen sollte der letzte Schritt auf das ‚Original' hin getan werden. *A verisimilibus progredi ad verum* (vom Wahrscheinlichen zum Wahren schreiten), so nannte Lachmann das Verfahren in seiner Vorrede zur Ausgabe des Neuen Testamentes.

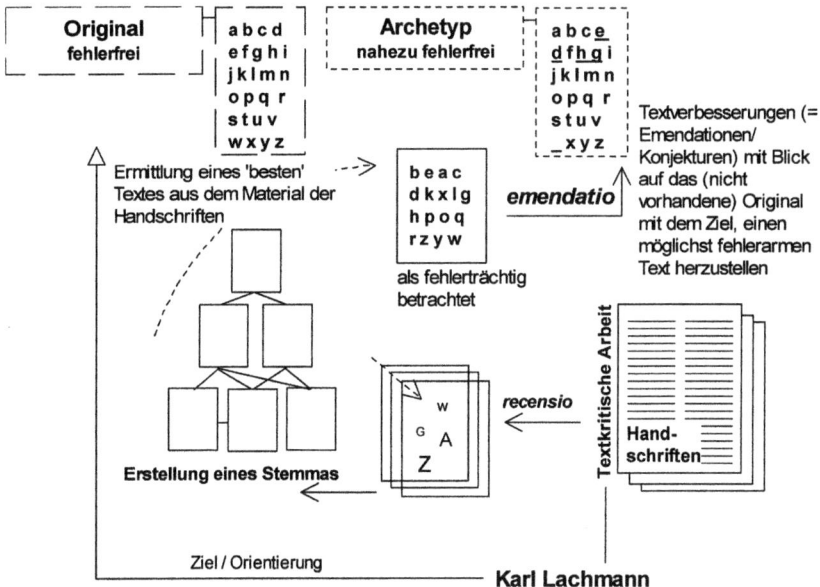

Das Verbessern von Fehlern zählt sicher zum schwierigsten und problematischsten Teil des textkritischen Geschäfts. Auch Lachmann war sich dessen bewusst, und obwohl er zurück zum „Ächten" wollte, blieb er oft genug vorsichtig mit Emendationen und Konjekturen, wesentlich vorsichtiger jedenfalls als manche seiner Nachfolger.

Ein Kollege Lachmanns, Georg Friedrich Benecke, äußerte folgenden viel sagenden Satz: „Es geht Lachmann, wie andern Leuten; er schwankt zwischen Achtung vor den Handschriften und Achtung vor der Grammatik" (zit. n. Lutz-Hensel). Und Magdalene Lutz-Hensel bringt Lachmanns Gratwanderung auf den Punkt: Seine editorische Kritik „nähert sich der Grammatik, ohne sich ihr zu unterwerfen; sie nähert sich der Echtheit, ohne sie zu garantieren".

Mechanistische Konsequenz in der Verbesserung von Fehlern findet man bei Lachmann nicht; es gibt wohlüberlegte und auch schwer nachvollziehbare Besserungen, und es gibt Fälle, in denen man eine Emendation erwarten würde, Lachmann aber die Handschrift unverändert ließ. Es bleibt aber Lachmanns Verdienst, die Grundlagen für textkritische Entscheidungen gelegt, metrische, grammatikalische und stilistische Studien als unabdingbare Voraussetzungen für die Editionsarbeit eingeführt zu haben.

Zum ‚Wahren', ‚Echten', ‚Ursprünglichen' zählten für Lachmann auch ein „unwandelbares Hochdeutsch" sowie eine streng geregelte Metrik. Beide Postulate wirken bis heute in der altgermanistischen Textkritik nach.

Lachmann ging davon aus, dass die Dichter der mittelhochdeutschen ‚Blütezeit' (letztes Viertel 12. bis Ende 1. Drittel 13. Jahrhundert) eine Art Standardsprache, eine überregionale Dichtersprache gesprochen hätten, die im Laufe der Abschreibprozesse durch mundartgebundene Schreiber korrumpiert worden sei.

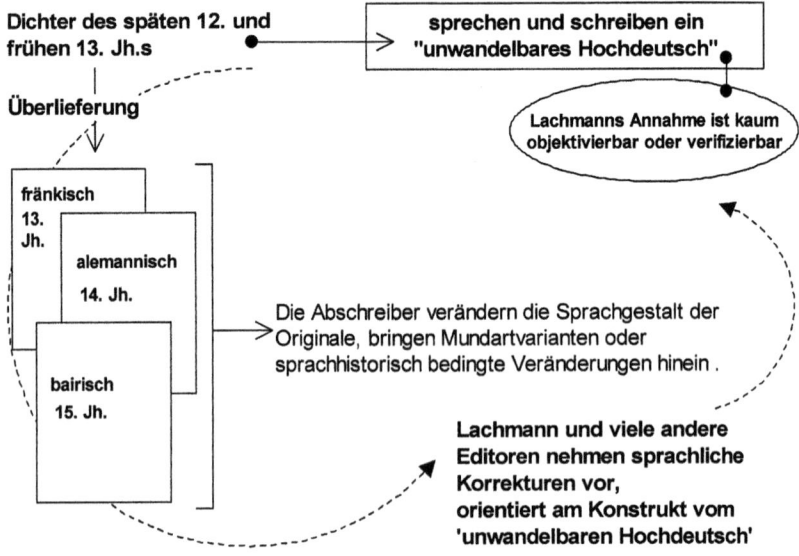

Wenngleich die Vorstellung von einer einheitlichen mittelhochdeutschen Dichtersprache heute aufgegeben ist – allenfalls kann man von überregionalen Idiomen sprechen –, so ist ein weitgehend ‚normalisiertes' Mittelhochdeutsch, vor allem die Schreibung betreffend, ein Entgegenkommen für den Benutzer einer Ausgabe, um schon die lexikographische Arbeit zu erleichtern. So wird man auch in vielen modernen Editionen eine normalisierte Schriftsprache antreffen können, die freilich kaum mehr der Hypothese von der originären Dichtersprache Rechnung trägt.

Wie die Sprache, so war – nach Lachmann – auch die Metrik in ihrem ursprünglichen Zustand recht fest geregelt, vor allem die Alternation (das regelmäßige Wechseln von Hebung und Senkung, betonter und unbetonter Silbe). Das ‚Gesetz von der einsilbigen Senkung' geht weitgehend auf ihn zurück. Das heißt: Der mittelhochdeutsche Vers (epischer wie lyrischer Art) zeige regelmäßigen Wechsel von Hebung und Senkung; zweisilbige Senkungen seien in aller Regel nicht das Ursprüngliche. Lachmann hat, dieser Prämisse folgend, vielfach zweisilbige Senkungen in seinen Ausgaben vermieden, sie durch Tilgung von Präfixen, unbetonten Endsilben (-vokalen) u.a. eliminiert. Durchgehend konsequent ist Lachmann allerdings auch hier nicht verfahren, und manche Entscheidungen bleiben etwas rätselhaft. Lachmann besserte, emendierte des Verses wegen, aber er darf noch zu den gemäßigten Vertretern strenger Metrik gezählt werden. Es gab andere, denen der mhd. Vers in all seinen Bestandteilen (Auftakt, Versinneres, Kadenz) so fest geregelt war, dass sie sich nicht scheuten, weitreichende ‚Verbesserungen' gegen alle Textträger durchzuführen. Bis heute sind viele Metrik-Probleme nach wie vor nicht gelöst und stellen für jeden Editor versifizierter Texte eine Herausforderung dar, die wohl stets von Fall zu Fall unter Berücksichtigung der individuellen Gegebenheiten angegangen werden muss.

Lachmanns textkritische Leistungen müssen mit Blick auf die Zeit ihrer Entstehung gewürdigt werden. Heute sieht man vieles anders, differenzierter und genauer als er, da die Kenntnisse über die mhd. Literatur, ihre Verbreitung und Tradierung zugenommen haben. Viele Hilfsmittel (Wörterbücher, Indices, Reimregister, Grammatiken usw.) stehen heute zur Verfügung, die sich Lachmann und seine Kollegen erst schaffen mussten, wobei die Editionen (oft) das Material für die Hilfsmittel abgaben, und umgekehrt die Hilfsmittel editorische Entscheidungen bedingten (ein fataler Teufelskreis, dessen man sich auch noch heute bewusst sein muss!).

Lachmanns Konzept wirft – wie oben angedeutet – einige grundsätzliche Probleme auf, die anders gelöst werden müssen, was teilweise auch bereits geschehen ist. Umso beachtlicher ist, dass seine großen Editionen (so ‚Parzival', ‚Iwein', ‚Ulrich von Lichtenstein') bis heute Standardausgaben geblieben sind; überdies zeigt sich bei der Bearbeitung der von Carl von Kraus stark veränderte Lachmann-Ausgabe der Lieder Walthers von der Vogelweide durch Christoph Cormeau, dass eine Reihe von Lachmanns Entscheidungen wohldurchdacht waren und wieder zu ihrem Recht kommen können.

Die folgende Grafik fasst das Wesentliche zusammen:

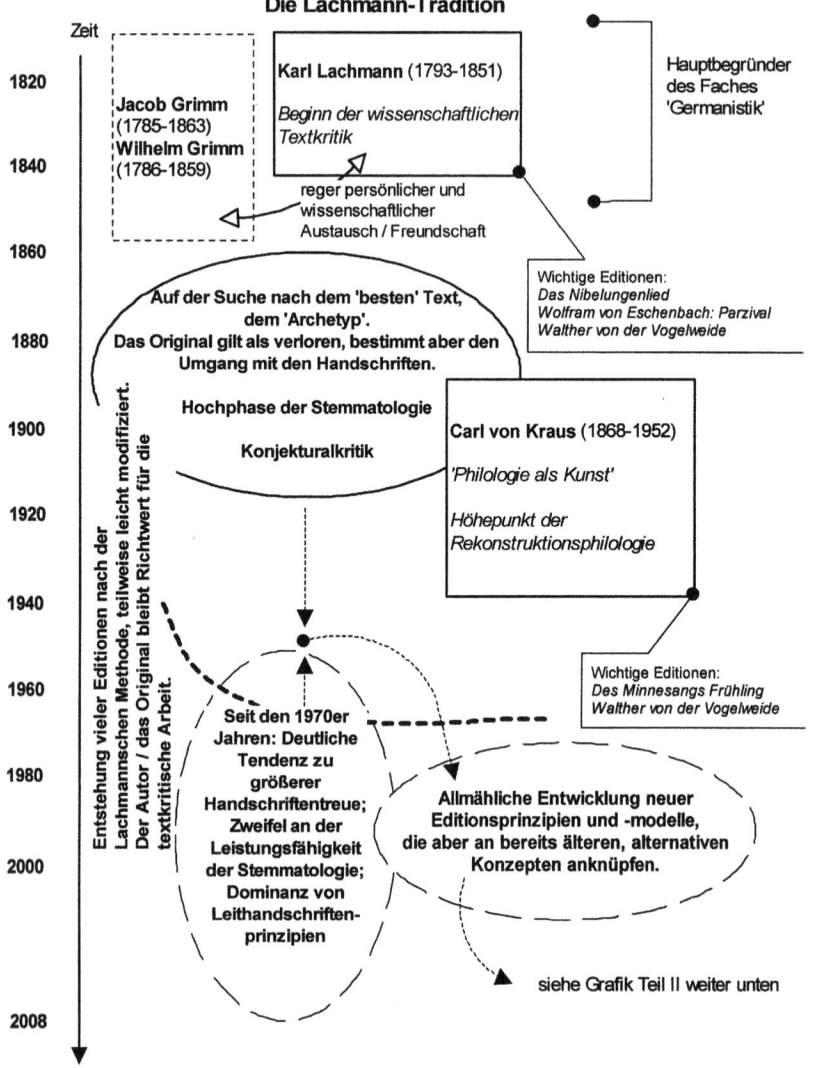

3. Wege der altgermanistischen Editionswissenschaft ins 21. Jahrhundert

3.1. Alternative Konzepte im 19. Jahrhundert

Lachmann beherrschte die Frühphase der deutschen Philologie – und dies nicht nur in Deutschland, sondern seine und die Konzepte der Brüder Grimm verbreiteten sich wie ein Netzwerk über ganz Europa und beeinflussten die romanische Philologie ebenso wie die spanische, italienische oder englische – dies wurde auf einer ‚Journée d'Etudes' (einer internationalen Fachtagung) 2005 in Paris ganz deutlich.[2] Das bedeutet aber nicht, dass es neben seiner autor- bzw. originalorientierten Textkritik nicht bereits auch sehr früh andere Konzepte gegeben hat. Hier muss insbesondere ein Mann genannt werden, dessen philologische Arbeit zu seinen Lebzeiten nicht recht gewürdigt und geschätzt worden ist: Friedrich Heinrich von der Hagen (1780-1856). Seine bis heute noch nicht vollständig ‚ersetzte', mehrere Bände umfassende Großedition ‚Minnesinger' zeigt ein grundlegend anderes Editionskonzept, als es etwa Lachmann und die Grimms vertreten. In mancherlei Hinsicht ähnelt von der Hagens Editionspraxis dem, was heutzutage mehr und mehr Usus ist: er verzichtet weitgehend auf eine häufig ja ästhetischen Prinzipien verpflichtete Rekonstruktion; stattdessen widmet er sich intensiv dem Wortlaut der positiven Textzeugen, vor allem der Großen Heidelberger Liederhandschrift (C). Er transkribiert indes die Handschriften nicht bloß, sondern gewichtet diese durchaus, hierarchisiert sie also, und lässt ein gut dokumentiertes sprachliches Normalisierungsverfahren zur Anwendung kommen. Vor allem beachtenswert ist jedoch, dass von der Hagen von allzu hypothetischer Rekonstruktion die Finger lässt, was bedeutet, dass er mit Lachmannschen ‚Vermutungen' (Emendationen, Konjekturen) sehr zurückhaltend ist und auch mehrere Handschriften nicht mit Blick auf dahinter sich verbergende Originale oder Archetypen in einer Form von extensiver Mischredaktion in seine Ausgabe integriert. Hören wir von der Hagen selbst (aus der Vorrede zu seiner Lyrikedition ‚Minnesinger'): „[...] bei mehreren Handschriften habe ich vornämlich immer nur eine, und versteht sich, die älteste und beste, so viel als möglich, zum Grunde gelegt, und die übrigen nur zu Hülfe gerufen."

Die Entwicklung der Editionswissenschaft vom frühen 19. bis ins 21. Jahrhundert ist geprägt von einem beständigen ‚Kampf' zwischen zwei Grundpositionen: zwischen einer ‚autororientierten Textkritik' auf der einen und einer ‚textorientierten Textkritik' auf der anderen Seite. Etwas modifiziert könnte man auch von einer ‚originalorientierten' bzw. einer ‚überlieferungsorientierten' Textkritik sprechen. Gemeint ist folgendes: Vertreter der originalorientierten Textkritik haben bei all ihren Bemühungen einen fixen Ausgangspunkt aller Überlieferung im Blick, eben das Original eines Autors, das verloren gegangen ist und das der Editor zu rekonstruieren bemüht sein muss.

---

[2] Vgl. Pratiques Philologiques en Europe. Actes de la journée d'étude organisée à l'Ecole des chartes le 23 septembre 2005, réunis et présentés par Frédéric Duval. Paris 2006.

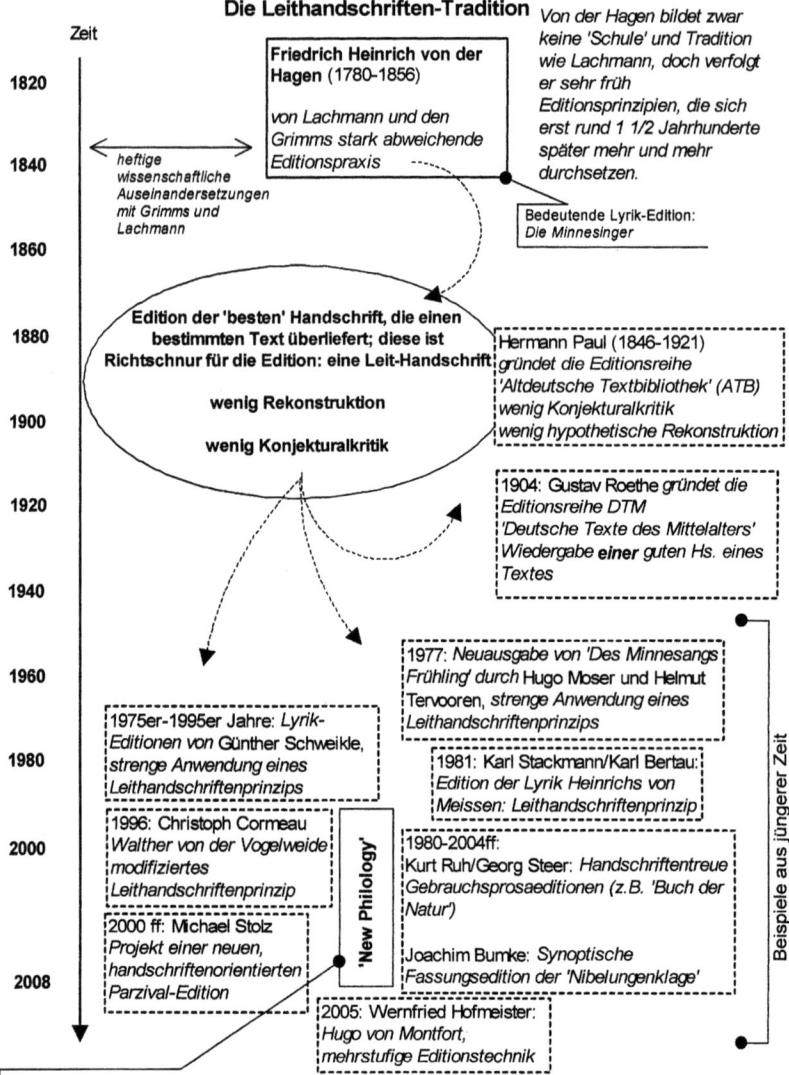

3.2. Leithandschriftenprinzipien

Vertreter der überlieferungs- und textorientierten Textkritik verneinen das Postulat eines Urhebers und ggf. auch eines Ausgangstextes nicht radikal, sehen es grundsätzlich jedoch als zu hypothetisch an, mehr als eine Rekonstruktionsstufe hinter die vorhandenen Handschriften zurückzugehen. Sie präsentieren in ihren Editionen entweder einen gar nicht oder nur leicht normalisierten handschriftlichen Text. Ist der Text nur in einer Handschrift überliefert, erübrigt sich eine Auswahl; liegen mehrere Handschriften vor, obliegt es dem Herausgeber, sich möglichst für e i n e als seine ‚Leithandschrift' zu entscheiden. Dieser Entscheidung sollten möglichst objektivierbare, intersubjektiv nachvollziehbare Kriterien zugrunde liegen.

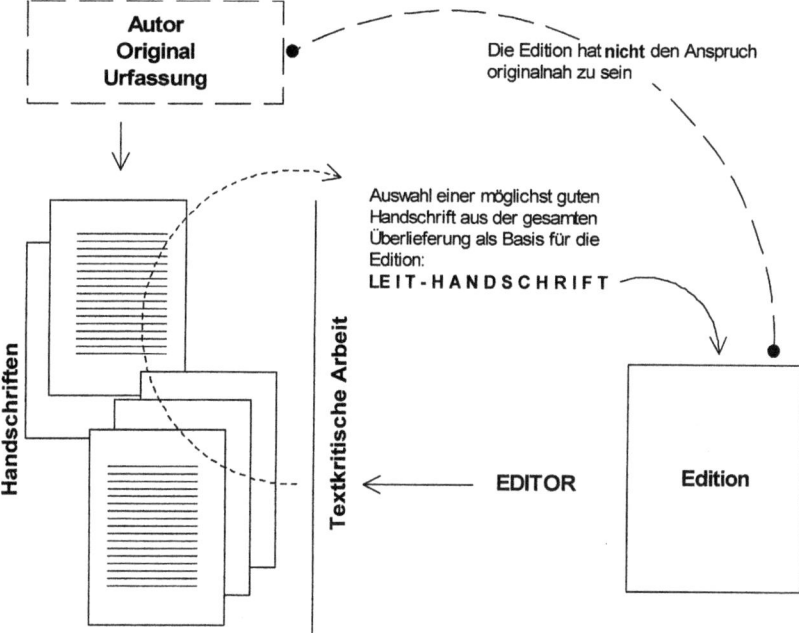

Eine solche ‚Leithandschriftentechnik' hat sich seit der Mitte des 19. Jahrhunderts mehr und mehr durchgesetzt. Hermann Paul und Gustav Roethe markieren bis zur Jahrhundertwende wichtige Stationen dahin. Nach der grundsätzlichen Neupositionierung der Germanistik (besonders seit 1968) werden eine Reihe von mittelalterlichen ‚Klassikern' neu ediert (‚Des Minnesangs Frühling', ‚Walther von der Vogelweide'), und überall obwaltet ein Leithandschriftenprinzip (siehe oben die Übersicht ‚Hauptwege der germanistisch-mediävistischen Editionsphilologie (II):

Die Leithandschriften-Tradition'). Fast könnte man sagen, dass die Fachgemeinschaft bescheidener geworden ist. Das mutmaßlich Beste aus dem wählen, was wir heute noch überliefert haben, bzw. das textgeschichtlich Bedeutende zu dokumentieren, sind Maximen, die sich durchgesetzt haben.
Es ist zweifellos das Verdienst der Lyrikphilologie, für den gesamten Bereich der altgermanistischen Editionswissenschaft Pionierarbeit geleistet und neue Wege gewiesen zu haben. Die erste konsequente Umsetzung eines Leithandschriftenprinzips in eine Ausgabe nahmen Helmut Tervooren und Hugo Moser (1977) vor und veränderten dadurch das Aussehen einer traditionsreichen Lyrikausgabe, ‚Des Minnesangs Frühling', radikal. Fast zeitgleich und teilweise noch konsequenter präsentierte Günther Schweikle eine ähnliche Minnelyrik-Sammlung, die ganz den vorhandenen Überlieferungszeugnissen verpflichtet ist. Zu Beginn der 80er Jahre erschien die Göttinger ‚Frauenlob'-Ausgabe von Karl Bertau und Karl Stackmann, gleichermaßen ein recht durchsichtiges Leithandschriftenprinzip verfolgend.
Dass gerade die Lyrikforschung zur methodologischen Vorhut wurde, ist leicht begründet: Die Texteinheiten sind überschaubar, die Überlieferung ist – von relativ wenigen Einzelfällen abgesehen – ebenso überschaubar. Im Bereich der Epik stoßen wir hingegen auf deutlich anders gelagerte Fälle: viele Texte sind äußerst komplex und reich überliefert, ich nenne zur Illustration nur einige wenige Beispiele: Hartmann von Aue, Iwein: über 30 Textzeugen, davon 15 vollständig; Gottfried von Straßburg, Tristan: über 25 Textzeugen, davon 11 vollständig; Wolfram von Eschenbach, Parzival: fast 90 Textzeugen, davon 16 vollständig; Nibelungenlied: über 30 Textzeugen. Diese Beispiele gehören alle in den Bereich der sogenannten ‚höfischen Epik' und zählen seit den Anfängen der Germanistik zum wohlbehüteten Kanon. Auch diese Tatsache erschwert(e) ein neues, ggf. radikal anderes editorisches Aufbereiten der Texte. Bis heute lesen wir sie weitgehend so, wie sie die Vorväter des Faches in die Welt der Wissenschaft entlassen haben.
Eine grundsätzlich andere epische Textsorte, mit anderen Voraussetzungen, ist die Gebrauchsprosa. Lange Zeit wurde sie kaum als ‚Literatur' betrachtet, da ihr ein poetisches Moment weitgehend fehlt. Es handelt sich beispielsweise um Predigt- oder um Rechtstexte oder um *artes*-Literatur (Wissensliteratur) in einem weiten Sinn. In den späten 60er und folgenden 70er Jahren des 20. Jhs. wurde diese Art von Literatur von der Mediävistik (wieder-) entdeckt und mit innovatorischem Editionseifer aus den Handschriftengräbern befreit. Rund um Kurt Ruh entstand die ‚Überlieferungsgeschichtliche Prosaforschung'. Einen wesentlichen Angriffspunkt stellt die Offenheit der Gebrauchsprosatexte dar. Die dynamisch-produktive Offenheit ist bedingt durch den Gebrauch der Texte in der Überlieferung. Wenn man dies als Prämisse zugrunde legt, ergeben sich eine Reihe von editorischen Konsequenzen. Die wichtigsten hat Georg Steer wie folgt auf den Punkt gebracht: „Eine Edition, die sich die Herausgabe eines ‚unfesten' Textes zum Ziele setzt, muß zunächst einmal die ‚Unfestigkeit' des Textes in seine Geschichte auflösen. Im einzelnen heißt dies, daß der abschriftliche Weg der gesamten erhaltenen Textüberlieferung –

Zur Geschichte der altgermanistischen Textkritik

in der Theorie vom Autorexemplar bis zur jüngsten Textkopie – nachgezeichnet werden und daß eruiert werden muß, an welchen Stationen des Überlieferungsweges der Text bearbeitet oder überhaupt verändert wurde."[3]

Während es sich also auf dem Gebiet der Gebrauchsprosaforschung mehr und mehr durchsetzte, einen Text diachron editorisch zu begleiten (also Überlieferungsstufen über einzelne (Leit-) Handschriften zu dokumentieren), tat man sich in der Philologie rund um die höfische Epik damit schwerer. Zum Teil zu Recht: Denn es besteht ein grundsätzlicher Unterschied z.B. zwischen der sachbedingten Veränderung einer Rechtsmaxime auf der einen und der kompositorischen und lexikalischen Variation eines Artusromans auf der anderen Seite. Das eine (Rechtsmaxime) hat ein deutliches Äquivalent ‚in der Welt', das andere nicht bzw. nur sehr vermittelt. Insofern muss im Bereich der höfischen Epik sehr viel genauer zwischen Varianztypen differenziert werden.

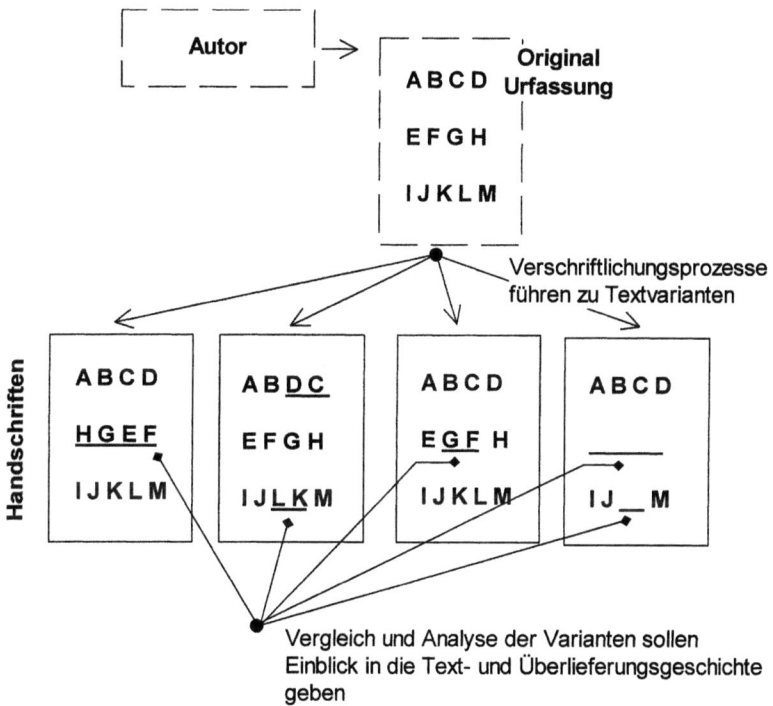

---

[3] Georg Steer: Textgeschichtliche Edition. In: Überlieferungsgeschichtliche Prosaforschung. Beiträge der Würzburger Forschergruppe zur Methode und Auswertung. Hrsg. von Kurt Ruh. Redaktion: Hans-Jürgen Stahl. Tübingen 1985, S. 37-52.

3.3. Varianten-Philologie: Die ‚New Philology'

Jeder Textsorte sind eigene editorische Probleme inhärent, alle handschriftliche Kultur teilt jedoch das Varianz-Phänomen. Mit der Varianz in rechter Weise umzugehen, stellt vielleicht das entscheidende, grundlegende Problem aller (mediävistischer) Editionswissenschaft dar. Es ist wohl verfehlt, sich auf einen ganz reproduzierenden Status zurückzuziehen, also bloß handschriftliche Zeichen in heute allgemein lesbare Drucktypen umzusetzen. Der Philologe hat mehr zu leisten: er muss die begegnenden Varianten zu systematisieren versuchen, muss bemüht sein, poetologisch relevante Varianten von solchen zu sondern, die weitgehend der Kulturtechnik verpflichtet sind (Abschreibfehler, Flüchtigkeiten usw.). Erst wenn solche Arbeiten in größerem Rahmen und Umfang angegangen sind, werden wir deutlichere Einblicke in die poetischen Regelmäßigkeiten einer Literatur gewinnen, die bis in das 14. Jahrhundert ein beständiges Wechseldasein führt: zwischen Schriftlichkeit (der Konzeption), Mündlichkeit (der Aufführung) und wieder Schriftlichkeit (der Konservierung).

Eine besondere Hochachtung widerfuhr der Variante 1989 in einem Essay des französischen Sprach- und Literaturwissenschaftlers Bernhard Cerquiglini, der jeden mittelalterlichen Text schlechthin als ‚Variante', als variable Größe bezeichnete: „L'œuvre littéraire, au Moyen Age, est une variable".[4]

Seine – durchaus bewusst provokaten – Thesen gehören in den Kontext der sog. ‚New Philology' (‚Neuen Philologie'), die seit den frühen 1990er Jahren nicht nur in der (Alt-) Germanistik diskutiert wird. Durch das Adjektiv ‚neu' will sich diese methodische Richtung der Literaturwissenschaft von einer ‚alten' Philologie unterscheiden; aber: sie versteht sich als ‚Philologie' und knüpft damit auch an grundlegende und alte Maximen der Zunft an.

Die ‚New Philology' ist ein amerikanischer (vornehmlich romanistischer) Re-Import europäischer Grundthesen, die erst im Zuge dieses Re-Importes von der germanistischen Mediävistik rezipiert wurden. Im Mittelpunkt der ‚New Philology' steht der Text vor dem Hintergrund einer zuweilen ‚postmodern' genannten neuen Text- bzw. Werktheorie. Die Kategorien ‚Autor' und ‚Werk' wurden durch literaturtheoretische Arbeiten vor allem von Roland Barthes, Jacques Derrida, Michel Foucault, Julia Kristeva und Paul de Man, fortgeführt von Bernard Cerquiglini und schließlich den Vertretern der ‚New Philology'[5] in ihrem Kern problematisiert. Vor allem die Fixierung auf das e i n e Original und den Autor dieses Originals wird nun als unhistorisch, unproduktiv und dem Gegenstand nicht angemessen betrachtet. Die ‚New Philology' will wieder zurückkehren zu den Quellen, den Handschriften; sie will sich abwenden von einer Rekonstruktionsphilologie, die – zumindest häufig

---

[4] Bernard Cerquiglini: Éloge de la variante. Histoire critique de la philologie. Paris 1989, S. 57.

[5] Vgl. Stephen G. Nichols: Introduction: Philology in a Manuscript Culture. In: Speculum 65, 1990, S.1–10. In diesem Heft auch die übrigen Vertreter der ‚New Philology'.

– mehr zuschüttete als aufdeckte. Der „postmodern return to the origins of medieval studies" („die postmoderne Rückkehr zu den Anfängen mediävistischer Studien", Stephen Nichols) steht im Zeichen einer zunächst vorurteilslosen Wertschätzung der Überlieferung, deren Qualität erst mit dieser Grundhaltung zu eruieren sei und deren Eigenheiten interessante Einblicke in den Literaturbetrieb einer vergangenen Kulturepoche ermöglichten. Es wird eine Philologie propagiert, die die Handschriften mit den dort manifestierten Varianten als Dokumentation einer ‚offenen Textgeschichte' betrachten soll: „medieval culture did not simply live with diversity, it cultivated it" („die mittelalterliche Kultur lebte nicht nur mit Variabilität, sondern sie kultivierte sie"; Stephen Nichols). Die traditionelle Textkritik habe diesem ‚Wesen' mittelalterlicher Literatur nicht die angemessene Berücksichtigung zuteil werden lassen.

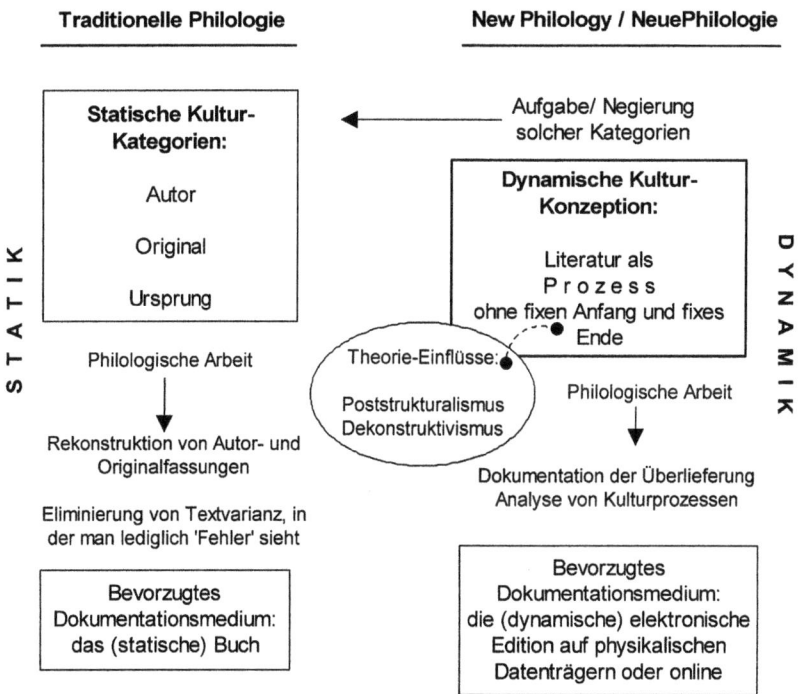

Es dauerte einige Zeit, bis Reaktionen aus dem altgermanistischen Lager zu vernehmen waren. Im Wesentlichen war es Karl Stackmann, der in zwei ausführlichen Aufsätzen (s.u., Literaturverzeichnis) Antworten auf die Fragen und Forderungen der ‚New Philology' zu geben versuchte. Er hat einerseits die Ideen als diskussionswürdig gelobt und eine Reihe von Berührungen mit philologischen Innovationen

aufgeführt, sich andererseits aber doch gegen die mehr oder weniger radikalen Forderungen editionspraktischer Art gestellt. Er kritisiert, dass Cerquiglini das eine Extrem (Suche des Urtextes) durch ein anderes ersetze, nämlich durch die Festlegung des Editors auf einen prinzipiell offenen, variablen, instabilen Text.
Die ‚New Philology' hat Bewegung in die methodenkritische Diskussion der Altgermanistik gebracht, das allein schon macht ihren Wert aus. Darüber hinaus hat sie bedenkenswerte literarhistorische und -theoretische Einsichten vermittelt. Freilich wird man den Forderungen nicht überall zustimmen können. So ist zwar zweifellos der mittelalterliche Text recht offen und instabil, was seine Überlieferung angeht; doch darf darüber keineswegs vergessen werden, dass diese Offenheit bei den mittelalterlichen Dichtern selbst diskutiert und dass sie keineswegs immer geschätzt oder auch nur gerne toleriert wurde. Trotz aller Turbulenzen, in die der Autorbegriff in den letzten Jahren geraten ist, wird man sich nicht von ihm verabschieden. Es ist weiterhin eine wichtige Aufgabe der Philologie, die Überlieferung kritisch zu sichten und zu schichten.
Dennoch: Der Dokumentation von Varianz wird in neueren Editionen sehr viel mehr Raum gewährt, als dies in früherer Zeit der Fall gewesen ist. Es ist sicher ein Verdienst der New Philology, auf das Varianzphänomen auch unter einem theoretischen Aspekt erneut und mit Nachdruck aufmerksam gemacht zu haben. Das allein jedoch löst nicht alle Probleme. Denn es hat beispielsweise wenig Sinn, alle begegnende Varianz bloß zu dokumentieren und die Benutzer von Editionen damit allein zu lassen. Vielmehr muss verstärkt an einer Typologie der Varianz gearbeitet werden. In den letzten Jahren finden sich vermehrt Studien (s.u. Literaturverzeichnis), die ein solches Desiderat aufgreifen. Hier ist anzuknüpfen und an einer neuen, umfassenden ‚Theorie der Varianz' zu arbeiten.

3.4. Moderne Datenverarbeitungstechnologie und Edition

Die germanistische Mediävistik hat es mit einer fast unüberschaubar großen Menge von Überlieferungszeugen zu tun, die ein gigantisches Varianzpotential bergen. Es drängt sich schon angesichts der Quantitäten auf, Hilfe bei der elektronischen Datenverarbeitung zu suchen. Und zweifellos wird man dort auch fündig. Allerdings sind Einschränkungen zu machen und Warnungen auszusprechen.
Handschriftliche Texte können (noch) nicht eingescannt und mittels einer OCR- (optischen Zeichenerkennungs-) Software in computerlesbare Zeichen umgesetzt werden. Das bedeutet: Der Philologe muss die Handschriften zunächst selbst entziffern und manuell transkribieren. Dabei muss genau überlegt werden, wie die handschriftlichen Sonderzeichen und Sonderregelungen (Kürzel, Superskripte, Diakritika, Groß-/Kleinschreibung, Lombardenfarben, Initalen, Korrekturen, Nachträge usw.) codiert werden sollen, damit sie später für die unterschiedlichsten Zwecke verfügbar sind.

Will man den Computer Texte vergleichen lassen, um über die Varianz Aufschlüsse zu bekommen, muss man zunächst definieren, was der Computer als Varianz melden soll. Denn es hat selbstverständlich wenig Sinn, wenn bei jeder Graphemdifferenz (bloße Schreibungsunterschiede) die Meldung ‚Variante' erscheint. Der Philologe muss also dem Computer mit einem vordefinierten Erkenntnisinteresse seine spezifischen Wünsche mitteilen.

Die sich dann ergebenden Varianzlisten muss freilich erneut der P h i l o l o g e auswerten und beurteilen; besonders Fragen nach ‚primär' und ‚sekundär' wird ein PC nicht beantworten können. Bis hierher sind Arbeiten genannt worden, die gleichsam vor der eigentlichen Edition zu tun sind. Der Editor kann bis zu diesem Zeitpunkt noch entscheiden, ob er seine Edition in traditioneller Buchform vorlegt oder ob er sie in Form eines elektronischen Mediums (Diskette, CD ROM/ DVD/ HD DVD, BlueRay DVD/ Online usw.) herausgibt oder ob er beide Wege beschreiten möchte.

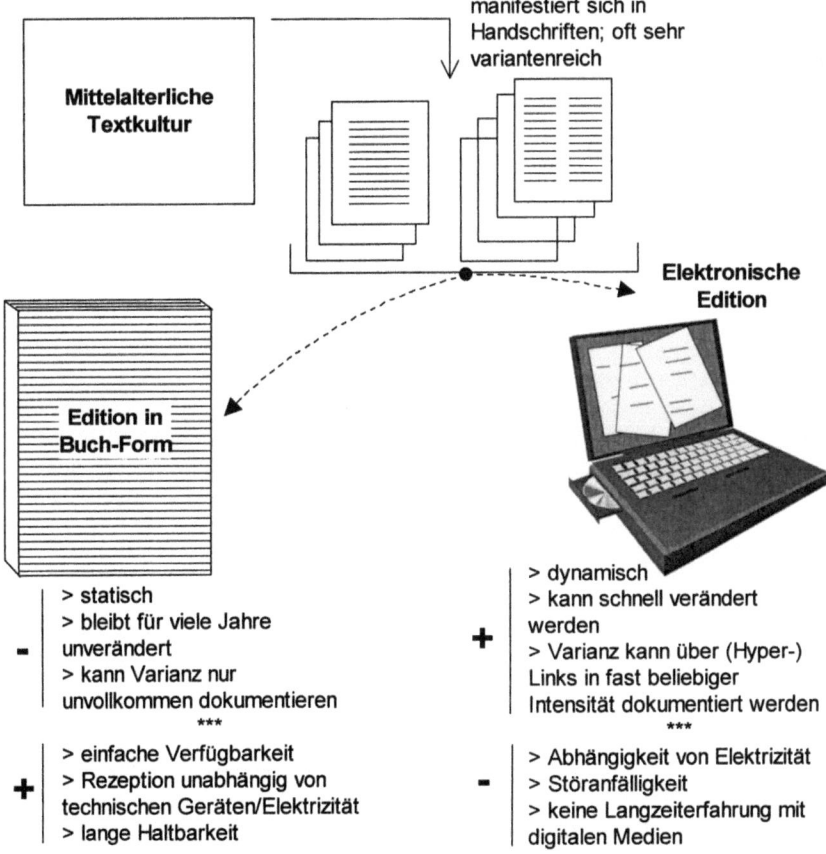

Eine radikale Aufgabe der Buchform zeichnet sich bislang nicht ab, und das ist auch gut so. Denn mit dem Medium des Buches haben wir eine weit mehr als tausendjährige Erfahrung; mit physikalischen Datenträgern wie CDs und DVDs arbeiten wir erst rund 20 Jahre. Niemand weiß zu sagen, ob diese Medien in 25 oder gar weniger Jahren überhaupt noch ‚lesbar' sind. Zum einen sind die Datenträger relativ störanfällig (Magnetfelder, elektromagnetische Entladungen, Kratzer auf (magneto-) optischen Medien), zum anderen legt die Hard- und Softwareentwicklung ein atemberaubendes, weitgehend durch Kommerzinteressen bedingtes Innovationstempo mit immer neuen ‚Standards' vor, das der Endverbraucher (zumal mehr und mehr in finanziellen Nöten steckende Universitäten) kaum durchhalten kann. Das bedeutet: Wenn heute eine Edition nur auf einer CD ROM vertrieben wird, bleibt unsicher, ob es in 20 Jahren überhaupt noch Geräte und Softwareplattformen gibt, mit denen man die Edition auf einen Bildschirm holen und lesen kann. All diese Vorbehalte sind ein deutliches Indiz dafür, dass Editionen immer auch als ‚Hardcopy' (sprich: Buch) vertrieben werden sollten. Grundsätzlich nicht anders scheint es mir um die Internet-(online-) Edition bestellt zu sein. Zwar ist von Vorteil, dass in einer weitgehend softwareunabhängigen Auszeichnungssprache (HTML) kommuniziert wird, doch fragt sich mit Roland Kamzelak (s.u. Literaturverzeichnis), „ob anspruchsvolle Editionen mit den einfachen offenen Standards überhaupt zu realisieren sind". Hier ist noch viel Pionierarbeit zu leisten.

Neben manchen Problemen eröffnet eine elektronische Edition aber zweifellos auch Chancen: Auf kleinstem Raum kann viel Material untergebracht werden. Mittels der Hyperlinktechnik können Faksimile, diplomatische Transkription, kritischer Text und Varianten verknüpft und unter verschiedenen Perspektiven betrachtet werden. Auch beliebig viele Fassungen von Liedern oder gar Epen lassen sich in einer ‚Quasi-Synopse' aufbereiten. Dabei muss kein Hinderungsgrund sein (der vielfach angeführt wird), dass auch auf großen Bildschirmen immer nur eine begrenzte Zahl von Textspalten darstellbar sei. Denn: Man kann als Mensch ohnehin höchstens zwei bis drei Parallelfassungen auf einmal wahrnehmen. Wichtiger als diese Art von synoptischer Wahrnehmung, die im Übrigen ja auch ganz unhistorisch ist, ist die Möglichkeit, als Literarhistoriker schnell auf unterschiedliche Realisierungen von Texteinheiten zugreifen und diese analysieren zu können.

Bibliographische Hinweise zur Geschichte der altgermanistischen Textkritik

Zur Geschichte der Germanistik und Editionswissenschaft allgemein:
Eine Wissenschaft etabliert sich: 1810-1870. Mit einer Einführung hrsg. von Johannes Janota. Tübingen 1980 (Texte zur Wissenschaftsgeschichte der Germanistik Bd.3) [Vgl. besonders die Einleitung, S. 1-60 mit weiterführender Literatur]

Beiträge zur Methodengeschichte der neueren Philologien. Zum 125jährigen Bestehen des Max Niemeyer Verlages. Hrsg. von Robert Harsch-Niemeyer. Tübingen 1995

➔ Geschichte der Editionsverfahren vom Altertum bis zur Gegenwart im Überblick. Ringvorlesung. Herausgegeben von Hans-Gert Roloff. Berlin 2003

→ Martin J.Schubert [Hrsg.]: Deutsche Texte des Mittelalters zwischen Handschriftennähe und Rekonstruktion. Berliner Fachtagung 1.-3. April 2004. Tübingen 2005
Evelyn Scherabon Firchow: Wege und Irrwege der mittelalterlichen Textausgaben. Ausgewählte Aufsätze. Stuttgart 2007
Anne Bohnenkamp: Konjektur und Krux. Zur Methodenpolitik der Philologie. Göttingen 2010
Uwe Meves: Deutsche Philologie an den preußischen Universitäten im 19. Jahrhundert. Dokumente zum Institutionalisierungsprozess. Berlin 2010

Quellentextsammlung zur Geschichte der altgermanistischen Editionswissenschaft:
→ Altgermanistische Editionswissenschaft. Hrsg. von Thomas Bein. Frankfurt/M. [u.a.] 1995 [mit umfangreicher Bibliographie]

Zu Karl Lachmann:
Briefwechsel der Brüder Jacob und Wilhelm Grimm mit Karl Lachmann. Im Auftrage und mit Unterstützung der Preussischen Akademie der Wissenschaften hrsg. von Albert Leitzmann. Mit einer Einleitung von Konrad Burdach. 2 Bde. Jena 1927 [Aufschlussreiche Fundgrube für wissenschaftsgeschichtliche Studien]
Karl Lachmann: Der Nibelungen Lied, [...] herausgegeben durch Friedrich Heinrich von der Hagen [...]. Der Edel Stein, [...] von George Friedrich Benecke [...] [1816]. In: Ders.: Kleinere Schriften zur Deutschen Philologie, Bd.1. Hrsg. von Karl Müllenhoff. Berlin 1876, S. 81-114 [Zwei Rezensionen Lachmanns, die durch die Kritik an anderen seine eigenen Vorstellungen durchscheinen lassen]
Joseph Bédier: La tradition manuscrite du lai de l'ombre. Réflexions sur l'art d'éditer les anciens textes. In: Romania 54, 1928, S. 161-196 und S. 321-356 [kritische Auseinandersetzung mit Lachmanns ‚objektiver' Methode der *recensio*]
→ Magdalene Lutz-Hensel: Prinzipien der ersten textkritischen Editionen mittelhochdeutscher Dichtung. Brüder Grimm - Benecke - Lachmann. Berlin 1975 [Wichtiges Standardwerk zur altgermanistischen Editionsgeschichte mit Auswertung vieler Zeugnisse]
→ Magdalene Lutz-Hensel: Lachmanns textkritische Wahrscheinlichkeitsregeln. In: Zeitschrift für deutsche Philologie 90, 1971, S. 394-408
Peter F. Ganz: Lachmann as an editor of middle high german texts. In: Probleme mittelalterlicher Überlieferung und Textkritik. Oxforder Colloquium 1966. Hrsg. von Peter F. Ganz und Werner Schröder. Berlin 1968, S. 12-30
Sebastiano Timpanaro: Die Entstehung der Lachmannschen Methode. 2., erweiterte und überarbeitete Auflage. Autorisierte Übertragung aus dem Italienischen von Dieter Irmer. Hamburg 1971 [Darstellung der Voraussetzungen und Vorarbeiten, auf denen Lachmann aufbauen konnte bzw. die er übernahm; Kritik an Lachmanns Konzept]
→ Harald Weigel: ‚Nur was du nie gesehn wird ewig dauern'. Carl Lachmann und die Entstehung der wissenschaftlichen Edition. Freiburg 1989 [mit reichhaltiger, weiterführender Literatur]
Sebastiano Timpanaro [Hrsg.]: The genesis of Lachmann's method. Chicago 2005
Karl Lachmann: Kleinere Schriften zur classischen Philologie. Reprint. Saarbrücken 2008
Marina Münkler: "durch unverdrossene tüchtige Arbeit". Karl Lachmann (1793-1851) als Philologe. In: Zeitschrift für Germanistik, Bd. 20, 2010, H. 1, S. 104-122

Zur ‚New Philology':
Karl Stackmann: Neue Philologie? In: Modernes Mittelalter. Neue Bilder einer populären Epoche. Hrsg. von Joachim Heinzle. Frankfurt/M., Leipzig 1994, S. 398–427
→ Philologie als Textwissenschaft. Alte und neue Horizonte. Hrsg. von Helmut Tervooren und Horst Wenzel [= Sonderheft der ZfdPh 116, 1997]
Ingrid Bennewitz: Alte „neue" Philologie? Zur Tradition eines Diskurses. In: Philologie als Textwissenschaft. Alte und neue Horizonte. Hrsg. von Helmut Tervooren und Horst Wenzel (ZfdPh 116, 1997, Sonderheft), S. 46-61

Rüdiger Schnell: Was ist neu an der ‚New Philology'? Zum Diskussionsstand in der germanistischen Mediävistik. In: Alte und neue Philologie. Hrsg. von Martin-Dietrich Gleßgen und Franz Lebsanft. Tübingen 1997, S. 61-95

Werner Schröder: Die ‚Neue Philologie" und das ‚Moderne Mittelalter". In: Germanistik in Jena. Reden aus Anlaß des 70. Geburtstags von Heinz Mettke. 10. Januar 1995. Von Georg Machnik, Klaus Manger, Heinz Endermann, Jens Haustein, Werner Schröder. Jena 1996, S. 33-50 [sehr kritische Auseinandersetzung mit neueren Editionstendenzen]

Zu ‚Edition und EDV':
Richard E. F. Straub: Gedruckt oder elektronisch? Zu neuen Formen von Textausgaben. In: Alte und neue Philologie. Hrsg. von Martin-Dietrich Gleßgen und Franz Lebsanft. Tübingen 1997, S. 227-234

→ Computergestützte Text-Edition. Hrsg. von Roland Kamzelak. Tübingen 1999
darin: Roland Kamzelak: Hypermedia – Brauchen wir eine neue Editionswissenschaft?, S. 119-126. Der Band enthält auch eine spezifische Bibliographie zum Thema ‚Edition und Computer', S. 143-146, sowie eine Liste mit einschlägigen Homepages und den zugehörigen URL, S. 147-150

Wilhelm Ott: Electronic publishing und Editionen, Indizes, Wörterbücher: Anforderungen an Werkzeuge und Prodkute. In: Literary and Linguistic Computing 14, 1999, 3, S. 423-430 und in: Historical Social Research - Historische Sozialforschumg (HSR) 24, 1999, 3, S. 165-171

Heike Jurzik: Digitale Editionen mittelalterlicher Liederhandschriften am Beispiel von Walthers ‚Palästinalied'. In: Walther von der Vogelweide. Beiträge zu Produktion, Edition und Rezeption. Hrsg. von Thomas Bein. Frankfurt am Main. 2002, S. 305-328

Wilhelm Ott: Elektronisches Edieren. In: Geschichte der Editionsverfahren vom Altertum bis zur Gegenwart im Überblick. Ringvorlesung. Herausgegeben von Hans-Gert Roloff. Berlin 2003, S. 329-358

Thomas Bein: Anmerkungen zu digitalen Editionen alt- und mittelhochdeutscher Texte. In: Klaus van Eickels, Ruth Weichselbaumer und Ingrid Bennewitz (Hrsg.): Mediaevistik und Neue Medien. Ostfildern 2004, S. 29-40

Arbeiten zu aktuellen Editionsprojekten / Editionskritik:
Kurt Gärtner: Die Kaiserchronik und ihre Bearbeitungen. Editionsdesiderate der Versepik des 13. Jahrhunderts. In: *bickelwort* und *wildiu maere*. Festschrift für Eberhard Nellmann zu 65. Geburtstag. Hrsg. von Dorothee Lindemann u.a. Göppingen 1995, S. 366-379

Werner Schröder: Critica selecta. Zu neuen Ausgaben mittelhochdeutscher und frühneuhochdeutscher Texte. Hrsg. von Wolfgang Maaz und Fritz Wagner. Hildesheim 1999

Nellmann, Eberhard: Kontamination in der Epiküberlieferung. Mit Beispielen aus der Vorauer ‚Kaiserchronik'-Handschrift. In: Zeitschrift für deutsches Altertum und deutsche Literatur 130, 2001, S. 377-391

Thomas Bein: In Vorbereitung: Die 15. Auflage der Lachmann-Cormeau-Ausgabe. In: Walther von der Vogelweide. Beiträge zu Produktion, Edition und Rezeption. Hrsg. von Thomas Bein. Frankfurt am Main 2002, S. 145-150

Ingrid Bennewitz: *Sîn mund begunt im uff gan.* Versuche zur Überlieferung von Gottfrieds »Tristan«. In: Der ‚Tristan' Gottfrieds von Straßburg. Symposion Santiago de Compostela, 5. bis 8. April 2000. Hrsg. von Christoph Huber und Victor Millet. Tübingen 2002, S. 9-22

Thomas Neukirchen: Zur Edition des Liedes *Mîn liebste und ouch mîn êrste* Heinrichs von Morungen. In: Euphorion 96, 2002, 3, S. 303-320

Thorsten Burkard; Oliver Huck: Die Edition von mittelalterlicher Fachprosa als interdisziplinäre Aufgabe – Probleme der Autorschaft, Datierung und Methodik am Beispiel eines Traktats aus dem 14. Jahrhundert. In: Schrift – Text – Edition. Hans Gabler zum 65. Geburtstag. Hrsg. von Christiane Henkes [u.a.] Tübingen 2003, S. 97-112

Kurt Gärtner: Überlieferung und *textus receptus*. Zur Neuausgabe des Armen Heinrich Hartmanns von Aue. In: editio 17, 2003, S. 89-99

Joachim Heinzle: Zur Logik mediävistischer Editionen. Einige Grundbegriffe. In: editio 17, 2003, S. 1-15

Harald Saller: Zur neuen Notker-Edition. In: Volkssprachig-lateinische Mischtexte und Textensembles in der althochdeutschen, altsächsischen und altenglischen Überlieferung. Mediävistisches Kolloquium des Zentrums für Mittelalterstudien der Otto-Friedrich-Universität Bamberg am 16. und 17. November 2001. Hrsg. von Rolf Bergmann. Heidelberg 2003, S. 283-296

Weitere Titel:

Friedrich Heinrich von der Hagen: Minnesinger. Deutsche Liederdichter des zwölften, dreizehnten und vierzehnten Jahrhunderts [...]. IV Bde. Leipzig 1838

Karl Stackmann: Mittelalterliche Texte als Aufgabe. In: Festschrift für Jost Trier zum 70. Geburtstag. Hrsg. von William Foerste und Karl Heinz Borck. Köln, Graz 1964, S. 240-267

→ Günther Schweikle: Zur Edition mittelhochdeutscher Lyrik. Grundlagen und Perspektiven. In: ZfdPh 104, Sonderheft, 1985, S. 2–18

→ Eckhard Grunewald: Friedrich Heinrich von der Hagen. 1780–1856. Ein Beitrag zur Frühgeschichte der Germanistik. Berlin, New York 1988

Joachim Bumke: Die vier Fassungen der ‚Nibelungenklage'. Untersuchungen zur Überlieferungsgeschichte und Textkritik der höfischen Epik im 13. Jahrhundert. Berlin, New York 1996

Karl Stackmann: Varianz der Worte, der Form und des Sinnes. In: Philologie als Textwissenschaft. Alte und neue Horizonte. Hrsg. von Helmut Tervooren und Horst Wenzel (ZfdPh 116, 1997, Sonderheft), S. 131-149

Thomas Bein: Editionsprinzipien für deutsche Texte des späten Mittelalters und der frühen Neuzeit. In: Sprachgeschichte. Ein Handbuch zur Geschichte der deutschen Sprache und ihrer Erforschung. Zweite, vollständig neu bearbeitete und erweiterte Auflage. Hrsg. von Werner Besch, Anne Betten, Oskar Reichmann, Stefan Sonderegger. 1. Teilband. Berlin, New York 1998, S. 923–931

Karl Stackmann: Autor – Überlieferung – Editor. In: Das Mittelalter und die Germanisten. Zur neueren Methodengeschichte der Germanistischen Philologie. Hrsg. von Eckart Conrad Lutz. Freiburg, Schweiz 1998. S. 11-32.

Text und Edition. Positionen und Perspektiven. Hrsg. von Rüdiger Nutt-Kofoth, Bodo Plachta [u.a.]. Berlin 2000

Williams-Krapp, Werner: Die überlieferungsgeschichtliche Methode. Rückblick und Ausblick. In: Internationales Archiv für Sozialgeschichte der deutschen Literatur 25, 2000, S. 1-21

Rahmenthema Nr. 40 „Überlieferungsgeschichte – Textgeschichte – Literaturgeschichte", in: Jahrbuch für Internationale Germanistik. Erste Folge 2003 (JIG, Jg. XXXIV, Heft 2, Bern usw. 2002[!], S. 89-180), bisher 4 Folgen (2006) erschienen

Thomas Bein; ‚echt kritisch': Zwei Jahrhunderte Klassiker-Geschichte. Zum Wandel der Text-Kritik in der Walther von der Vogelweide-Philologie. In: editio 18, 2004, S. 69-88

Elmar Willemsen: Walther von der Vogelweide. Untersuchungen zur Varianz in der Liedüberlieferung. Frankfurt/M. [usw.] 2006

VI. Von der Handschrift zur Edition: Editorische Vorarbeiten

Im vorangegangenen Kapitel wurden u.a. grundlegende Gedanken Karl Lachmanns vorgestellt. In diesem Zusammenhang sind eine Reihe von Fachbegriffen genannt worden, die sich in der altgermanistischen Editionswissenschaft eingebürgert haben und die teilweise textkritische Arbeitsschritte bezeichnen. Im Folgenden soll es darum gehen, die wichtigsten näher vorzustellen und zu erläutern. Auf diese Weise wird deutlicher, was sich hinter einer jeden Textedition verbirgt, und ein solches Wissen macht es einfacher, mit Textausgaben ‚richtig', d.h. verständig, umzugehen. Die Reihenfolge, in der die Erläuterungen erscheinen, zeigt in etwa auch den Arbeitsablauf bei einem Editionsprojekt an.

1. Heuristik: Aufspüren der Textzeugen

Es klingt banal, ist aber doch der Anfang von allem: Eine Textausgabe bedarf eines Textes, und dieser Text muss, für die mittelalterlichen Verhältnisse gesprochen, in Form handschriftlicher oder früher drucktechnischer Zeugen dem Editor vorliegen. Der Editor muss sich diese Zeugen sichern, er muss sie suchen, abschreiben, abfotografieren – konservieren. Besonders dann, wenn das Ziel der Edition nicht nur im Abdruck e i n e r Handschrift besteht (was freilich je nach Lage der Dinge möglich, vielleicht sogar geboten ist), sondern wenn – wie es Karl Lachmann stets forderte – ein k r i t i s c h e r Text erstellt werden soll, müssen zunächst alle ermittelbaren Textträger (Handschriften, evtl. frühe Drucke) gesammelt werden, um auf möglichst breiter Zeugen-Basis einen ‚kritischen Text' oder auch mehrere konkurrierende Fassungen zu edieren.

Exkurs zur Begrifflichkeit: Was ist ‚kritisch' an/bei/in einem ‚kritischen Text'?

Kritischer Text / Kritische Edition

Sowohl in der Älteren als auch in der Neueren Germanistik begegnet im Zusammenhang mit Texteditionen immer wieder das Attribut ‚kritisch'. Was ist damit gemeint? Bereits im 18. und frühen 19. Jahrhundert wurde es in geisteswissenschaftlichen Zusammenhängen gebraucht. Karl Lachmann schreibt 1827 im Vorwort zu seiner Textausgabe der Werke Walthers von der Vogelweide: „Ueber die *kritische* behandlung der aufgenommenen lieder weiss ich nichts bedeutendes zu sagen, als was man in den anmerkungen finden wird. es sollte mich sehr freuen, wenn die gegenwärtige ausgabe für die echt *kritische* gelten könnte". Was meint Lachmann damit? Ein abstraktes Modell hat er nicht ausformuliert. Lachmann hat seine Arbeiten am Text lediglich zusammengefasst und sie als „die *kritische behandlung* der aufgenommenen lieder" bezeichnet (alle Hervorhebungen in den Zitaten von mir, Th. B.). Immerhin: Wir stoßen hier auf vier Worte, die uns weiterführen bei dem Versuch, Antworten auf die Frage zu geben, was das sei: Text*kritik*.

Lachmann spricht von einer „Behandlung"; er charakterisiert sie mit dem Attribut „kritisch" und bezieht sie auf Objekte, denen er den Textstatus von „Liedern" zuweist, die ihrerseits noch eine Bedingung mitbringen müssen: sie müssen nämlich „aufgenommen" worden sein. Betrachten wir Lachmanns Wortwahl im Einzelnen: Eine „Be-Handlung" ist eine Manipulation, ein ‚Hand Anlegen' an etwas, ein Be-Arbeiten, Gestalten, Verändern. Für das Wort „kritisch" – in unserem Kontext nun ganz wesentlich – wird im Deutschen Wörterbuch der Brüder Grimm eine „doppelte[] geltung, als das adj. zu krisis und zu kritik" festgestellt. In unserem Zusammenhang muss es zu ‚kritik' gestellt werden. Wir können im Artikel Folgendes lesen: ‚kritisch' meine, „was die arbeit der kritik erfordert, den kritiker beschäftigt, hauptsächlich in der sprache der philologen: eine kritische stelle, die im texte einen fehler hat oder zu haben scheint." Weiter wird ausgeführt, dass mit dem Adjektiv die „arbeit der kritik selber" bezeichnet werden könne: „eine kritische ausgabe, kritische arbeit; GOTTSCHEDS versuch einer critischen dichtkunst, KANTS kritische philosophie". Mit der Bemerkung „es war ein wahres stichwort des 18. jahrh." endet der für uns interessante Teil des Wörterbuchartikels[1]. Etymologisch betrachtet lässt sich ein semantischer Kern greifen, der vom ‚Scheiden', ‚Trennen' oder ‚Entscheiden' dominiert wird. Im ‚Kluge' können wir lesen, dass „zunächst die kritischen Tage, d.h. die Tage der Krise einer Krankheit" gemeint gewesen seien. ‚Kritik' bedeute bald aber mehr und allgemeiner die ‚Beurteilung'[2]. Der Textkritiker also ist jemand, der einen Text einer Prüfung unterzieht. Dass eine solche Prüfung überhaupt nötig ist, liegt darin begründet, dass, wie im ‚Deutschen Wörterbuch' zu lesen war, Texte durchaus „kritische stelle[n]" haben können, Text-Fehler nämlich. Oberste Aufgabe des Textkritikers (zumindest der alten Lachmannschen Schule) ist es, diese Fehler zu erkennen und zu verbessern.

Textkritische Arbeit hat also zum Ziel, unter Berücksichtigung und ‚kritischer' Sichtung des vorhandenen Überlieferungsmaterials, einen Text herzustellen, der als bestmöglicher gilt, der dem Original nahe kommen soll, das selbst freilich nicht vorhanden ist. Der ‚kritische' Text ist ein Text, der durch Auswertung der verschiedenen Textträger vom Editor erstellt wird und zumindest eine Vorstufe der positiv vorhandenen Überlieferungszeugen repräsentieren soll.

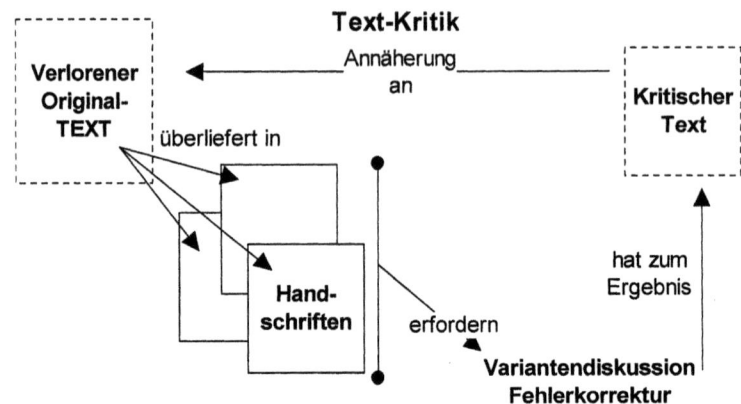

---
[1] Jacob und Wilhelm Grimm: Deutsches Wörterbuch. Nachdruck der XVI Bde. 1854 1971, München 1984, Bd. 11, Sp. 2336f.
[2] Kluge. Etymologisches Wörterbuch der deutschen Sprache. Bearbeitet von Elmar Seebold. 24., durchgesehene und erweiterte Auflage. Berlin, New York 2002, S. 540f.

Zurück zur Suche (Heuristik) der Textzeugen:
Je nachdem, welcher Text oder welches Text- oder Autorkorpus herausgegeben wird, kann die Suche nach den Handschriften und Drucken sehr mühsam sein, denn man weiß ja zunächst nicht, wo sich Handschriften oder Handschriftenfragmente eines bestimmten Textes befinden könnten. Viele, nicht immer leicht zu benutzende Bibliothekskataloge müssen also durchforstet werden, und so manche Bibliotheksreise wird erforderlich. Die Handschriften, die man dann möglicherweise in Archiven gefunden hat, müssen gut abfotografiert werden, da die Arbeit mit den Originalen aufgrund möglicher Beschädigungen zu gefährlich wäre. Freilich wird man nicht immer nur mit Fotografien auskommen, besonders dann nicht, wenn mechanische Schäden am Pergament oder Papier zu verzeichnen sind (Löcher, Tinten-, Schmutz-, Wasserflecke usw.). Dann ist eine Untersuchung der Originale nötig, z.T. mit optischen Hilfsmitteln wie Quarzlampen.

Auch das Erfassen rein technischer Daten (Größe der Blätter und des Schriftspiegels, Farbe der Tinte, Anordnung und Typ der Lage(n)) und die Ermittlung des Alters der Handschrift (z.B. anhand des Schrift- und Lagentyps) sind tunlichst am Original vorzunehmen. Solche Daten werden später für die Beschreibung der Handschriften benötigt, die in einer guten Edition nicht fehlen darf.

Einfacher hat es ein Editor, wenn die bekannten Handschriften des herauszugebenden Textkorpus bereits in faksimilierter Form vorliegen.

Exkurs zur Begrifflichkeit: Was ist ein Faksimile?

Faksimile: von lat. *facere* = machen, *simile* = ähnlich. Ein Faksimile ist die fotomechanische Reproduktion eines Originaltextes, die sich von einer einfachen Fotografie in aller Regel durch akribische Exaktheit in der Wiedergabe z.B. auch kleinster Farbnuancen auszeichnet, z.T. auch die Blattbeschneidung des Originals und Löcher, Risse, Pergamentnähte usw. genau nachahmt. Hochwertige Faksimiles können nur von wenigen spezialisierten Verlagen hergestellt werden und sind äußerst kostspielig. Weltweit führend in der Herstellung perfekter Faksimile-Ausgaben ist z.B. die ADEVA (Akademische Druck- und Verlagsanstalt) in Graz. Sie hat hohe Standards für Faksimile-Editionen und die originalgetreue Wiedergabe antiker und mittelalterlicher Handschriften gesetzt.

Wo es sich ‚nur' um Texte handelt, können durch Verzicht auf Farbreproduktion und teures Kunstdruckpapier die Kosten gesenkt werden. Beispiel: Das Schwarz-Weiß-Faksimile der die Texte Walthers von der Vogelweide überliefernden Handschriften enthält alle (bis zur Drucklegung) bekannten Textzeugen. Für einen Editor stellt diese Sammlung eine große Arbeitserleichterung dar, und nur in wenigen Zweifelsfällen wird er teurere Farbfaksimiles oder die Originale einsehen müssen. Es gibt mittlerweile eine stattliche Anzahl von Faksimiles zur deutschen Literatur des Mittelalters, darunter kostbare Farbfaksimiles wie auch schlichtere Arbeitsausgaben.

Wenn die systematische Suche nach Handschriften beendet ist, muss man sich zunächst mit den Ergebnissen zufrieden geben. Aber immer wieder machen Zufallsfunde deutlich, dass in den Bibliotheken noch viele Zeugnisse schlummern. Häufig sind dies kleinere Fragmente, die erst durch Restaurierungsarbeiten an alten Codices zum Vorschein gekommen sind, oder Stücke in privaten Sammlungen, die durch Nachlassverkäufe oder -auktionen bekannt werden.

Bibliographische Hinweise zur Heuristik und zum ‚kritischen Text'

Eine gute Orientierung bietet:
➔ Rüdiger Nutt-Kofoth: Textkritik. In: Reallexikon der deutschen Literaturwissenschaft. Neubearbeitung des Reallexikons der deutschen Literaturgeschichte. Gemeinsam mit Georg Braungart, Harald Fricke [u.a.] hrsg. von Jan-Dirk Müller. Bd. III. Berlin, New York 2003, S. 602-607

Weitere Titel:
Winfried Woesler: Artikel ‚Textkritik'. In: Handlexikon zur Literaturwissenschaft. Hrsg. von Diether Krywalski. Bd.2. Reinbek ²1978, S. 471-475

Günther Schweikle: Artikel ‚Textkritik'. In: Metzler Literatur Lexikon. Stichwörter zur Weltliteratur. Hrsg. von Günther und Irmgard Schweikle. Stuttgart 1984, S. 434-435

Thomas Bein: »echt kritisch«: Zwei Jahrhunderte Klassiker-Geschichte. Zum Wandel der Text-Kritik in der Walther von der Vogelweide-Philologie. In: Editio 18, 2004, S. 69-88

Internet-Hinweis auf einen der profiliertesten Faksimile-Verlage, die Akademische Druck- und Verlagsanstalt Graz, Österreich: http://www.adeva.com/ (Mai 2007)

2. Vergleich der Textzeugen (Kollationierung)

Um zu einem kritischen Text zu gelangen, müssen die verschiedenen Textzeugen (Handschriften, frühe Drucke) miteinander verglichen werden. Nur so kann man herausfinden, wie sie sich zueinander verhalten, d.h. ob sie gemeinsame Vorlagen haben, ob sie sich qualitativ und zeitlich unterscheiden, ob sich mehrere Gruppen aus den einzelnen Zeugen bilden lassen und manches mehr. Diese Arbeit wird ‚Kollationieren' genannt (von lat. *collatio* = das Zusammentragen, Vergleichen). Je nach Überlieferungslage kann dieses Vergleichen ein mühsames Geschäft werden.

Beispiele: Von zahlreichen Fragmenten abgesehen, ist der ‚Tristan'-Roman Gottfrieds von Straßburg in elf Handschriften vollständig erhalten. Der Roman umfasst 19548 Verse (Zählung schwankt in den Editionen leicht), also wären etwa 215.000 Verse zu begutachten. Andere epische Werke, so der ‚Parzival' Wolframs von Eschenbach zeigen noch dichtere und variantenreichere Überlieferung, was teilweise Grund war und ist, sich mit der Begutachtung einiger weniger ausgewählter Handschriften zufrieden zu geben. Bislang lesen wir den ‚Parzival' in einer Edition, die Karl Lachmann angefertigt hatte und die eigentlich heutigen Anforderungen nicht mehr genügt. Man scheute aber viele Jahrzehnte den immensen Aufwand einer umfassenden Kollationierung (aus finanziellen/personellen Gründen). Seit einigen Jahren aber hat sich Michael Stolz (siehe Literaturhinweis unten) dieser Aufgabe gewidmet – unter Einsatz moderner Datenverarbeitungstechnologien.

Nicht unbedingt notwendig, aber doch arbeitserleichternd ist für einen Vergleich ein so genannter ‚diplomatischer Abdruck' der Textzeugen, vor allem der Handschriften.

Exkurs zur Begrifflichkeit: Was ist ein diplomatischer Abdruck?

Diplomatischer Abdruck: aus gr.>lat.>frz. *diplomatique* = urkundlich. Ein ‚diplomatischer Abdruck' ist die genaue Umsetzung eines handschriftlichen Textes in moderne Drucktypen, wobei in der Regel alle Abkürzungszeichen (Abbreviaturen), überschriebene Buchstaben (Superskripte) und sonstige handschriftliche Eigenarten, auch Zeilenbrüche und Initialen, unverändert übernommen werden. Die Alphabetzeichen der deutschen Gegenwartssprache reichen dafür nicht aus; es müssen spezielle Sonderzeichen hergestellt und möglichst uniform verwendet werden. (Ein Sonderzeichensatz, der leicht auf jedem PC zu installieren ist, lässt sich kostenlos downloaden von der Mediävistik-Seite www.mediaevum.de (Juni 2007)) .

Beispiel: Zunächst der handschriftliche Text, darunter die diplomatische Wiedergabe (aus der Manesseschen Liederhandschrift C, Beginn eines Textes Walthers von der Vogelweide). In der vierten Zeile des handschriftlichen Textes (drittes Wort von links) wird deutlich, dass ein diplomatischer Abdruck auch an Darstellungsgrenzen stoßen kann, denn der Abschnitt enthält nicht nur oft verwendete und daher gut interpretierbare Sonderzeichen (wie hochgestelltes ^{s} = -er oder den Nasalstrich über Vokalen, z.B. ē), sondern zeigt auch eine Schreiberkorrektur, die drei vertikal angeordnete Zeichen ergeben hat (zwei Punkte – *w* – *m*). Mit ‚normalen' Textverarbeitungsprogrammen kann so etwas nurmehr schwer oder gar nicht generiert werden – ein professioneller Setzer hingegen mag eigens einen eigenen Zeichenkomplex herstellen.

Ich han gefehen in d^c w^{c}lte ein ¶ fanc¹ .
michel wunder . wer es vf dem mer es
dv́hte ein feltzen kvnd^c . des min frôide er
fchrokē ift min trurē wordē **m²ūder** . dc ge
lichet einē bôfen man fwer nv des lachē

1: Das Zeichen ¶ und das Wort *fanc* gehören nicht zum Text, der mit den Worten *Ich han* beginnt, sondern *fanc* ist das letzte Wort eines Verses einer vorangehenden Strophe.
2: In der Hs. stand ursprünglich *wūder*, das *w* wurde vom Schreiber mit zwei Punkten unterpunktet (d.h. als zu tilgen markiert) und der richtige Buchstabe *m* wurde über das *w* gesetzt.

Um den Vergleich mehrerer Handschriften zu erleichtern, empfiehlt es sich – ähnlich einer musikalischen Partitur –, den diplomatischen Abdruck verseweise darzubieten, bei Prosatexten satzweise oder unterteilt nach syntaktischen Einheiten. So können Abweichungen schnell erkannt werden.

Beispiel: Prolog des ‚Parzival' Wolframs von Eschenbach, V.5; hier Auswahl aus den Handschriften:

Handschrift D:	vn verzaget	mannes mût	
Handschrift T (G^n):	vnv^{s}zagetel	mannel mv̂t	
Handschrift L (G^δ):	man faget	"mannes mvt	"verzagten[1]
Handschrift m:	In eines v^{s}zageten mannes mv̂t		

1: Durch ein Einfügezeichen (") ist in der Handschrift die Position des Wortes *verzagten* vor das Wort *mannes* markiert.

Das Hauptziel der Kollationierung besteht in der Ermittlung von Handschriftenverwandtschaften und der Qualität von Handschriften. Anders formuliert: Aus der Masse der vorliegenden Handschriften sollen schlechte, sekundäre ausgesondert und andere (wo möglich) zu Gruppen, die von einer gemeinsamen Vorlage abgeschrieben wurden, zusammengeordnet werden.

Bei diesem Arbeitsschritt, im Grunde aber im gesamten textkritischen Geschäft, kommt dem Begriff des ‚Fehlers' eine wesentliche, wenn nicht gar zentrale Bedeutung zu. Karl Stackmann bezeichnete die Textkritik treffend als ‚Lehre von den Fehlern'. Dem Begriff des Fehlers werden wir bei jedem der noch folgenden Schritte begegnen, und er wird immer eine etwas andere Bedeutung haben. Hier sind zunächst zwei Typen vorzustellen: der ‚Bindefehler' und der ‚Trennfehler'. Sie sollen Verwandtschaften bzw. Nicht-Verwandtschaften von Handschriften nahe legen.

Exkurs zur Begrifflichkeit: Bindefehler – Trennfehler - Varianten

Der **Bindefehler**: Handschriften, die alle einen bestimmten Text in (weitgehend) identischer Weise überliefern, müssen nicht zwangsläufig verwandt sein, d.h. auf eine gemeinsame Vorlage zurückgehen. Denkbar ist ja auch, dass verschiedene Quellen (Schreiber) den Text gleich gut und treu bewahrt haben. Um einigermaßen sicher die Verwandtschaft von Textträgern nachweisen zu können, müssen sie durch charakteristische, individuelle Merkmale verbunden sein, die andere Textträger nicht aufweisen. Solche Merkmale können ‚Fehler' sein. Ein Bindefehler ist also ein Fehler, der zwei oder mehrere Handschriften miteinander ‚verbindet', ihre Verwandtschaft nahe legt, und sie anderen Handschriften gegenüber abgrenzt.

‚Fehler' kann zum einen bedeuten, dass tatsächlich mehrere Handschriften an der gleichen Stelle etwas gleich ‚Falsches' aufweisen, etwa einen falschen Kasus, ein falsches Tempus, eine falsche oder fehlende Präposition, irrtümlich wiederholte oder ausgelassene Worte usw. ‚Fehler' kann zum anderen aber auch bedeuten, dass mehrere Handschriften an einer bestimmten Stelle eine identische Variante zeigen, die nicht im engeren Sinne (also grammatikalisch, syntaktisch, evtl. metrisch) ‚falsch' ist; der Text ist lesbar und ‚korrekt'. Hier von Fehlern zu sprechen macht nur dann Sinn, wenn man diese Varianten als nicht dem Original zugehörig ansieht und sie Abschreibern oder Bearbeitern anlastet. Wie problematisch dies aber ist, wird später noch zu erläutern sein. Dem Begriff des Fehlers inhärent ist immer eine qualitative Wertung. Davon hat sich die moderne Editionswissenschaft zurecht nicht ganz verabschiedet, doch hält sie sich mit normativen Aussagen doch mehr zurück, als dies noch im 19. und in der ersten Hälfte des 20. Jahrhunderts der Fall war.

Heutzutage spricht man eher von ‚Varianten' als von ‚Fehlern', und gut könnte man die etablierten Begriffe ‚Trennfehler'/ ‚Bindefehler' ersetzen durch ‚Trennvariante'/ ‚Bindevariante'.

Beispiele für den einen wie den anderen Bindefehler/-varianten-Typ:

(1) Die Handschriften A und C haben in dem Lied Walthers von der Vogelweide *Saget mir ieman, waz ist minne* im zweiten Vers der ersten Strophe den gleichen Fehler/ die gleiche Variante:
A: _____*so wist ich gerne me*
C: _____*so west ich gerne öch darvmbe me.*
Beiden Handschriften fehlt der gesamte erste Teil des Verses, den die Handschriften E, F und s – mit leichten Varianten – überliefern, im Folgenden gebe ich nur E wieder:
E: *weiz ich des ein teil   ich westez gerne me*
A und C sind metrisch unkorrekt (auch wenn C noch zu ‚retten' versucht, indem sie den zweiten Halbvers mit den Worten *öch darvmbe* auffüllt).

(2) Die ersten beiden Verse der ersten Strophe von Walthers von der Vogelweide berühmtem ‚Reichston' lauten (Schreibung hier leicht normalisiert):
A: *Ich saz vf eime steine / vnd dahte bein mit beine*
B: *Ich sas vf ainem staine / do dahte ich bain mit baine*
C: *Ich sas vf eime steine / do dahte ich bein mit beine*
Grammatikalisch und metrisch korrekt sind alle drei Handschriften, B und C sind aber durch die von A zu unterscheidende Konstruktion im zweiten Vers (*do* statt *vnd*),‚verbunden'.

Der **Trennfehler**: Ein solcher Fehler (in doppeltem Sinne wie oben zu verstehen) trennt eine Handschrift von anderen. Er deutet darauf hin, dass eine Handschrift wohl nicht mit anderen verwandt ist. Angenommen, drei Handschriften haben den gleichen Wortlaut (dies m u s s noch nicht, k a n n aber bedeuten, dass sie auf eine Vorlage zurückgehen). Eine vierte Handschrift zeigt nun an einer bestimmten Stelle einen ‚Fehler'/ eine Variante. Dadurch wird sie von den übrigen ‚getrennt', und wenn sich der Befund an weiteren Stellen zeigt, wird man die Handschrift einer nicht zu den anderen gehörigen Überlieferungslinie zurechnen bzw. ihr bei der Ordnung der Handschriften einen Sonderstatus geben.

Die folgende Grafik fasst das Gesagte zusammen:

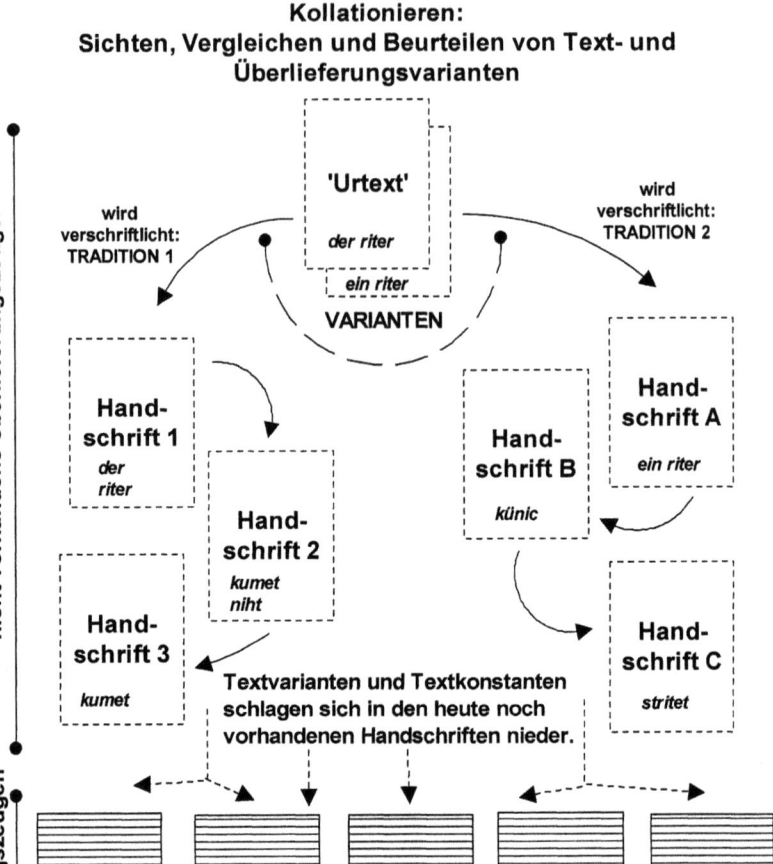

Ein genauer Vergleich des Textwortlautes in den Handschriften X, Y, Z, W und V kann zum Ergebnis haben zu wissen, welche Handschriften welche Vergangenheit hatten: ob sie z.B. auf (eine) gemeinsame Vorstufe(n) zurückgehen, ob es, wie hier in der Grafik angenommen, zwei zu sondernde Überlieferungstraditionen gegeben hat und manches mehr.

Bibliographische Hinweise zu Kollationierung und Handschriftenvergleich

Eine gute, aktuelle Orientierung bietet:
➜ Michael Stolz: Computergestütztes Kollationieren – ein Werkstattbericht aus dem Basler Parzival-Projekt. In: Edieren in der elektronischen Ära. Hrsg. von Gottfried Reeg/ Martin Schubert. Berlin 2004, S. 113-126
Eine downloadbare pdf-Version (mit Co-Autor Friedrich Michael Dimpel) erhältlich auf:
www.bbaw.de/initiativen/telota/editionstagung/Berl06Art.pdf (Juni 2007)
Internet: http://www.parzival.unibas.ch/index.html (Juni 2007)
Weitere Titel:
Karl Stackmann: Mittelalterliche Texte als Aufgabe. In: Festschrift für Jost Trier zum 70. Geburtstag. Hrsg. von William Foerste und Karl Heinz Borck. Köln, Graz 1964, S. 240-267
Karl Konrad Polheim: Der Textfehler. Begriff und Problem. In: editio 5, 1991, S. 38-54
Altgermanistische Editionswissenschaft. Hrsg. von Thomas Bein. Frankfurt/M.,Berlin, Bern, New York, Paris, Wien 1995 (hier ausführlichere bibliographische Dokumentation zu den verschiedenen Begrifflichkeiten)

3. Stemmatisierung und Archetyp

Wenn die einzelnen Textträger gesichtet und sortiert sind, kann versucht werden, die Gruppen in ein Beziehungssystem (ein Stemma) einzuordnen und eine ihnen allen zugrundeliegende Textstufe zu rekonstruieren. Diese Textstufe wird ‚Archetyp' genannt, sie wird durch die ‚Rezension' (von lat. *recensere* = mustern) ermittelt; die Bewertung einzelner Varianten nennt man *‚examinatio'* (lat. = Prüfung).

Exkurs zur Begrifflichkeit: Archetyp – Stemma

Der Archetyp: von gr. *archē* = Ursprung, *typos* = Geformtes. Der Archetyp stellt in der textkritischen Begrifflichkeit idealiter den ältesten noch zu erschließenden Überlieferungszustand eines Textes dar. Er steht dem Original sehr nahe, wird aber mit ihm nicht identisch gesetzt, da man mit ersten ‚Fehlern' (respektive nicht autorisierten Varianten, s.o.) rechnen muss.

Das Stemma: gr. = Stammbaum. Ein Stemma ist das graphisch dargestellte Beziehungsgeflecht von verschiedenen Textträgern, an dessen Spitze das Original und ihm folgend der Archetyp steht. Aufgrund der Ergebnisse der Kollationierung können Handschriften auf gemeinsame Vorlagen zurückgeführt werden (die – da sie erschlossen sind – häufig mit griechischen Buchstaben oder in Anlehnung an die Praxis in der Sprachwissenschaft mit einem * vor den Handschriftensiglen versehen sind). Im Folgenden ein (fiktives) Beispiel für ein Stemma:

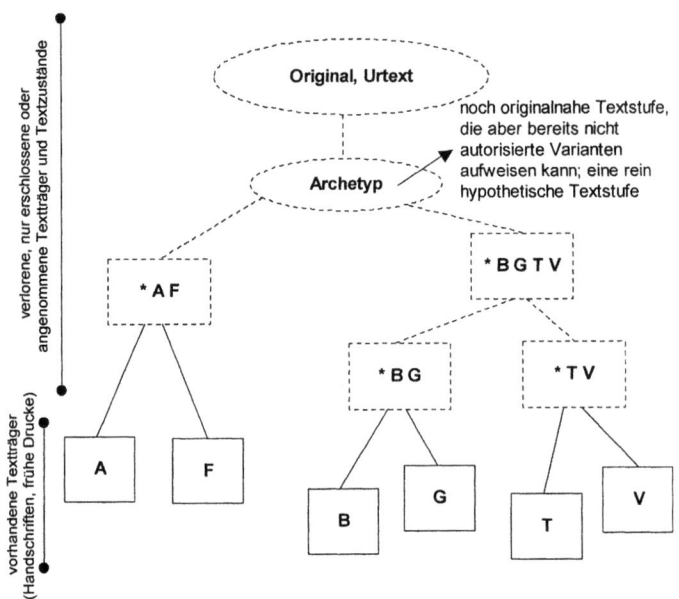

Erläuterung: Der Editor hat die Handschriften A, B, F, G, T und V gefunden, die alle einen bestimmten Text überliefern. Durch Vergleich dieser Handschriften ließen sie sich in drei Gruppen sortieren (A und F, B und G, T und V), die sich durch charakteristische Merkmale (gleiche Fehler, Varianten) ergaben. Für jede dieser Gruppen lässt sich also je eine gemeinsame Vorlage erschließen (A und F haben von *AF abgeschrieben, B und G von *BG, T und V von *TV). Da die Handschriften T und V zwar gegenüber A, F und B, G Unterschiede aufweisen, aber letztlich mit B und G mehr Gemeinsamkeiten (‚Bindefehler/-varianten') haben als mit A und F, kann weiter geschlossen werden, dass die Vorlage für T und V mit der von B und G verwandt ist.

Um von den erschlossenen Vorstufen zum Archetyp vorzudringen, sind verschiedene (und methodologisch betrachtet nicht unproblematische) Überlegungen anzustellen: Ein mechanisches Verfahren (das z.B. Lachmann vorschwebte) würde die Lesarten (Varianten), die alle oder doch die meisten der erschlossenen Gruppen gemein haben, als archetypisch begreifen. Bei Unterschieden in allen Gruppen würde man einer Gruppe, deren Qualität man insgesamt hoch einschätzt und die ggf. die älteste ist, den Vorzug geben.

Die Ermittlung des Archetyps ist nur bei sehr günstiger Überlieferungslage möglich und auch dann kaum so objektiv entscheidbar, wie Lachmann dachte.

Bibliographische Hinweise zu Stemmatisierung und Archetyp

Eine allgemeine Orientierung bietet:
→ Alexander Kleinlogel: Archetypus und Stemma. Zur Problematik prognostisch-retrodiktiver Methoden der Textkritik. In: Berichte zur Wissenschaftsgeschichte 2, 1979, S. 53-64

Weitere Titel:
Geschichte der Textüberlieferung der antiken und mittelalterlichen Literatur. Bd.II. Überlieferungsgeschichte der mittelalterlichen Literatur von Karl Langosch u.a. Zürich 1964 [hier zahlreiche Beispiele für Stemmata, z.B. S. 226-254, 298, 312, 316, 345, 355, 367, 433(!) u.ö]
Michael Stolz: New Philology and New Phylogeny. Aspects of a critical electronic edition of Wolfram's Parzival. In: Literary and Linguistic Computing 18,2, 2003, S. 139-150
Michael Stolz: Linking the variance. Unrooted trees and networks. In: The Evolution of Texts. Confronting Stemmatological and Genetical Methods. Proceedings of the International Workshop held in Louvain-la-Neuve on September 1-2, 2004. Hrsg. von Caroline Macé, Philippe Baret, Andrea Bozzi and Laura Cignoni, Roma/Pisa , S. 193-213

4. Probleme: Singuläre und kontaminierte Überlieferung

Singuläre Überlieferung

Das Aufstellen eines Stemmas wird dann unmöglich, wenn der Text nur in e i n e r Handschrift greifbar ist (singuläre Überlieferung; ‚Unikum'/ ‚Unikat') und somit kein Vergleichsmaterial vorliegt. In einem solchen Fall ist es sehr schwierig und problematisch (wenngleich eine besondere Herausforderung), einen Text ‚herzustellen', der zumindest einer Vorstufe des Überlieferten entsprechen soll.

Beispiel: Die anonyme Versnovelle ‚Moriz von Craûn' ist nur in einer Handschrift überliefert, und zwar in dem oben schon erwähnten ‚Ambraser Heldenbuch', das in den ersten Jahrzehnten des 16. Jahrhunderts niedergeschrieben wurde. Wann der Text selbst entstanden ist, ist unsicher und umstritten (letzte Jahrzehnte des 12. Jahrhunderts ?, erste Jahrzehnte des 13. Jahrhunderts ?), auf jeden Fall liegen Jahrhunderte zwischen ‚Urtext' und greifbarer Überlieferung. Ein Herausgeber des Textes, Ulrich Pretzel, hat versucht, den handschriftlichen Text so zu ‚bearbeiten', dass er in Lautung, Sprache (Lexikon), Metrik und Stilistik eine für die Zeit um 1230 anzunehmende Form erhält. Das Verfahren ist angreifbar, und die Edition ist umstritten. Die kritischen Einwände gegen Pretzels Edition machen deutlich, dass manche Entscheidung, vor allem Stilistisches und Metrisches betreffend, Ansichtssache ist und kaum je objektivierbar sein wird.
Eine Alternative bestünde darin, die Handschrift getreu wiederzugeben und allenfalls die Graphie zu normalisieren (zu vereinheitlichen) und handschriftliche Abkürzungen aufzulösen. Auch darauf kann man aber verzichten und sich damit begnügen, den handschriftlichen Text diplomatisch abzudrucken. Freilich bleibt dann die Frage, ob der Philologe nicht mehr zu leisten hat, als einen Text ‚bloß' in allgemein lesbare Buchstabentypen umzuschreiben.
Ein vergleichbarer Fall begegnet auch beim ‚Erec', dem ersten deutschsprachigen Artusroman von Hartmann von Aue. Einigermaßen vollständig (der Prolog fehlt) ist er nur – wie der ‚Moriz von Craûn' – im Ambraser Heldenbuch aus dem frühen 16. Jahrhundert überliefert. Einige kleinere Fragmente des ‚Erec' in anderen Handschriften sowie die übrigen Werke Hartmanns (‚Iwein', ‚Der Arme Heinrich', ‚Gregorius', ‚Die Klage' und Lyrik) weisen aber deutlich darauf hin, dass Hartmanns literarisches Wirken gegen Ende des 12. und zu Beginn des 13. Jahrhunderts anzusetzen ist. Die bis heute benutzte Textausgabe des ‚Erec' stellt eine weit reichende Rekonstruktion des Lautstandes, der Lexik und Syntax dar, zwar gestützt auf früher zu datierende Erec-Fragmente und auf andere, wesentlich ältere Handschriften anderer Werke (besonders wichtig ist die Gießener ‚Iwein'-Handschrift B), aber insgesamt betrachtet lesen und interpretieren wir heute den Erec-Artusroman in einer

von Philologen rekonstruierten Form. Es wäre einmal des Experiments wert, die ‚reine' Ambraser Version des ‚Erec' zu studieren, um zu schauen, ob bestimmte Interpretationsansätze und -ergebnisse sich charakteristisch verschieben würden.

Kontaminierte Überlieferung

Ein Stemma ist ebenfalls nicht zu erstellen, wenn die Überlieferung durch Kontamination geprägt, d.h. ‚gemischt' / ‚vermischt' ist (von lat. *contaminare* = durch Vermischung verderben). Eine kontaminierte Überlieferung liegt dann vor, wenn im Laufe der Texttradition einzelne Schreiber nicht nur von e i n e r Vorlage abschreiben, sondern zwei oder mehrere Vorlagen benutzen, die nicht identisch sind. Es ist dann denkbar und teilweise auch durch genauen Vergleich der Varianten erweisbar, dass Schreiber ‚ihren' Text aus mehreren in Details divergierenden Vorlagen zusammengestellt haben.

Kontaminierte Überlieferung

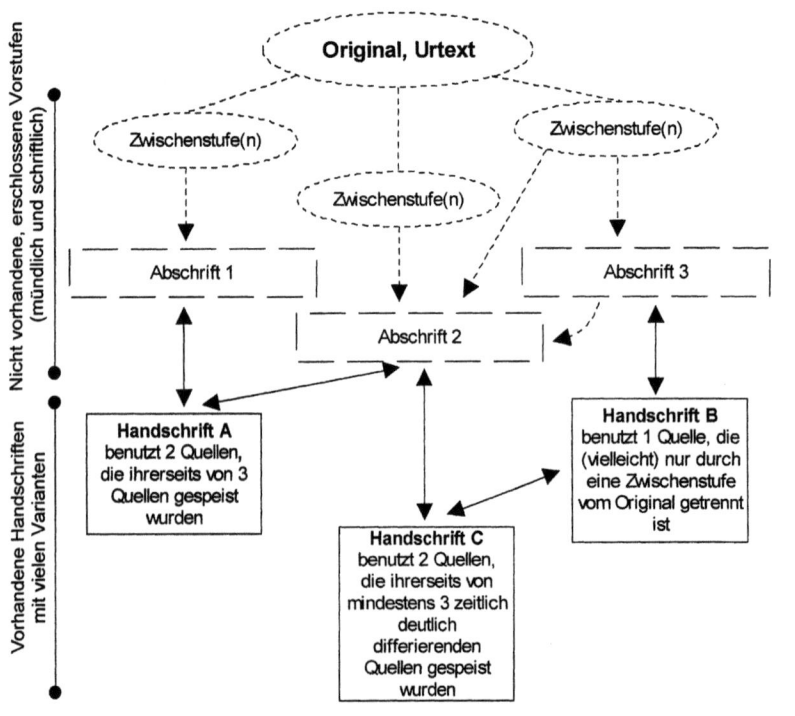

So kann z.B. ein fünfstrophiges Lied ‚zusammengesetzt' sein aus zwei Strophen, die von einer Handschrift X abgeschrieben werden, und drei weiteren, die in einer Vorlage Y standen. Die Grafik auf der vorhergehenden Seite zeigt, dass – ausgehend von den Handschriften A und C – eine Rekonstruktion etwaiger Vorstufen, geschweige denn des Originals, schier unmöglich ist. Und die Einschätzung der Handschrift B als ‚originalnah' und wenig kontaminiert wird nie ohne einen Anteil an Spekulation auskommen.

Ein konkretes **Beispiel** für eine schwer durchschaubare Überlieferungslage ist das berühmte Lied Walthers von der Vogelweide *Herzeliebez frowelin*. Die fünf Handschriften (A, C, E, G, O), die es überliefern (eine sechste, s, kann als textkritisch unbedeutend gelten), zeigen ein merkwürdiges Bild; es gelingt kaum, sie eindeutig bestimmten ‚Vorstufen' zuzuordnen. A steht noch relativ gesondert; C bietet häufig Varianten gegenüber allen anderen Handschriften, stimmt aber in einigen Fällen mit G überein; E zeigt einen größeren singulären ‚Fehler', aber auch Verbindungen zu O; G steht häufig allein, ist in einigen Fällen aber auch mit C und O verwandt; und O schließlich stimmt teilweise mit A, E und G überein. – Der Philologe und Textkritiker Carl von Kraus hat in einem Aufsatz versucht, Ordnung in das Chaos zu bringen, aber auch er vermag nicht alles zu klären, und einige Vermutungen bleiben hypothetisch, besonders einige Entscheidungen darüber, was in der Überlieferung das ‚Echte' und ‚Ursprüngliche' sei.
(Eine detaillierte Darstellung dieses Problemfalles würde hier zuviel Platz beanspruchen; man kann sich aber bereits durch einen Blick in den Lesartenapparat zum genannten Walther-Lied (in der Ausgabe von Christoph Cormeau) einen konkreten Eindruck verschaffen. Beispiele für Kontamination im epischen Bereich (‚Iwein', ‚Nibelungenlied') nennt mit Literaturangaben Karl Stackmann, s.u., Lit.verz.).

Aus einer kontaminierten Überlieferung das ‚Echte', ‚Ursprüngliche' herauszusondern, ist schwierig und problematisch. Grundsätzlich lassen sich drei Methoden, mit variantenreicher (und/weil) kontaminierter Texttradition umzugehen, unterscheiden:

a) Rekonstruktion
Der Editor versucht, die Wege und Stationen der Kontamination nachzuzeichnen, d.h. er ist bemüht, aus den ihm vorliegenden Handschriften, die nicht alle unmittelbar verwandt sind, das Ursprüngliche zu ermitteln und zu einem dem Original nahe stehenden Text zu vereinen. Häufig wird er von einer Handschrift, die ihm insgesamt gut erscheint, ausgehen und die ‚Fehler' (im Sinne von Varianten) mit Hilfe der anderen Handschriften ‚verbessern', ggfls. auch gegen alle Handschriften eingreifen und konjizieren (zur Praxis der Konjektur siehe das Kapitel VII ‚Die Textedition'). Das Problem eines solchen Vorgehens liegt in einem oft nur subjektiv begründbaren Auswählen ‚echter' Lesarten. Der ‚kritische Text' bleibt ein Konstrukt, seine Authentizität ein Postulat. Betrachtet man jüngere Editionsprojekte, so zeigt sich, dass ein solcher Weg so gut wie nicht mehr beschritten wird.

b) Leithandschriftenedition bzw. -dokumentation

Der Editor kann auch nach dem (schon erläuterten) ‚Leithandschriften-Prinzip' vorgehen. Nach der Musterung der Handschriften entscheidet er sich für eine, die ihm die beste zu sein scheint, etwa weil sie die älteste ist, insgesamt wenige ‚wirkliche' Fehler aufweist, einen sinnvollen Text bietet usw. Der Editionstext wird sich eng an diese Leithandschrift halten und nur in wenigen Fällen, wo eine Verbesserung objektivierbarer Fehler nötig ist, von der Leithandschrift abweichen. Der Vorteil dieser Methode liegt darin, einen weitestgehend urkundlich bezeugten Text in der Ausgabe zu präsentieren. Der Editor gibt in diesem Falle freilich den Anspruch auf, einigermaßen weit in Richtung ‚Original' vorzudringen. Er beschränkt sich darauf, **eine** Existenzform des Textes – leicht verbessert – zu dokumentieren. Ein solches Verfahren ist seit den späten 1970er Jahren immer häufiger angewendet worden. Die Lyrikeditoren Helmut Tervooren und Hugo Moser (‚Des Minnesangs Frühling') und Günther Schweikle (u.a. ‚Reinmar' und ‚Walther von der Vogelweide') haben hier methodologische Pionierarbeit geleistet. Ganz radikale Kontrapunkte zur sogenannten ‚Lachmann-Philologie' setzte dabei Schweikle. Er ist – mit Tervooren und Moser – einer der ersten Textkritiker, die programmatisch von Lachmanns Vorstellung von einer originären, zu rekonstruierenden ‚Text-Urfassung' abrückten.

> Schweikle vertritt die Ansicht: „Als Maxime für eine historisch orientierte Philologie sollte gelten, daß ein überlieferter Text so lange unangetastet bleiben sollte, solange er in Aussage, Sprache und Form in sich stimmig ist" (aus seiner ‚Reinmar'-Edition). Diese Formulierung impliziert natürlich ein gewisses Maß an Subjektivität (was ist objektiv „stimmig"?), doch zeigen die Ausgaben Schweikles (‚Die mittelhochdeutsche Minnelyrik. I.Die frühe Minnelyrik'; ‚Reinmar'), dass die Grenzen, innerhalb derer noch von ‚Stimmigkeit' gesprochen werden kann, weit gesteckt sind. Besonders was metrische ‚Freiheiten', Text- und Sinnvarianten sowie Strophenfolgevariationen angeht, übt Schweikle bei editorischen Eingriffen große Zurückhaltung. Das grundlegend unterschiedliche Selbstverständnis des Editors wird am besten deutlich, wenn man Schweikles o.g. Editionen vergleicht mit den entsprechenden Textfassungen, die Carl von Kraus (ein echter ‚Lachmannianer') in seiner ‚Minnesangs-Frühling-Ausgabe' hergestellt hatte. So weit wie möglich hält sich Schweikle an vorhandene Textzeugen, und wo es nur irgend möglich ist, vermeidet er ‚Mischungen' verschiedener Handschriften. Seine ‚Reinmar'-Edition stellt er z.B. auf die Grundlage **einer** Handschrift, der Weimarer Liederhandschrift B „als Beispiel einer mittelgroßen Sammlung von Reinmar-Gedichten in einer historisch gegebenen Auswahl". Text- und Sinnvarianten in anderen Handschriften erscheinen im Apparat, der kritische Text folgt ausschließlich B, wenn nicht wirkliche Textverderbnisse zu verzeichnen sind.
>
> Wer in dieser Weise vorgeht, so Schweikle, „kann zwar nicht sicher sein, daß er unbedingt das originale Dichterwort vermittelt. Aber er bietet ganz sicher einen historischen Text, wie er im 13. Jahrhundert rezipiert wurde, wie er von mittelalterlichen Menschen akzeptiert, gehört und gelesen wurde, die um 1300 an Lyrik so interessiert waren, daß sie die Texte sammelten und abschreiben ließen" (Schweikle: Zur Edition, s. Lit.verz.).

Das Leithandschriften-Prinzip, das – streng eingehalten – nur eine Handschrift zur Grundlage hat, kann auch leicht modifiziert Anwendung finden (wie es z.B. Burghart Wachinger anlässlich der Neubearbeitung von ‚Des Minnesangs Frühling' zu bedenken gab). Dabei würde der Editor nicht nur e i n e Handschrift, sondern eine Handschriftengruppe als Basis seines kritischen Textes auswählen. Dies empfiehlt sich dann, wenn die vorliegenden Handschriften zwar nicht die Aufstellung eines Stemmas ermöglichen, aber doch in erkennbar verwandte Gruppen zu sondern sind. Der kritische Text baut auf der besten Handschriften-G r u p p e auf, wobei der Editor bei kleineren Abweichungen zwischen den sonst verwandten Handschriften die je ‚bessere' für seinen Text einsetzen kann, ohne dadurch ein (allzu) hypothetisches Textkonstrukt zu errichten.

Möglich ist ein solches Verfahren z.B. bei einigen Lyrikern, deren Texte durch die großen Lyrikhandschriften A, B, C, E dokumentiert sind. Diese Handschriften lassen sich streckenweise auf gemeinsame Quellen zurückführen. Der kritische Text „basiert jeweils auf einer oder auf mehreren Leithandschriften, wenn als Ergebnis der *Recensio* vorausgesetzt werden kann, daß diese eng miteinander verwandt sind, also zusammen einen Überlieferungsstrang bilden und mit guten Gründen einen gemeinsamen Ausgangspunkt der schriftlichen Tradition vermuten lassen" (Chr. Cormeau, Walther-Ausgabe, s.u.).

Beispiel: Das Lied *Ir sult sprechen willekomen* Walthers von der Vogelweide ist mit fünf Strophen (unterschiedlich gereiht) in den Handschriften A und E, mit sechs Strophen in der Handschrift C und fragmentarisch in den Handschriften L und U^{xx} überliefert. Der Textvergleich unter den Handschriften ergibt, dass A und C einem Traditionsstrang angehören (Strophenanzahl und -reihenfolge bleiben zunächst unberücksichtigt). Man kann den kritischen Text auf der Basis von A, der ältesten Handschrift, erstellen, muss jedoch an einigen Stellen kleinere Fehler mit Hilfe von C bessern.

A	[ich] *nam der best**e*** *gerne war*	fehlerhaft
C	[ich] *nam der best**en*** *gerne war*	korrekt
A	_____ *so swur ich wol*	fehlerhaft
C	***sem mir got*** *so swûre ich wol*	korrekt

Dadurch wird noch kein in einem strengen Sinn hypothetischer Text hergestellt; man bleibt innerhalb einer Traditionslinie und präsentiert dennoch einen Text, der über den einzelnen Überlieferungszeugen hinausgeht.

c) Fassungseditionen

Dass eine Handschriftenkultur zahlreiche Textvarianten generiert, sollte inzwischen hinlänglich deutlich geworden sein. Diese Varianten können sich einerseits auf Textdetails konzentrieren; andererseits aber auch Ausmaße annehmen, die die gesamte Semantik eines auch größeren Textes betreffen.

Varianten wurden in traditionellen Textausgaben in so genannten ‚Apparaten' verzeichnet (‚Lesarten'- oder ‚Variantenapparate'). Man findet sie in jeder wissenschaftlichen Textausgabe meist auf jeder Editionsseite unter dem edierten Text angeordnet. Der Vorteil solcher Apparate besteht darin, dass die Überlieferungsvarianten Platz sparend mitgeteilt werden können, denn es werden in den meisten Fällen nur einzelne variierende Wörter verzeichnet. Bei überlieferungsstarken und variantenreichen Texten wird ein Apparat aber leicht unübersichtlich, denn die Varianz bietet sich dem Benutzer wie ein Worttrümmerfeld dar. Daraus die Textgestalt in einer bestimmten Handschrift zu rekonstruieren, gelingt nicht oder nur unvollkommen. Daher wird der Blick des Editionsbenutzers auch nicht sehr intensiv einem solchen Apparat gewidmet sein – mit dem Ergebnis, dass interessante Textphänomene unbemerkt und unkommentiert bleiben.

> Das **Beispiel** zeigt die 3. Strophe von Walthers von der Vogelweide ‚Ottenton', die in drei variierenden Handschriften überliefert ist (A, B und C):
> K r i t i s c h e r   T e x t (auf der Basis der Handschriften B und C)
> III *Herre keiser, ir sît willekomen!*
> *des küniges name ist iu benomen,*
> *des schînet iuwer crône ob allen crônen.*
> *iuwer hant ist kreftic guotes vol,*
> 5 *ir wellent übel oder wol,*
> *sô muget ir beidiu rechen unde lônen.*
> *Dar zuo sage ich iu mære:*
> *die fürsten sint iu undertân 12,1*
> *und habent mit zühten iuwer kunft erbeitet.*
> 10 *und ie der Mîssenære,*
> *der ist iemer iuwer âne wân,*
> *von gote wurde ein engel ê verleitet.*
> V a r i a n t e n a p p a r a t (verzeichnet vom kritischen Text abweichende Lesarten):
> 1 *Der keiser sit ir wilekomen A.   sint B.*   2 *der kv́nege A.   vch A.*   4 *crefte Punkt vñ gv̊tes A.*   5 *vúllent B.*   6 *so mac si A.   rehten C.   vch AB.*   8 *vch AB.*   9 *si habent A. v́weren kvnft arebaitet B.*

Apparate bieten sich daher meist nur dann als Lösung an, wenn die Überlieferung sehr überschaubar ist und wenn Anzahl und semantische Reichweite der Varianten in engen Grenzen bleibt. In vielen anderen Fällen wird man zum Mittel der Textsynopse greifen, d.h., man belässt die Text-Varianz in ihren jeweiligen Kon-Texten und bietet dem Editionsbenutzer an, sich intensiv mit der Semantik verschiedener Fassungen eines Textes auseinander zu setzen. Eine solche Editionsmethode ist noch recht jung. Sie setzte ein literatur- und texttheoretisches Umdenken voraus. Man musste sich von traditionellen Vorstellungen, was ein Text und was sein Autor sei, lösen. Insbesondere die (fixe) Idee von dem e i n e n Urtext, dem e i n e n Original, musste zumindest relativiert werden.

> **Beispiel** für eine Varianz, die eine synoptische Fassungsedition nahe legt: Hier wiedergegeben ist in diplomatischer Transkription eine Strophen des Tons 20 Walthers von der Vogelweide in zwei Handschriften. Das Lied ist insgesamt in acht Handschriften (teils fragmentarisch) überliefert, wobei sich sehr viele Wortvarianten zu erkennen geben.

Fassung C	Fassung E
Wir wellē dc dú ſtetekeit.	*Sie wȯllent daȝ die ſtetikeit.*
iv gv̊tē wiben gar ein krone ſi.	*der gůten frauwē rehte crone ſi.*
kvnnet ir mit zúhtē ſin gemeit.	*kan ſie mit ȝv̂hten ſī gemeit.*
ſo ſtēt lilien wol den roſen bi.	*ſo ſtet die roſe wol der lylien bi.*
nv merkent wie der lilie ſte.	*nu merket wie der lindē ſte*
der vogelline ſingē.	*ir vogelsanc.*
dar vnder blůmē vñ kle.	*dar vnder blůmē vñ cle.*
michels bas ſtat iv frowē ſchȯner grůs.	*noch baȝ ſtet frauwen ſchȯner grůȝ.*
ivwer mīneklicher redender mv̄t.	*ir minnēclicher redender mūt.*
machet dc man kúſſen mv̂s.	*machet daȝ man in kůſſen mv̂ȝ.*

Man musste zugestehen, nicht wissen zu können, ob nicht auch ein mittelalterlicher Autor mehrere konkurrierende Fassungen eines Liedes oder gar eines epischen Textes hat ersinnen können. Man musste zugestehen, nicht immer entscheiden zu können, wer für Varianten verantwortlich gezeichnet hat: der Autor, der Vortragende, ein Diktierender, ein Abschreiber, ein Sammler ...? Kurz: Man musste den Textbegriff um eine gehörige Portion Dynamik erweitern.

Dies führte seit den 1970er Jahren allmählich dazu, dass manche Textzustände in Form von Textsynopsen editorisch aufbereitet wurden. Unter einer Synopse versteht man meist parallel nebeneinander angeordnete Texte, die man sodann leicht miteinander vergleichen kann. (Ist ein Text indes mehr als vier oder fünf Mal überliefert, stößt man als Editor schnell an drucktechnische Grenzen des Darstellbaren; moderne elektronische Verfahren können hier allerdings hilfreich sein.)

Exkurs zur Begrifflichkeit: Was ist eine Fassung?

Eine normative Definition gibt es nicht. Einem Text den Status einer Text-Fassung zu verleihen, ist immer ein interpretatorischer Akt mit Blick auf einen Referenztext. Joachim Bumke, der als erster eine groß angelegte Fassungsedition der sog. ‚Nibelungenklage' herausgebracht hat, hat sich für eine möglichst trennscharfe Definition eingesetzt. Eine Fassung ist für ihn folgendes: „Von Fassungen spreche ich, wenn 1. ein Epos in mehreren Versionen vorliegt, die in solchem Ausmaß wörtlich übereinstimmen, daß man von ein und demselben Werk sprechen kann, die sich jedoch im Textbestand und/oder in der Textfolge und/oder in den Formulierungen so stark unterscheiden, daß die Unterschiede nicht zufällig entstanden sein können, vielmehr in ihnen ein unterschiedlicher Formulierungs- und Gestaltungswille sichtbar wird und wenn 2. das Verhältnis, in dem diese Versionen zueinander stehen, sich einer stemmatologischen Bestimmung widersetzt, also kein Abhängigkeitsverhältnis im Sinne der klassischen Textkritik vorliegt, womit zugleich ausgeschlossen wird, dass die eine Version als Bearbeitung der anderen definiert werden kann; vielmehr muss aus dem Überlieferungsbefund zu erkennen sein, dass es sich um ‚gleichwertige Parallelversionen' handelt" (Bumke: Die vier Fassungen, s. Lit.verz.).

Bumke hat diese Definition – über die in der Fachwelt kontrovers diskutiert wird – auf den komplexen Fall der ‚Nibelungenklage' appliziert; die Definition selbst aber geht über den Einzeltext und den Texttyp hinaus. Die germanistische Mediävistik hat in der nächsten Zeit noch viel zu tun mit neuer Sichtung der zahlreichen Epenhandschriften und mit den weitreichenden Konsequenzen, die sich ergeben – und zwar Konsequenzen nicht nur für den Bereich der Edition, sondern auch für den der Literarhistoriographie. Denn wie wollen wir künftig in einer Literaturgeschichte über d e n ‚Parzival' Wolframs von Eschenbach reden, über d a s ‚Nibelungenlied', über d e n ‚Armen Heinrich' Hartmanns von Aue, wenn sich herausstellt, dass wir die Überlieferung nicht mehr stringent in originär und sekundär separieren können, sondern wenn sich ergibt, dass es (möglicherweise!) gar mehrere Autorfassungen gegeben hat?

In besonderer Weise innovativ ist die 1999 erschienene Ausgabe der ‚Nibelungenklage'. Nach ausführlicher Erforschung der dem Text zugrunde liegenden Überlieferungs- und Textgeschichte hat es Joachim Bumke unternommen, in einer Buchedition vier Fassungen des Textes gleichberechtigt nebeneinander zu edieren.

Bibliographische Hinweise zum Umgang mit problematischen Überlieferungsverhältnissen (u.a. ‚kontaminierter' und variantenreicher Überlieferung sowie Fassungen)

Eine aktuelle Orientierung bieten folgende Sammelbände:
→ Deutsche Texte des Mittelalters zwischen Handschriftennähe und Rekonstruktion. Berliner Fachtagung 1.-3. April 2004. Hrsg. von Martin J. Schubert. Tübingen 2005
→ Varianten – Variants – Variantes. Hrsg. von Christa Jansohn und Bodo Plachta. Tübingen 2005
Pratiques Philologiques en Europe. Actes de la journée d'étude organisée à l'Ecole des chartes le 23 septembre 2005, réunis et présentés par Frédéric Duval. Paris 2006

Weitere Titel (z.T. im Text oben verkürzt zitiert):
Karl von Kraus: Neue Bruchstücke einer mittelhochdeutschen Liederhandschrift. In: Germanica. Eduard Sievers zum 75. Geburtstage. Halle/S. 1925, S. 504-529, hier bes. S. 518-522 [Erklärungsversuch zu einem komplizierten Überlieferungsbefund]
Hans-Joachim Ziegeler: Artikel ‚Moriz von Craûn'. In: Verfasserlexikon, 2. Auflage, Bd.VI, Sp. 692-700
Des Minnesangs Frühling. Unter Benutzung der Ausgaben von Karl Lachmann und Moriz Haupt [...] bearbeitet von Hugo Moser und Helmut Tervooren. Bd.II. Editionsprinzipien, Melodien, Handschriften, Erläuterungen. Stuttgart 1977 [hier Erläuterungen zum Leithandschriftenprinzip]
Günther Schweikle: Zur Edition mittelhochdeutscher Lyrik. Grundlagen und Perspektiven. In: Zeitschrift für deutsche Philologie 104, 1985, Sonderheft, S. 2-18
Burghart Wachinger: [Rezension zu ‚Des Minnesangs Frühling']. In: Beiträge zur Geschichte der deutschen Sprache und Literatur (Tübingen) 102, 1980, S. 259-271
Cormeau = Walther von der Vogelweide. Leich, Lieder, Sangsprüche. 14., völlig neubearbeitete Auflage der Ausgabe Karl Lachmanns mit Beiträgen von Thomas Bein und Horst Brunner hrsg. von Christoph Cormeau. Berlin 1996
→ Joachim Bumke: Die vier Fassungen der ‚Nibelungenklage'. Untersuchungen zur Überlieferungsgeschichte und Textkritik der höfischen Epik im 13. Jahrhundert. Berlin, New York 1996
→ Die ‚Nibelungenklage'. Synoptische Ausgabe aller vier Fassungen. Hrsg. von Joachim Bumke. Berlin, New York 1999
Thomas Bein: Die mediävistische Edition und ihre Methoden. In: Text und Edition. Positionen und Perspektiven. Hrsg. von Rüdiger Nutt-Kofoth, Bodo Plachta, H.T.M. van Vliet und Hermann Zwerschina. Berlin 2000, S. 81-98

VII. Die Textedition

Nachdem im Kapitel VI Vorarbeiten und methodologische Vorüberlegungen erläutert worden sind, soll nun die Textedition selbst in den Vordergrund rücken. Im ersten Abschnitt geht es um den sog. ‚kritischen Text', d.h. um einen Editionstext, der deutlich den Anspruch hat, autor- oder originalnäher zu sein als die vorhandenen Handschriften. Auch wenn heutzutage die meisten Editoren solche Ansprüche nicht mehr haben, ist es doch wichtig zu wissen, welche Prämissen einem ‚kritischen Text' zugrunde liegen und welche Techniken der Textkonstitution für das Geschäft der Textrekonstruktion entwickelt worden sind. Denn erst dann ist man in der Lage, editorische Leistungen richtig einschätzen und mit (älteren) Editionen angemessen umgehen zu können.

Im zweiten Abschnitt sollen zum ‚kritischen Edieren' konkurrierende Methoden näher vorgestellt werden; die Darstellungen knüpfen an den Schluss von Kapitel VI an.

Der dritte Abschnitt schließlich skizziert einige editionspraktische Regelungen, die jeder, der vor der Aufgabe steht, einen Text zu edieren, kennen sollte.

Texte edieren (1): Der ‚kritische' (rekonstruierte) Text und seine Hauptprämissen

Wenn die Edition nicht nur in einem leicht oder gar nicht normalisierten diplomatischen Abdruck besteht, sondern den Anspruch hat, über die vorhandenen Handschriften hinauszugehen und sich dem Archetyp zu nähern (wie dies bei den meisten Ausgaben des 19. Jahrhunderts und vielfach noch im 20. Jahrhundert der Fall ist), sind nach den oben genannten Vorarbeiten weitere detaillierte Forschungen und Studien anzustellen, die das spätere Aussehen der Edition (z.T. entscheidend) prägen.

Datierung des Originals
Vor allem für die Auswahl dessen, was der Editor als ‚nahezu ursprünglich' ansieht, ist eine Vorstellung über die Entstehungszeit des W e r k e s zu gewinnen (die nicht gleichzusetzen ist mit der Entstehungszeit einer Handschrift – letztere kann über den Schrifttyp, Tinte und Farben oder Seitenlayout zu ermitteln versucht werden). Von der Datierung eines Textes kann abhängen, ob die eine oder andere Variante als ‚sekundär' anzusehen ist. Häufig ist es allerdings nicht leicht, einigermaßen genau die Entstehungszeit eines Textes festzumachen. Unsicherheiten, die Zeiträume von wenigen Monaten bis zu Jahrzehnten betreffen können, sind nicht selten. Im Wesentlichen können zur Klärung der Datierung folgende Fragen gestellt werden:

Wird ein Datum (eine Jahreszahl) überliefert?
In literarischen Texten ist dies selten der Fall. Es gibt aber Ausnahmen, wie z.B. die ‚Ergänzung' des ‚Parzival' Wolframs von Eschenbach durch die (später wirkenden) Autoren Klaus Wisse und Philipp Colin. Eine Handschrift überliefert folgenden Wortlaut: *...und alles daz hie nach geschriben stat, das ist ouch Parzefal und ist von welsche zuo tüzsche braht und volletihtet und zuo ende braht. Dis geschach do men zalte von gocz gebürte drizehundert jor und drißig jor in deme sehsten jore* (also: 1336; nach Schorbachs Edition, S.XIII).

Nennt der Text historisch bekannte Daten und Fakten (also etwa Kriege, Kreuzzüge, Herrschernamen, Auftraggeber, große Festlichkeiten usw.)?
Dies ist häufiger in der so genannten Sangspruchdichtung anzutreffen; in epischen Werken können vor allem im Prolog, Epilog oder in Erzählerkommentaren (-exkursen) solche Daten zu finden sein. Man spricht dann von einem *terminus ante quem* bzw. einem *terminus post quem*, je nachdem, ob der Text vor (*ante*) oder nach (*post*) einem historisch verifizierbaren Datum entstanden sein muss.

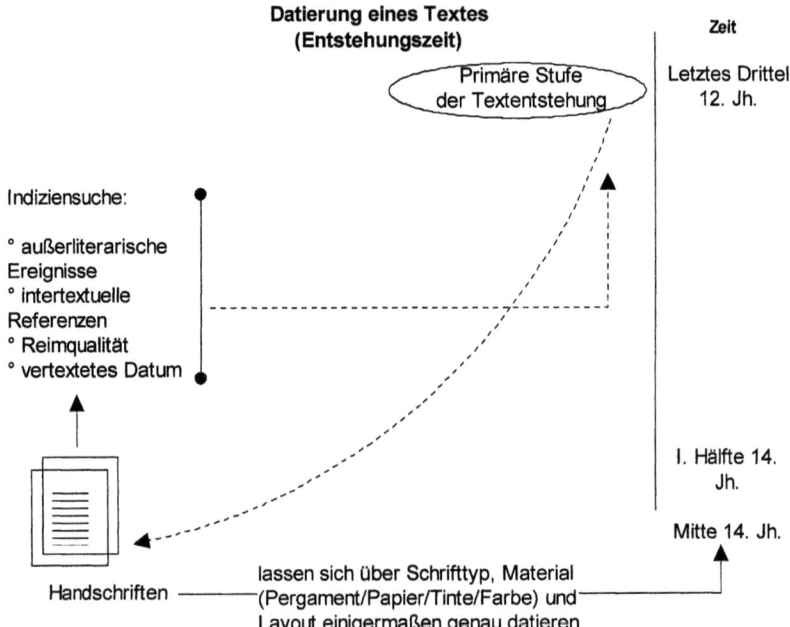

Welche Qualitäten zeigt der Reim?
Unreine Reime wird man im Großen und Ganzen der frühmittelhochdeutschen Periode (vor 1200) zuschreiben. Reime sind zwar ein in der Texttradition recht festes Element, doch muss man auch hier mit Schreiber- und Überarbeitereinfluss rechnen.

Gibt es eindeutige intertextuelle Verweise (Anspielungen/ Reaktionen) auf andere literarische Werke? Ist das zu datierende Werk eindeutig von anderen beeinflusst?
Zur Datierung kann dies freilich nur dann beitragen, wenn über die Entstehungszeit der anderen zum Vergleich herangezogenen Werke einigermaßen Sicherheit herrscht. In Hartmanns von Aue ‚Iwein' wird z.B. auf den ‚Erec' Bezug genommen, sodass mehr als wahrscheinlich ist, dass der ‚Erec' vor dem ‚Iwein' gedichtet wurde; wann aber Hartmann genau den ‚Erec' verfasste, ist nicht sicher auszumachen.

Lässt sich der Text aufgrund lexikalischer, stilistischer, motivischer Eigenheiten zeitlich fixieren?
Die Beantwortung dieser Frage ist mit vielen Unsicherheiten verbunden, und der Entstehungszeit des Werkes wird man sich so nur vage nähern können.

In den meisten Fällen wird man versuchen, ein möglichst großes Bündel von Indizien für die Datierung eines Textes zu sammeln.

Mundart des Originals / des Dichters
Um bestimmte (vor allem lautliche) Varianten in Handschriften richtig einschätzen zu können, ist es hilfreich, Kenntnisse über die Mundart des Dichters zu besitzen. Da man allerdings über die Biographie mittelalterlicher Dichter in den meisten Fällen so gut wie nichts weiß, wird man sich mit sehr groben dialektalen Eingrenzungen zufrieden geben müssen, etwa: ‚oberdeutsch', ‚mitteldeutsch', ‚niederdeutsch'. Diese Eingrenzungen lassen sich zum einen durch den für den Dichter anzunehmenden Lebensraum vornehmen. Allerdings fehlen, wie gesagt, für eine große Zahl mittelalterlicher Dichter realhistorische Zeugnisse, sodass man ihr geographisches Umfeld aus meist wenigen literarischen Hinweisen erschließen muss. Zum anderen kann versucht werden, durch varietätenspezifische Analysen der vorhandenen Handschriften zumindest die Mundart der Vorlage zu ermitteln; ob man sich dadurch freilich der Mundart des Dichters nähert, ist besonders bei großen Zeiträumen zwischen Original und Überlieferung fraglich.

Ein anschauliches **Beispiel** für dialektale Untersuchungen, mit dem Ziel, die Ursprungsmundart zu ermitteln, repräsentieren die einschlägigen Forschungen zum althochdeutschen ‚Hildebrandslied'. Die (einzige) Handschrift zeigt hoch- und niederdeutsche Formen. Es fragt sich, welche Mundart die ‚ursprüngliche' war. Wurde ein hochdeutscher Text von einem niederdeutschen Schreiber kopiert oder umgekehrt? Oder hatte schon das ‚Original' die vorliegende Sprachmischung? (Vgl. zur Forschungsdiskussion die Zusammenfassung im Lexikonartikel von Klaus Düwel, s.u.).
In der mittelhochdeutschen Periode ist der ‚Fall' Heinrich von Veldeke ein pointiertes Beispiel: Seine als echt geltenden Lieder sind ausschließlich in oberdeutschen Handschriften über-

liefert (A, B, C). Es ist aber fraglich, ob diese Sprachform die ursprüngliche ist, denn Veldeke stammt aus dem limburgischen Gebiet, und die oberdeutschen Handschriften zeigen zudem „nicht-mhd. Einsprengsel in den Reimen (BC), aber auch im Text selbst (A)" (Moser/ Tervooren). Die Veldeke-Forscher Theodor Frings und Gabriele Schieb haben versucht, die ursprüngliche Sprache für Veldeke, einen altlimburgischen Dialekt, zu rekonstruieren. Beispiel: Aus dem überlieferten hochdeutschen Vers *Ez kam von tumbes herzen râte* wird die altlimburgische Rekonstruktion *Het quam van dumbes herten râde* (MF 57,26; Text nach ‚Des Minnesangs Frühling', 37. Auflage). Dieses Verfahren ist in der Forschung allerdings sehr umstritten (vgl. unten die Literaturhinweise) und würde heutzutage in dieser Form sicher nicht mehr angewendet.

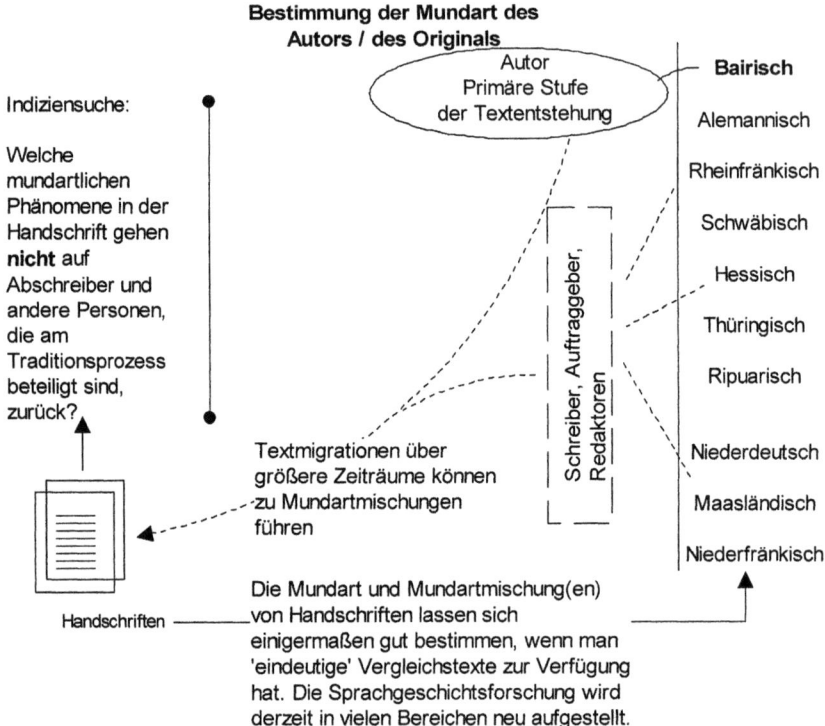

Heinrich von Veldeke ist ein extremes Beispiel. In der Mehrzahl der Fälle sind die Probleme weniger groß, wenngleich die Tücke häufig im Detail steckt. Es fragt sich z.B., ob man die handschriftlich überlieferte alemannische Form *kilche* (für *kirche*) in einem kritischen Text Walthers von der Vogelweide stehen lassen kann, für den oberdeutsche Mundart anzunehmen ist. Die meisten Herausgeber haben diesen Alemannismus getilgt.

Letztlich ist maßgeblich, welches Ziel der Editor verfolgt. Kann er aufgrund des vorherrschenden Wissens um Dialekte eine Rekonstruktion ‚wagen' oder will er sich mit kleineren ‚Korrekturen' begnügen? Soll nur die Lautung ‚korrigiert' werden oder auch Idiomatisches (z.b. bestimmte auf Mundartgebiete beschränkte Wörter)? Lassen sich sprachliche Phänomene klar genug geographischen Räumen zuordnen? Hier sei auf Grammatiken wie z.b. Weinhold, Mhd.Grammatik oder Weinhold, Bayrische Grammatik oder Paul/Wiehl/Grosse, Mhd.Grammatik hingewiesen, die nicht selten durch Wendungen wie ‚meist', ‚vornehmlich', ‚häufig' usw. Unsicherheiten in Grenzfällen deutlich machen. Darüber hinaus muss bedacht werden, dass diese genannten Hilfsmittel in den meisten Fällen e d i e r t e T e x t e ausgewertet haben, die teilweise bereits durch den Editor normalisiert und gegenüber der Handschrift verändert worden sind.

Seit einigen Jahren aber wird an den Universitäten Bonn, Bochum und Halle/S. eine neue mittelhochdeutsche Grammatik erarbeitet (dazu auch der folgende Abschnitt), die auf Handschriften aufbaut. Wenn das Projekt abgeschlossen sein wird, dürften auch unsere varietätenlinguistischen Kenntnisse erheblich besser sein als bisher. Bis dahin leistet aber auch die 25. Auflage der Paul-Grammatik gute Dienste; sie wurde umfangreich und umfassend revidiert (seit Juni 2007 auf dem Markt).

Bibliographische Hinweise zur mundartlichen Bestimmung von Texten

Einen schnellen Einblick in die Problematik gewährt:
➔ Klaus Düwel: Artikel ‚Hildebrandslied'. In: Verfasserlexikon, 2. Auflage, Bd.3, Sp. 1240-1256 [Sp. 1250f eine Zusammenfassung der Forschungspositionen zur dialektgeographischen Einordnung des Hildebrandsliedes mit den einschlägigen Literaturverweisen]
Didaktisch gut aufbereitet ist folgende Internetseite:
Multimediale Lehr- und Lernmaterialien zur Einführung in die historische Sprachwissenschaft –
    Universität Trier / Ältere deutsche Philologie
    http://germa83.uni-trier.de/CLL/welcome.html   (12. Juni 2007)
Weitere Titel:
Theodor Frings/ Gabriele Schieb: Heinrich von Veldeke. Die Lieder. In: Beiträge zur Geschichte der deutschen Sprache und Literatur 69, 1947, S. 1-284
Helmut Tervooren: Maasländisch oder Mittelhochdeutsch? In: Heinric van Veldeken. Symposion Gent 23-24 october 1970. Verslag en lezingen uitgegeven door Gilbert A.R. de Smet. Antwerpen/Utrecht 1971, S. 44-69 [Kritische Auseinandersetzung mit der Rekonstruktion der Veldeke-Sprache durch Frings/Schieb]
Thomas Klein: Heinrich von Veldeke und die mitteldeutschen Literatursprachen. Untersuchungen zum Veldeke-Problem. In: Thomas Klein und Cola Minis: Zwei Studien zu Veldeke und zum Straßburger Alexander. Amsterdam 1985, S. 1-121
Karl Weinhold: Bayrische Grammatik. Berlin 1867
Karl Weinhold: Mittelhochdeutsche Grammatik. Zweite Ausgabe. Unveränderter Nachdruck Paderborn 1967 [zu Mundarten vgl. den Index]
➔ Hermann Paul: Mittelhochdeutsche Grammatik. Neu bearbeitet von Thomas Klein, Hans-Joachim Solms und Klaus-Peter Wegera. Mit einer Syntax von Ingeborg Schröbler, neubearbeitet und erweitert von Heinz-Peter Prell. Tübingen 2007

Sprachhistorischer Stand des Originals
Vorstellungen über den sprachgeschichtlichen Zustand des anzunehmenden Originals sind im Detail ebenso schwierig zu gewinnen wie diejenigen über den mundartlichen. Ein grundsätzliches Problem liegt in der derzeitigen Beschaffenheit der Hilfsmittel (Wörterbücher, Grammatiken) begründet. Diese Hilfsmittel sind in ihrer Grundsubstanz sehr alt, gehen in das 19. Jahrhundert zurück und sind lediglich einmal mehr, einmal weniger umfänglich bearbeitet.
Bis heute ist die Germanistische Mediävistik angewiesen auf die aus ihrer Zeit heraus betrachtet bahnbrechenden lexikographischen Werke der Philologen Benecke, Müller und Zarncke (‚BMZ') sowie, heute noch populärer, weil auch als studentenfreundliche Taschenausgabe erhältlich, Matthias Lexers. Ihr erklärtes Ziel war, den Wortschatz der deutschen Sprache aus dem Zeitraum des 11.-14./15. Jahrhunderts zu erfassen, zu belegen und semantisch zu erschließen. Besonders dem sog. ‚großen Lexer', dem ‚Handwörterbuch', war ein immenser Erfolg beschieden. Generationen von Gelehrten und Studierenden nutzten das unentbehrliche Hilfsmittel – und tun dies bis heute. Obwohl Lexer sich bewusst war, auf den Anspruch der Vollständigkeit verzichten zu müssen, ist ihm doch, im Verbund mit dem BMZ, eine quantitativ und qualitativ äußerst reiche lexikographische Aufarbeitung der mittelhochdeutschen Sprache gelungen. Dass sie im Detail Fehler enthält und dass es methodologische Defizite gibt, so mit Blick auf das Textkorpus oder auf die Tatsache, dass manche Konjekturen im Wörterbuch einen Quellenstatus erhalten haben, darf die Hochachtung vor Lexers Arbeit nicht schmälern.
Problematisch bleibt allerdings, dass diese Wörterbücher fast ausschließlich auf Editionen beruhen und somit einen lexikalischen Bestand spiegeln, der durch die Herausgeber vorab sondiert und beeinflusst worden ist. Zudem fehlt das sprachliche Material von Werken, die im 19. Jahrhundert noch nicht bekannt oder ediert waren. Einige moderne Indices zu Einzelwerken, auch zu Handschriften, schaffen indes ein wenig Abhilfe.
Bei den Grammatiken zur mittelhochdeutschen Sprache sieht die Lage ähnlich aus. Als Standardwerk in Forschung und Lehre hat sich Hermann Pauls Grammatik (1. Aufl. 1881) durchgesetzt, die vielfach be- und überarbeitet wurde, zuletzt durch Thomas Klein, Hans-Joachim Solms, Klaus-Peter Wegera und Heinz-Peter Prell (2007). Daneben sind auch die Grammatiken von Karl Weinhold (Bayrische Gr. 1867; Mhd. Gr. 1877/83), Jacob Grimm (1822ff.) und die Syntaxlehre von Otto Behaghel (1923ff.) wichtige Nachschlagewerke, von Spezialuntersuchungen einmal ganz abgesehen.
Eine traditionelle Grammatik beschreibt sprachliche Phänomene und Strukturen und ordnet sie in Kategorien (z.B. Lautlehre, Flexionssysteme). Da die genannten Grammatiken (wie auch die Wörterbücher) zum größten Teil auf Editionen beruhen, ist die Sprache, die die Grammatiken beschreiben, eine bereits durch Editoren beeinflusste, selektierte oder gar (willkürlich) veränderte.

Probleme mit der Sprachgeschichte

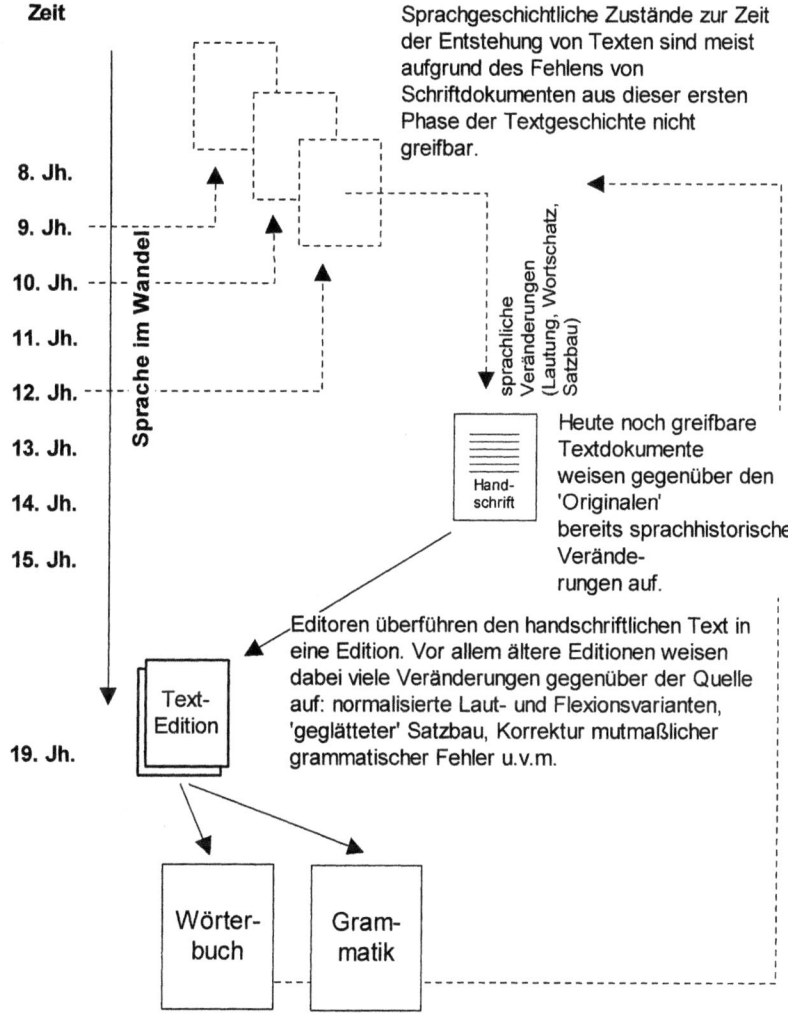

Das kann in Einzelfällen fatale Auswirkungen haben, wenn zu entscheiden ist, ob ein sprachlicher Befund in einer Handschrift ‚falsch' bzw. einer bestimmten Zeitstufe nicht zugehörig ist. Als ‚grammatikalisch falsch' wird in der Regel ein sprachliches Phänomen betrachtet, das singulär ist und von sonst zu beobachtenden gleich lautenden Fällen abweicht. Lassen sich aber schon zwei oder drei solcher Abweichungen von der Regel aufspüren, ist es fraglich, ob man noch von einem ‚Fehler' sprechen kann. Da das Material für die ‚Regel' jedoch selektiert (oder gar manipuliert) ist, bleibt eine Menge handschriftlicher Vergleichszeugnisse unberücksichtigt.

Beispiel: In der 2. Strophe von Walthers von der Vogelweide begegnen in der Handschrift A folgende zwei Verse (Kürzel und Superskripte aufgelöst, Schaft-s als ‚s'): *si endvhten sich zeniht. / si schvefen starc geriht*. Der Sinn ist: Sie (verschiedene Tiere) würden sich wie nichts vorkommen, wenn sie nicht ein mächtiges Gerichtswesen einrichteten. Die syntaktische Fügung ist eine sogenannte ‚exzipierende Konstruktion'. Aber ist sie in der Handschrift ‚richtig'? Die meisten Herausgeber haben ‚verbessert', indem sie den zweiten Vers negierten (> *enschüefen*), da die grammatikalische Regel (nach Ansicht der Grammatiker) vorsieht, dass der exzipierende Satz verneint ist. Einige haben darüber hinaus die Negation im ersten Vers getilgt (> *dûhten*). Es gibt aber auch in den Grammatiken ausgewiesene Fälle, in denen der exzipierende Satz nicht verneint sein ‚muss', wenn der übergeordnete Satz eine Negation enthält. Formal wäre das in der Handschrift A der Fall; einige wenige Herausgeber haben (wohl deshalb) den handschriftlichen Text unangetastet gelassen. Es fragt sich aber, ob die Negation im ersten Vers Sinn macht, da sie immerhin die Verbalaussage verneint. Einen problematischen Fall wie diesen verzeichnen die Grammatiken nicht, vielleicht, weil Lachmann bereits 1827 die Handschrift ‚besserte' und die Satzfügung dem ‚Gewöhnlichen' anglich, der handschriftliche Befund somit an den Grammatikern ‚vorbeiging'. Man muss mit vielen Fällen ähnlicher Art rechnen; die Problematik dürfte deutlich sein. (Vgl. zu den grammatikalischen Phänomenen Paul/Klein/Solms/Wegera/Prell: Mittelhochdeutsche Grammatik § S 159 (zur exzipierenden Konstruktion) und S. 145 (zur Negation). Weitere Beispiele zur Problematik enthält der Aufsatz von Norbert Richard Wolf (s.u.).

Vor allem im Detail, in Einzelfragen liegen beachtliche Schwierigkeiten. Dennoch lassen sich freilich größere sprachgeschichtliche Entwicklungen nachzeichnen, ohne beständigen Zweifeln ausgesetzt zu sein. Lautverschiebungen im Konsonantismus, Vokalveränderungen vielfacher Art, Flexionstypen und -bedingungen im Substantiv- und Verbalbereich, Negationsformen, syntaktische Muster u.a.m. lassen sich in ihrer historischen Entwicklung – wenn auch mit einigen Grauzonen – beschreiben. Und auch im lexikalisch-semantischen Bereich zeichnen sich beschreibbare Entwicklungen ab.

Beispiele: In der spät und singulär überlieferten ‚Klage' Hartmanns von Aue (einem minnedidaktischen Streitgespräch) lautet der Vers 687 in der Handschrift (Ambraser Heldenbuch) so: *der dinge ist tausent mal me*. Die Herausgeber des Textes (hier Herta Zutt) edieren ihn folgendermaßen: *der dinge ist tusent stunt me*. Der Schreiber der Handschrift, Hans Ried, hätte demnach im 16. Jahrhundert an die Stelle des alten Wortes *stunt* das ihm (vielleicht schon seiner Vorlage) geläufigere *mal* eingesetzt. Für die mutmaßliche Entstehungszeit des Textes (Ende 12. Jahrhundert) ist dieses *mal* tatsächlich kaum wahrscheinlich. Die editorische Entscheidung für *stunt*, das in der Bedeutung ‚-mal' für das 12./13.Jahrhundert (und auch durch andere Hartmann-Werke) vielfach ausgewiesen ist, ist wortgeschichtlich gut begründet. Der Artusroman ‚Erec' Hartmanns von Aue ist ebenfalls nur in dem späten ‚Ambraser Heldenbuch' nahezu vollständig überliefert. Die Art und Weise, eine Aussage zu negieren, ist im 12./13. Jahrhundert eine andere als im 16. Jahrhundert. Hans Ried, der Schreiber der Handschrift, hat kaum noch die Negationspartikel *ne/en* verwendet, die einer älteren Sprachstufe angehören, sondern er hat meist nur noch durch *nicht* verneint. Herta Zutt hat sich der Negationspraxis Hartmanns von Aue in einer Studie gewidmet, wobei sie ihre Erkenntnisse aus der recht alten ‚Iwein'-Handschrift B gewann, die dem Original zeitlich vergleichsweise sehr nahe steht. Christoph Cormeau und Kurt Gärtner haben aufgrund von Zutts Erkenntnissen – und freilich einer Häufigkeitsregel folgend, die nicht eo ipso das Original treffen kann – in der 6. Auflage des ‚Erec' die für Hartmann anzunehmende Negationsform in den kritischen Text gesetzt.

Solange keine Originale vorhanden sind bzw. Abschriften, die dicht an das Original heranreichen, wird man eine genaue Vorstellung vom ursprünglichen sprachhistorischen Zustand nicht gewinnen können. Annäherungen sind jedoch möglich. Wie weit man hier gehen will und kann, ist abhängig von der Überlieferungslage, dem Anspruch der Edition und – in besonderer Weise – der Qualität der Hilfsmittel. Hier wird sich in den nächsten Jahren zweifellos einiges verbessern. Hinzuweisen ist auf ein Großprojekt an den Universitäten Bonn, Bochum und Halle/S., wo eine ganz neue Grammatik erarbeitet wird, deren Abschluss für 2009 anvisiert ist. Von besonderer methodologischer Relevanz ist, dass die neue Grammatik nicht, wie alle ihre Vorgänger, auf Editionen beruht, sondern als Basis Handschriften aus dem Zeitraum von 1070 bis 1350 haben wird. Diese Handschriften weisen unterschiedliche Mundarten auf (z.B. das Bairische, Alemannische, Mitteldeutsche) und tradieren die verschiedensten Textsorten (z.B. Verstexte, Prosatexte, Urkunden). Das Textcorpus ist maschinenlesbar und von daher bestens geeignet, unterschiedlichsten Fragestellungen (z.B. nach Wortbildung oder Morphologie) nachgehen zu können (Hinweise: http://www.ruhr-uni-bochum.de/wegera/ (Juni 2007)).

Bibliographische Hinweise zu ‚Edition und Sprachgeschichte'

Eine gute Grundorientierung bietet:
→ Klaus-Peter Wegera: Grundlagenprobleme einer mittelhochdeutschen Grammatik. In: Sprachgeschichte. Ein Handbuch zur Geschichte der deutschen Sprache und ihrer Erforschung. Band 2. 2. Aufl. Berlin/New York 2000
→ Mittelhochdeutsche Lexikographie. In: Lexikographie und Grammatik des Mittelhochdeutschen. Beiträge des internationalen Kolloquiums an der Universität Trier, 19. u. 20. Juli 2001. Hrsg. von Ralf Plate [u. a.] Mainz 2005
→ Wilhelm Schmidt: Geschichte der deutschen Sprache. Ein Lehrbuch für das germanistische Studium. 10. Auflage. Stuttgart, Leipzig 2006

Aktuelle Beiträge zu ‚Edition und Sprachgeschichte' bietet der Sammelband:
Edition und Sprachgeschichte. Baseler Fachtagung 2.-4. März 2005. Hrsg. v. Michael Stolz in Verbindung mit Robert Schöller und Gabriel Viehhauser. Tübingen 2007

Wörterbücher:
→ Mittelhochdeutsches Handwörterbuch von Dr. Matthias Lexer. Zugleich als Supplement und alphabetischer Index zum Mittelhochdeutschen Wörterbuche von Benecke-Müller-Zarncke. 3 Bde. Leipzig 1872ff
Im Internet unter http://germa83.uni-trier.de/MWV-online/
Matthias Lexers Mittelhochdeutsches Taschenwörterbuch. 37. Auflage (mit neubearbeiteten und erweiterten Nachträgen) Stuttgart 1979 [und folgende Auflagen]
→ Mittelhochdeutsches Wörterbuch. Mit Benutzung des Nachlasses von Georg Benecke. Ausgearbeitet von Wilhelm Müller und Friedrich Zarncke. Leipzig 1854ff
Im Internet unter http://germa83.uni-trier.de/MWV-online/
Mittelhochdeutsches Wörterbuch. Alphabetischer Index. Von Erwin Koller [u.a.]. Stuttgart, Leipzig 1990
Rückläufiges Wörterbuch der Mittelhochdeutschen Sprache. Auf der Grundlage von Matthias Lexers Mittelhochdeutschem Handwörterbuch und Taschenwörterbuch bearbeitet und hrsg. von Wolfgang Bachofer [u.a.]. Stuttgart 1984
Erwin Koller [u.a.]: Neuhochdeutscher Index zum mittelhochdeutschen Wortschatz. Stuttgart 1990
Kurt Gärtner [u.a.]: Findebuch zum mittelhochdeutschen Wortschatz. Mit einem rückläufigen Index. Stuttgart 1992

Grammatiken / Sprachgeschichten / Studien:
→ Hermann Paul: Mittelhochdeutsche Grammatik. Neu bearbeitet von Thomas Klein, Hans-Joachim Solms und Klaus-Peter Wegera. Mit einer Syntax von Ingeborg Schröbler, neubearbeitet und erweitert von Heinz-Peter Prell. Tübingen 2007
Jacob Grimm: Deutsche Grammatik. 3 Teile. Göttingen 1822ff [überarbeitete Auflagen in Folge]
Otto Behaghel: Deutsche Syntax. Eine geschichtliche Darstellung. 4 Bde. Heidelberg 1923ff
Norbert Richard Wolf: Mittelhochdeutsch aus Handschriften. Hinweise zum Problem der historischen Grammatik und der Überlieferungsgeschichte. In: Überlieferungsgeschichtliche Editionen und Studien zur deutschen Literatur des Mittelalters. Kurt Ruh zum 75. Geburtstag. Hrsg. von Konrad Kunze, Johannes G. Mayer, Bernhard Schnell. Tübingen 1989, S. 100-108 [enthält anschauliche Beispiele für die Problematik grammatikalischer Normsetzung]
Herta Zutt: Der Gebrauch der Negation in der Gießener Iwein-Handschrift. In: Alemannica. Landeskundliche Beiträge, Alemannisches Jahrbuch 1973/75, Festschrift Bruno Boesch zum 65. Geburtstag. Bühl/Baden 1976, S. 373-391
Hans-Joachim Solms: Das System der Präfixverben in der frühesten Überlieferung des Hartmannschen ,Gregorius' (Hs. A aus dem Alemannischen des 13. Jahrhunderts). In: Werner Besch (Hrsg.). Deutsche Sprachgeschichte. Grundlagen, Methoden, Perspektiven. Festschrift für Johannes Erben zum 65. Geburtstag. Bern, New York, Frankfurt/M. 1990, S. 115-128
Hans-Joachim Solms: Zur Wortbildung der Verben in Hartmann von Aues 'Iwein' (Hs.B) und 'Gregorius' (Hs.A): Das Präfix ge- im System der verbalen Präfigierung. Zugleich ein Beitrag zur Diskussion historischer Wortbildung. In: Mittelhochdeutsche Grammatik als Aufgabe. Hrsg. v. Klaus-Peter Wegera. ZfdPh 110, 1991, Sonderheft, S. 110-140
Thomas Klein, Hans Joachim Solms und Klaus-Peter Wegera (Hgg.):[Schriftenreihe] ,Studien zur mittelhochdeutschen Grammatik' (Tübingen seit 2002)

Metrik

Die poetische Literatur des Mittelalters ist zum größten Teil in metrisch gebundener Sprache verfasst. Für die Lyrik ist das selbstverständlich; aber auch Erzähltexte sind – mit wenigen Ausnahmen – versifiziert und in Reimpaaren oder in Strophen (z.B. das ‚Nibelungenlied') organisiert. Die Philologen des 19. Jahrhunderts haben viel Energie darauf verwendet, metrische ‚Regelwerke' zu verfassen. Diese können eigentlich nur deskriptiv sein, doch kann man sich häufiger des Eindrucks nicht erwehren, dass es normative Darstellungen sind. Das bedeutet, dass man Regeln aufstellt (ohne Fundierung in den Quellen – Anhaltspunkte allerdings finden sich durchaus), deren Beherrschung und Beachtung den Autoren zugeschrieben wurden. Wiesen die Handschriften Abweichungen von diesen postulierten Regeln auf, ging man früher meist von Fehlern aus, die im Laufe des Traditionsprozesses aufgetreten seien. Man wird leicht bemerken, dass also die Metrik einen ähnlichen Stellenwert im textkritischen Geschäft einnimmt wie die Sprachgeschichte. Mittlerweile wird das Thema ‚Metrik und Textkritik' sehr kontrovers diskutiert. Im Folgenden werden nur einige Probleme knapp angerissen; die Literaturhinweise am Ende des Abschnitts seien zwecks Vertiefung nachdrücklich zur Lektüre empfohlen.

Auf der einen Seite wurde (und wird) zumindest für die ‚Klassiker' der mittelhochdeutschen Periode ein recht strenges metrisches Konzept postuliert. Das heißt: Ein Vers sei in Auftakt (alle Silben vor der ersten Hebung), Versinnerem und Kadenz (Silben nach der letzten Haupthebung) fest geregelt; der Reim sei rein; in der Lyrik seien Strophenform und ‚Ton' (die metrisch-musikalische Struktur) klar definiert. Jede Abweichung von diesen ‚Regeln' wurde (und wird streckenweise immer noch) als Fehler angesehen, der korrigiert werden müsse. Einige Beispiele mögen zur Verdeutlichung dienen:

‚**Regel**': Der mittelhochdeutsche Vers ist alternierend, d.h. Hebung und Senkung wechseln regelmäßig.
> Handschriften zeigen in vielen Fällen ein anderes Bild; Doppelsenkungen oder zwei aufeinander folgende Hebungen sind nicht selten.
> Z.B.: *Vns hat der winte r g e schadet v́ber al* (Walther von der Vogelweide, Hs.B, zwei unbetonte Silben folgen aufeinander, hier fett und gesperrt markiert; man kann hier freilich diskutieren, ob es sich um einen daktylischen Rhythmus handelt – insgesamt aber ein seltenes Phänomen in der deutschsprachigen mittelalterlichen Lyrik.)

‚**Regel**': Der mittelhochdeutsche Vers der Reimpaarepik umfasst vier Hebungen.
> Trotz deutlicher Tendenz zur Vierhebigkeit gibt es Fälle von Drei- bzw. Fünfhebigkeit. Z.B.: *Swaz si im heten getan* (Hartmann von Aue, ‚Iwein', V.4968, Hss.B, F, J, l; um hier 4 Hebungen zu skandieren, muss man zwei Betonungen hintereinander tolerieren: auf *swaz* und auf *si*.)

‚**Regel**': Auftaktigkeit bzw. Auftaktlosigkeit ist ein Formprinzip und daher konsequent durchgeführt.
> Handschriften können hier oft ‚inkonsequent' sein. Z.B.: Walthers von der Vogelweide Lied *Ich hoere iu sô vil tugende jehen* scheint auftaktig angelegt (d.h. jeder Vers scheint regelmäßig mit einer unbetonten Silbe zu beginnen). Aber der dritte Vers der ersten Strophe lautet in den Handschriften B und C: *hat ich v́wer niht gesehen* (erste Betonung auf *hat*).

‚**Regel**': Die Anzahl der Hebungen in einem (lyrischen) Vers ist für alle zusammen gehörenden Strophen gleich (Tonprinzip).
> Handschriften sind weniger ‚regeltreu'. Z.B.: Der jeweils zweite Vers in den fünf Strophen des Liedes L.118,24 Walthers von der Vogelweide zeigt handschriftlich drei unterschiedliche He-

bungsanzahlen: *das ich vil schiere wnder tûn beginne* (fünf Hebungen); *so dike das ich das verbere* (vier Hebungen); *han ich gesvngen miner liebē frvowē ze eren* (sechs Hebungen).

Ein Editor, der einem strengen Metrikkonzept folgt, wird die Handschriften überall dort verbessern, wo sie nicht die postulierte ‚Reinheit' zeigen. Das können kleinere, aber auch weitreichende Eingriffe sein, wenn Worte aus der Handschrift getilgt bzw. gegen die Handschrift eingesetzt werden.

Beispiel: Aus dem handschriftlichen Text *Weder ist es úbel oder ist es gŷt* (Hss. C,E – Walther von der Vogelweide) machte Karl Lachmann *Wedr ist ez übel, od ist ez guot*, um die von ihm für das Original angenommene regelmäßige Alternation (Abwechslung von Hebung und Senkung) zu erzielen. Sein Eingriff beschränkt sich auf Minimales (Auslassung von Vokalen und Silben). Anders die Editoren Carl von Kraus und Friedrich Maurer, die einen handschriftlich nur ein Wort umfassenden Vers in Walthers Lied L. 123,15,24 (Cormeau 96 III,3) *gedingen* wie folgt auffüllen: *genâden dingen* (von Kraus), *zer werlt gedingen* (Maurer). Hier wurden Sinn tragende Worte gegen die Überlieferung eingesetzt.

Eine grundlegend andere Position in der Metrik-Textkritik-Diskussion wird von Editoren vertreten, die mit Verbesserungen der Metrik wegen sehr zurückhaltend sind. Sie hegen Zweifel daran, ob es je ein metrisch ‚reines' Original gegeben hat bzw. ob man es zutreffend rekonstruieren kann. Auftaktvarianten, dreisilbige Takte, Hebungsprall, evtl. auch fehlende oder überschüssige Hebungen werden hingenommen.

Beispiel: Im Gegensatz zum metrischen Rigorismus eines Carl von Kraus lassen Hugo Moser und Helmut Tervooren viele metrische Freiheiten zu. So finden wir in der von ihnen bearbeiteten Auflage von ‚Des Minnesangs Frühling' etwa Verse wie die folgenden: *daz ich abe ir wol rédendem munde ein küssen mac versteln* (MF 159,38; zweisilbiger Auftakt/ dreisilbige Taktfüllungen); *gblüet reht alsam ein voller mâne* (MF 136,7; zwei beschwerte Hebungen). – Ähnlich verfährt auch Günther Schweikle im metrischen Bereich, z.B. bei seiner Ausgabe der Lieder Reinmars des Alten und Walthers von der Vogelweide.

Beide skizzierten Positionen werfen – als Extreme betrachtet – Probleme auf. Die erste, weil sie ohne hinreichende Sicherheit ein Metrikkonzept postuliert, das es vielleicht nie gegeben hat. Die zweite, weil sie dem Phänomen der Verschriftlichung möglicherweise zu wenig Rechnung trägt. Denn man muss bedenken, dass durch den Prozess des Niederschreibens und Abschreibens das ‚Gefühl' für ein Metrum, das wesentlich im mündlichen Vortrag zum Ausdruck kommt, verloren geht. Der Abschreiber hat es mit ‚stummen' Texten zu tun; vornehmlich ist er auf das Kopieren sprachlicher Zeichen fixiert. Dass dadurch in manchen Fällen die metrische Qualität beeinträchtigt wird, ist sehr wahrscheinlich. Davon abgesehen muss man auch mit bewussten metrischen Einflüssen seitens der Schreiber rechnen.

Beispiel: Nachgewiesen scheint ein solcher Fall für die recht späte Weimarer Liederhandschrift F zu sein (ca. Mitte 15. Jahrhundert), die nach „meistersingerischer Manier" u.a. Auftakte manipuliert (Näheres bei Helmuth Thomas, s.u.). Karl Stackmann und Karl Bertau haben in ihrer Frauenlob-Ausgabe auch bei singulärer F-Überlieferung dementsprechend die als ursprünglich anzunehmenden Auftaktverhältnisse rekonstruiert.

Ferner gibt es Fälle, in denen auch Handschriften eine deutliche Tendenz zur metrischen Regelmäßigkeit zeigen und vielleicht an nur einer Stelle abweichen. Muss man diese Stelle dann nicht bessern?

Ein Mittelweg zwischen den beiden extremen Standpunkten ließe sich vielleicht so beschreiben: Dass die Metrik nicht völlig beliebig ist, zeigen auch Handschriften. Tendenzen zur Alternation, grundsätzliche Vierhebigkeit im epischen Reimpaarvers (wenn auch mit Ausnahmen), ein Achten auf metrischen Gleichbau eines ‚Tones' sind trotz der genannten Abweichungen erkennbar. Ein guter Weg wäre, tonkonstituierende Elemente (Anzahl der Hebungen, Reimschema, eventuell Kadenz) dann zu verbessern, wenn die Handschriften schwere Störungen aufweisen. Hingegen würden Auftaktvarianten, Vers- und Taktfüllung, eventuell auch Kadenzvarianten in ‚lesbaren' Fällen nicht angetastet, da es unsicher ist, ob in dieser Hinsicht je ein strenges Konzept vorhanden war.

Besonders bei der Frage, ob die Art der Taktfüllung korrekt oder unkorrekt ist, spielt die konkrete Aufführungspraxis eine nicht unbedeutende Rolle. Mittelalterliche Dichtung muss man sich in Form eines (Sprech-) Gesangs vorgetragen denken; vor allem die Lyrik wird darüber hinaus häufig auch instrumental begleitet worden sein. Leider sind jedoch für die deutsche Literatur des Mittelalters nur sehr wenige Melodien überliefert, sodass das Verhältnis von Text und Musik schwer zu beurteilen ist.

Beispiel: Viele Melodien sind in der Jenaer Liederhandschrift J überliefert. Erdmute Pickerodt-Uthleb hat sie im Hinblick auf Metrik und Musik eingehend untersucht. Für dieses handschriftliche Corpus (Sangspruchdichtung) kommt sie u.a. zu dem Schluss, dass der „Auftakt als das Normale, Auftaktlosigkeit als Ausnahme empfunden" wurde. Daneben seien aber zwei- und dreisilbige Auftakte möglich, ebenso gespaltene Senkungen, weniger häufig gespaltene Hebungen, wenngleich tendenziell Alternation vorherrsche. Von Operationen wie Elision, Apokope und Synkope „machen die Schreiber selten und wohl eher zufällig Gebrauch"; es zeige sich aber die Neigung, unbetontes ‚e' vor vokalisch anlautender, betonter Folgesilbe zu elidieren, was z.T. auch durch die Notation angezeigt ist.

Die Metrikdiskussion ist so alt wie die Textkritik. Die Editionen des 19. und 20. Jahrhunderts spiegeln strenge und weniger strenge Auffassungen. Heute zeichnet sich mehr und mehr eine freizügigere Handhabung ab. D i e e i n e Lösung gibt es aber nicht, und die Diskussion muss für jedes zu edierende Werk neu geführt werden, wobei die folgenden Sätze des großen Metrikers Andreas Heusler sicher bedenkenswert sind: „Im ganzen gilt doch der Satz: massenhafte Textänderungen nur Verses halber erweisen eine Lehre als zu eng. Erklären taugt mehr als Wegbessern. Man darf es zu den Berufssünden des Metrikers zählen, daß er regelrechter sein will als die Dichter."

Bibliographische Hinweise zu ‚Metrik und Edition'

Eine gute Grundorientierung bietet:
➔ Helmut Tervooren: Minimalmetrik zur Arbeit mit mittelhochdeutschen Texten. Göppingen 1979 [und folgende Auflagen]
➔ Achim Diehr: Literatur und Musik im Mittelalter. Eine Einführung. Berlin 2004

Weitere Titel:
Helmuth Thomas: Untersuchungen zur Überlieferung der Spruchdichtung Frauenlobs. Leipzig 1939 [S. 91ff zur Weimarer Handschrift F und metrischen Manipulationen]
Erdmute Pickeroth-Uthleb: Die Jenaer Liederhandschrift. Metrische und musikalische Untersuchungen. Göppingen 1975 [Zitate: S. 15-28]
Andreas Heusler: Deutsche Versgeschichte. Mit Einschluß des altenglischen und altnordischen Stabreimverses dargestellt von Andreas Heusler. Zweiter Band. Teil III: Der altdeutsche Vers. Berlin und Leipzig 1927
Siegfried Beyschlag: Die Metrik der mittelhochdeutschen Blütezeit in Grundzügen. Nürnberg ²1950
Helmut Tervooren: Metrik und Textkritik. Eine Untersuchung zum dreisilbigen Takt in ‚Des Minnesangs Frühling'. In: Zeitschrift für deutsche Philologie 87, 1968, Sonderheft, S. 14-34
Helmut Lomnitzer: Zur wechselseitigen Erhellung von Text- und Melodiekritik mittelalterlicher deutscher Lyrik. In: Probleme mittelalterlicher Überlieferung und Textkritik. Oxforder Colloquium 1966. Herausgegeben von Peter F. Ganz und Werner Schröder. Berlin 1968, S. 118-144

Authentizitätsprobleme: Echtes, Unechtes, Zugeschriebenes, Anonymes

Seit der Zeit, da eine vergesellschaftete Kunst keinen anonymen Status mehr hat, beobachten wir, dass die Gesellschaft, für die die Kunst gedacht ist, einen engen Konnex zwischen Kunstwerk und (s)einem Urheber herstellt. Das ist bereits – mit Ausnahmen – in der Antike so; und auch das Mittelalter ordnet seine Kunstwerke, wo es geht, nach ihren Urhebern. Insbesondere die großen Sammlungen des 14. Jahrhunderts (Sammelhandschriften) sind nach einem Autorprinzip strukturiert. Dabei spielt es keine Rolle, ob die Zuordnung von Name und Text historisch ‚richtig' ist; aufschlussreich für den Umgang mit Kultur ist allein der Wille, diese Kultur gemäß ihren Urhebern zu ordnen. Dass es neben solchen ‚autorisierten' (hier gemeint: einem Autor(namen) zugewiesenen) Texten auch weiterhin anonyme gibt (prominent: das ‚Nibelungenlied'), tut dem Prinzip keinen Abbruch.

In ihren Anfängen war die Germanistik eine durch und durch autororientierte Wissenschaft. Und sie zeigte sich oft nicht zufrieden mit den mittelalterlichen Autor-Signaturen und zweifelte diese Zuordnung an. Nicht ganz grundlos: Denn die genaue Analyse von vielen Handschriften hat gezeigt, dass (im Bereich der Lyrik – die Epen sind hier sehr viel weniger strittig) z.B. ein bestimmtes Lied in unterschiedlichen Handschriften unterschiedlichen Autoren zugewiesen worden ist.

> Ein aussagekräftiges **Beispiel**: In den Handschriften B (Weingarten), C (Zürich), E (Würzburg) und m (Ostfalen) gibt es ein Lied (besser: Strophenverbände mit gemeinsamen Textanteilen), das jeweils anderen Autoren zugewiesen wird:

Handschrift	Strophen	Autorname
B, C:	1,2,3,4,5	Hartmann
E:	1,3,4,2	Reinmar
m:	3,4,2	Walther

In den Handschriften B und C wird ein fünfstrophiger Verband unter Hartmann (von Aue) überliefert, davon überliefert E die ersten vier Strophen (mit Reihungsvarianz) für Reinmar (den Alten) und die Strophen 2, 3 und 4 stehen in m in einem etwas undeutlich markierten Walther von der Vogelweide-Bereich – ebenfalls anders gereiht als in BC.

Alle drei Fassungen lassen sich als sinnvolle Lieder lesen; alle drei haben freilich anders akzentuierte Aussagen. Die Forschung hat sich heftig bemüht, die vertrackte Verfasserfrage zu ‚klären', jedoch ohne durchschlagenden Erfolg.

Solche Befunde waren für die ersten Germanistengenerationen, teilweise durchaus bis in die jüngere Vergangenheit, noch weniger erträglich als anonyme Textzustände. Ein Text ‚durfte' weder keinen noch mehrere Autoren haben! Dieses Credo war Anlass, sich des Chaos anzunehmen und die Wahrheit herauszufinden. Die Suche nach dem Echten hatte begonnen.

Im 19. Jahrhundert sah man in Mehrfachzuschreibungen so gut wie ausschließlich Fehler der Schreiber und Redaktoren. Die Philologen versuchten nun mit mehr oder minder guten Argumenten, im Chaos der Signaturen Ordnung zu schaffen – letztlich, um Ordnung in die Literaturgeschichte zu bringen, um klar abgegrenzte Autorœuvres zu edieren, die ihrerseits das Basismaterial für Literaturtheorie und Literaturgeschichtsschreibung darstellten. Der Philologe (Editor) nimmt die Position eines Anwalts der Dichter ein, der über die Konstitution des Autorœuvres wacht und einen Kanon konstruiert. Die Zuordnung von Text und (Autor-) Name, das Vereindeutigen von Besitzverhältnissen, setzt ein spezifisches Konzept von Autor und Text voraus: Der Autor wird als individueller Sinnstifter und -vermittler begriffen, der Text als Ergebnis eines (genialen) Schöpfungsprozesses, der zu einem bestimmten Zeitpunkt abgeschlossen ist, dann, wenn das ‚Originalwerk' veröffentlicht wird. Literaturgeschichte wird in dieser Hinsicht zu einer Literatengeschichte: Die Geschichtsschreiber sind fixiert auf Namen, mehr noch: auf Persönlichkeiten, mit deren Namen sie Kultur ordnen. Dieser Ordnung geht ein bestimmtes Kulturkonzept mit bestimmten Dichterbildern voraus – und diese Bilder wiederum steuern die Zuordnung von Texten und Namen (Dichtern): ein argumentativer Teufelskreis, der lange Zeit nicht als solcher erkannt worden ist.

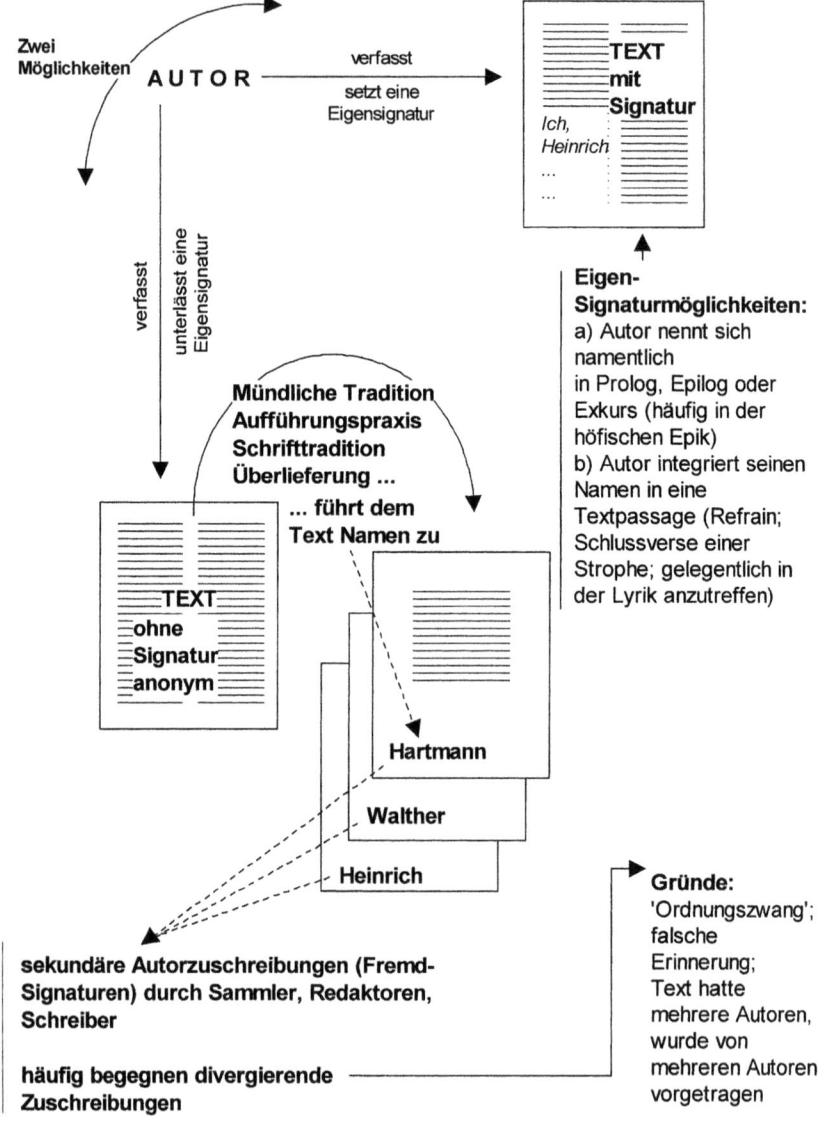

Die zuweilen regelrecht fieberhafte Suche nach dem Echten in einem Durcheinander unterschiedlicher Namen-Text-Zuweisungen führte bald auch dazu, dass selbst eindeutige mittelalterliche Zuordnungen angezweifelt wurden, d.h. selbst dann, wenn eine, zwei oder noch mehr Handschriften einen bestimmten Text Autor X zuschrieben, konnte es geschehen, dass die Philologie Zweifel äußerte und den entsprechenden Text aus dem Œuvre des Autors X entfernte. Konnte in der vorwissenschaftlichen Phase der Mediävistik (spätes 18. Jahrhundert) noch einfach behauptet werden, dieser oder jener Text sei ‚unecht', so werden im Zuge der Professionalisierung ab dem frühen 19. Jahrhundert solche Urteile (Athetesen) mehr und mehr argumentativ zu sichern versucht. Diese Argumentationen aber, das haben eine Reihe von methodenkritischen Studien der letzten 30 Jahre gezeigt, gründen zum einen auf der Interpretation von ‚Fakten' (Art, Ort und Zeit der Überlieferung; Sprachstatistik: z.B. singuläre Reime, Neologismen), zum anderen – und in weit größerem Ausmaß – auf ästhetischen Urteilen. Insbesondere letztere sind aber nicht geeignet, Texte aus einem historischen Kanon auszugrenzen, denn diese Urteile sind (ästhetischen und/oder literaturtheoretischen) Maßstäben verpflichtet, die der Zeit des Urteilenden angehören. Und auch die Deutung von ‚Fakten' ist selten objektiver, denn es ist oft willkürlich, ob ein sprachstatistischer Befund als ‚Beweis' für oder gegen eine Autorschaft angeführt wird. Athetesen[1] sind – argumentationstheoretisch betrachtet – höchst zweifelhafte wissenschaftliche Maßnahmen. Mehrere groß angelegte Fallstudien haben gezeigt, dass die meisten im Laufe der Forschungsgeschichte vorgebrachten Argumente für eine Athetese keine intersubjektive Gültigkeit haben.

Seit den 1960er Jahren hat sich im Zusammenhang mit einer neuen Wertschätzung der Handschriften nicht nur die Beachtung des handschriftlichen Wortlauts, sondern auch die der handschriftlichen Signatur verändert. Man ist nun nicht mehr so rasch geneigt, bei einer Mehrfachzuschreibung nur von einem Fehler im engeren Sinn des Wortes zu sprechen, sondern ist bemüht zu eruieren, welche tiefere Motivation sich hinter der Zuschreibungsvarianz verbergen könnte.

Von wenigen Fällen abgesehen, werden in heutiger Zeit keine Athetesen mehr vorgenommen, die allzu deutlich das Bild einer Textedition prägen würden. Das bedeutet natürlich nicht, dass der Literarhistoriker nicht nach wie vor Überlegungen zur Authentizität anstellen kann oder sogar sollte.

---

[1] Athetese: in diesem Zusammenhang: ‚das Ausgrenzen eines Textes oder Textteils aus einem größeren Werkkomplex', ‚das ‚für unecht' Erklären'.

Wer schrieb den Text?
Authentizitätsprobleme (II): Strategien und Positionen der Philologie

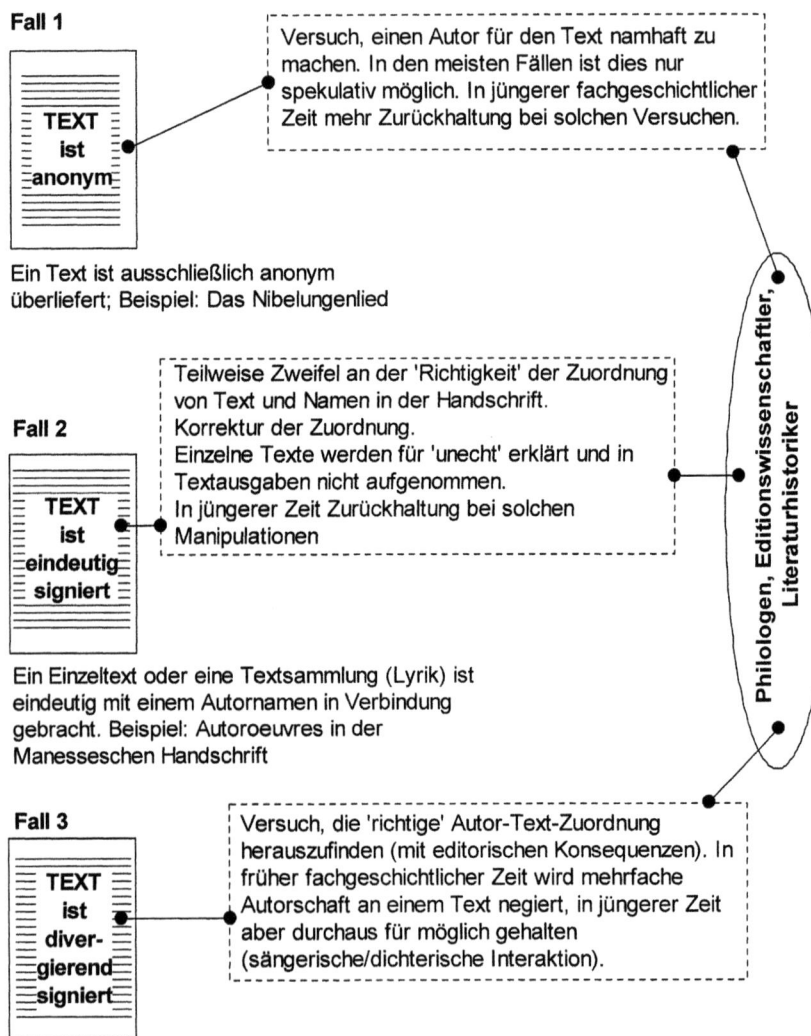

Bibliographische Hinweise zur Authentizitätsproblematik

Eine Grundorientierung bietet:
➔ Thomas Bein: „Mit fremden Pegasusen pflügen". Untersuchungen zu Authentizitätsproblemen in mittelhochdeutscher Lyrik und Lyrikphilologie. Berlin 1998
Thomas Bein: Zum Umgang mit handschriftlichen Autorzuweisungen: Bilanz und Vorschläge für eine literarhistoriographische Handhabe. In: Entstehung und Typen mittelalterlicher Lyrikhandschriften. Akten des Grazer Symposions 13.-17. Oktober 1999. Hrsg. von Anton Schwob und András Vizkelety unter Mitarbeit von Andrea Hofmeister-Winter. Bern, Berlin [usw.] 2001, S. 15-36
Weitere Titel:
Carl von Kraus: Das sogenannte II. Büchlein und Hartmanns Werke. In: Abhandlungen zur germanischen Philologie. Festgabe für Richard Heinzel von F. Detter u.a. Halle/S. 1898, S. 111-172
Friedrich Maurer: Die „Pseudoreimare". Fragen der Echtheit, der Chronologie und des „Zyklus" im Liedercorpus Reinmars des Alten. Heidelberg 1966
➔ Max Schiendorfer: Handschriftliche Mehrfachzuweisungen: Zeugen sängerischer Interaktion im Mittelalter? Zu einigen Tönen namentlich aus der Hohenburg-, Rotenburg- und Walther-Überlieferung. In: Euphorion 79, 1985, S. 66-94
Werner Hoffmann: Das Nibelungenlied. 5., überarbeitete und erweiterte Auflage des Bandes Nibelungenlied von Gottfried Weber und Werner Hoffmann. Stuttgart 1982 [S. 84-94 zur Frage nach dem Autor]
➔ Helmut Tervooren: Reinmar-Studien. Ein Kommentar zu den ‚unechten' Liedern Reinmars des Alten. Stuttgart 1991, S. 215-226
Nikolaus Henkel: Wer verfaßte Hartmanns von Aue Lied XII? Überlegungen zu Autorschaft und Werkbegriff in der höfischen Liebeslyrik. In: Autor und Autorschaft im Mittelalter. Kolloquium Meißen 1995. Hrsg. von Elizabeth Andersen, Jens Haustein, Anne Simon, Peter Strohschneider. Tübingen 1998, S. 101-113
➔ Rückkehr des Autors. Zur Erneuerung eines umstrittenen Begriffs. Hrsg. von Fotis Jannidis, Gerhard Lauer, Matias Martinez, Simone Winko. Tübingen 1999

Fehler und Korrekturen

In den vorangegangenen Abschnitten ist der Begriff des Fehlers in vielfacher Hinsicht genannt und auf die Schwierigkeiten, ihn zu objektivieren, hingewiesen worden. Von all diesen Fällen einmal abgesehen, gibt es freilich auch Fehler, die als solche zu erkennen weniger problematisch ist, vor allem, wenn korrekte Paralleluüberlieferung vorliegt. In solchen Fällen bietet es sich an, Verbesserungen vorzunehmen; dies ist eine sinnvolle Zuarbeit für den Editionsbenutzer.
Hierher gehören:

Verschreibungen von Buchstaben
Z.B.: *gehoubet* statt (richtig) *geloubet*

Wortauslassungen
Z.B.: Im V.1185 des ‚Tristan' Gottfrieds von Straßburg *wan daz si der* **trôst** *labete* fehlt in den Handschriften F und E das Subjekt *trost*, sodass der Vers unvollständig und unverständlich ist.

Reimstörungen
Z.B.: *wenne daz sie niht geliche* **sagen** *: vñ sie mich so wolgemûten* **sehen** (statt richtig *jehent* : *sehent*)

Sinnlose Worte oder Fügungen
Z.B.: *Trost mag mich* **verhetzen** (statt: *trost (ne) mag es nit* **geheizen**).

In solchen Fällen zumindest ist der Herausgeber eines kritischen Textes aufgefordert zu verbessern bzw. einer korrekten Form zu folgen und Handschriften evtl. zu mischen. In manchen Fällen lässt sich auch die Fehlergenese nachvollziehen:

> So überliefert die Weimarer Handschrift F folgenden, auf den ersten Blick nicht falschen Vers: *we was rede ich erloser vnd augen ane.* Die Parallelüberlieferung in den Handschriften A, C und O hat *orenloser.* Die Verschreibung (eventuell ein Missverständnis) von F lässt sich erklären: der Schreiber hat ein *o* seiner Vorlage als *e* gelesen.

Verbesserungen des Editors werden mit den Begriffen ‚Emendation' (von lat. *emendatio* = Verbesserung) und ‚Konjektur' (von lat. *coniectura* = Vermutung) bezeichnet. Die Begriffe erscheinen zuweilen als Synonyme, doch ist es angebracht zu differenzieren. Unter ‚Emendation' sollten (wie es neuere Fachlexika auch tun) Besserungen augenfälliger Fehler subsumiert werden, also z.B. Korrekturen bloßer Verschreibungen (*ricer > riter*). Konjekturen hingegen sind Verbesserungen, die von grammatikalischen, metrischen, stilistischen und/oder interpretatorischen Überlegungen getragen werden. Entsprechend unterschiedlich können sie daher bei verschiedenen Herausgebern ausfallen.

> Ein extremes **Beispiel** aus der Philologiegeschichte zu Walther von der Vogelweide: In der ‚Elegie' lauten die ersten beiden Verse der zweiten Strophe in der einzigen Handschrift (C) so (Kürzel und Superskripte aufgelöst, Schaft-s als ‚s'): *Owe wie iemerliche ivnge lúte tvont. den nv vil núwekliche ir gemvete stvont.* Allen Herausgebern ist im zweiten Vers das Zeitadverb *nu* in Verbindung mit dem Präteritum *stuont* und das Adverb *núwekliche* suspekt. Sie versuchen zu bessern, und es lassen sich heute nicht weniger als dreizehn verschiedene Konjekturversionen ausmachen (hier jeweils nur die Urheber genannt; z.T. zitiert nach Volkmann):
>
> * *den nû vil riuweclîche . . .* (Lachmann)
> * *den ê vil vreweclîche . . .* (Simrock/Wackernagel)
> * *den unvil riuweclîche . . .* (Wackernagel)
> * *den ê vil ruoweclîche . . .* (Simrock)
> * *den ê vil niuweclîche . . .* (Burdach)
> * *den vil unriuweclîche ir gemüete ê stuont* (Pfeiffer)
> * *den vil unriuweclîche ir gemüete stuont* (Paul)
> * *den ê vil hovelîchen . . .* (von Kraus)
> * *den ê vil wünneclîchen . . .* (Brinkmann)
> * *den hô vil niuweclîchen . . .* (Willson)
> * *den ie vil wünneclîchen . . .* (Wisniewski)
> * *den doch ê daz gemüete vil hovelîche stuont* (Kralik)
> * *den vil niuweclîche . . .* (Thum)

Konjekturen können in Form verschiedenster Manipulationen in Erscheinung treten: als Veränderung von Worten (*selbe* > *sælde*), als Austausch von Worten (*liebe* > *minne*), als Veränderung der Wort-, Vers- oder Strophenfolge (*er sprach* > *sprach er*), als Einfügung von Worten (*Ez kumt ein wint* > *Owe, ez kumt ein wint*) und als Tilgung von Worten (*wie sol min danne iemer werden rat* > *wie sol min iemer werden rat*), als grammatikalische Veränderung, z.B. des Tempus (*hoere* > *hôrte*) und anderes mehr.

Was den Bereich der ersatzlosen Tilgung angeht, ist vor allem in der Epik auf so genannte Interpolationen hinzuweisen (von lat. *interpolare* = einschieben; fälschen). Damit werden einzelne Verse oder ganze Textabschnitte bezeichnet, die als nicht authentisch gelten und Bearbeitern angelastet werden.

Beispiel: In der Versnovelle ‚Moriz von Craûn' hat die einzige Handschrift als 99. und 100. Vers folgenden Text: *das ist doch ein vngeleiches leben. man gab jn nu mûssen Sy geben*. Herausgeber Ulrich Pretzel streicht für den kritischen Text diese Verse „als typischen Schreiberzusatz". Andere Fälle, in denen ebenfalls überlieferter Text getilgt wurde (z.B. V.312/13 als „täppisches persönliches Dazwischenreden eines Schreibers" (Pretzel)) sind jedoch umstritten und spiegeln schwer objektivierbare, ästhetische Einschätzungen.

Auch in der Lyrik gibt es – den Interpolationen ähnliche – (handschriftliche) Einschübe, wenn etwa in ein Lied ‚Zusatzstrophen' eingegliedert werden oder wenn lyrische Verse des Metrums ungeachtet ‚aufgefüllt' werden, um z.B. den Sinn klarer zu machen:

In Walthers von der Vogelweide Lied L.44,11 sagt ein Mann, dass er mit seinen Gedanken oft bei der Geliebten sei. Die Handschriften B und C drücken das so aus: *min lip ist hie so wont bi ir min sin*; Hs.E ‚verdeutlicht': *min lip ist hie so wonet **dort mit gedanken** min sin*.

Konjekturen sind in der Mehrzahl der Fälle mit Unsicherheiten behaftet, wenngleich sie gut begründet und ‚passend' sein können. Immerhin ist beachtenswert, dass manche Konjekturen im Nachhinein durch zusätzliche Handschriftenfunde bestätigt wurden.

Beispiel: Der erste Herausgeber von Hartmanns von Aue ‚Erec', Moriz Haupt, kannte nur eine Abschrift der Handschrift A (Ambraser Heldenbuch), die in V.7705 folgenden Text hat: *was man sein **von dem satl** prach*. Vom Kontext der Stelle her ist der Vers in dieser Form sinnlos. Haupt konjizierte 1839: *swaz man sîn **vor dem satel** sach*. Das 1976 veröffentlichte Koblenzer ‚Erec'-Fragment überliefert nun auch diese Stelle und hat Haupts Konjektur vollends als zutreffend bestätigt.

Konjekturen werden bei einer kritischen Edition nicht immer zu vermeiden sein und haben durchaus ihre Berechtigung. Es sollte allerdings gewährleistet sein, dass sie als solche kenntlich gemacht werden. Und es ist zu beachten, dass Konjekturen – als Vermutungen moderner Editoren – keine historische Beweiskraft für Interpretationen oder Analysen jeglicher Art besitzen.

Eine Überlieferung kann auch dergestalt verderbt sein, dass selbst Konjekturen nicht mehr sinnvoll zu setzen sind, ohne einer ‚freien Nachdichtung' nahe zu kommen. Meistens handelt es sich um singuläre Tradierung, die entweder durch mechanische Schäden oder durch massive Schreiberfehler und -missverständnisse korrumpiert ist. In solchen Fällen wird der Editor die betreffenden Stellen mit einer *Crux* (†) versehen und das ungeklärte Problem an den Benutzer der Ausgabe weitergeben.

Beispiel: Eine Reihe von Frauenlob-Strophen sind nur in der Weimarer Handschrift F überliefert. Sie zeigt häufig merkwürdig entstellte Texte, und die Verderbnisse sind selten genau zu lokalisieren. So haben die Frauenlob-Editoren Stackmann und Bertau im Sangspruch VII,*12 zehn Cruces gesetzt (jeweils vor und nach einer problematischen Stelle; insgesamt werden also fünf Textpassagen als verderbt eingeschätzt) und kommentieren: „Eine befriedigende Herstellung der Strophe scheint nicht möglich. Nicht einmal das Thema ist mit voller Sicherheit zu erkennen".

VII,*12

[b]   Die werlt in fünf ‹*sich*› teilet:
in der vier elementen wesen
und daz † ‹*bi*› vier elementen †
ouch ‹*menschen*› sele kan genesen;
5 in fünf geteilet ist ir craft,
† sin, [] ‹*mut*›, vernunst, beheltnis, *wille* erkant †.

So sie mit tugent heilet,
entsliuzet, waz sie vor begreif,
waz sprichest du † zu deme †
10 von der materjen ummesweif?
† sin unterscheit ist sigehaft †
ieslich ursprinc *s*in elementen vant.

Davon ez also heizet
† ein lang materjen uf den grunt
15 und uf ein ding *e*rbeizet,
und von im wesen zucket
ein lang materjen alters vol
ein elemente heizet wol,
ez komt wider, swaz nature uz im rücket †.

Bibliographischer Hinweis zur Konjekturpraxis

Berndt Volkmann: Owê war sint verswunden. Die „Elegie" Walthers von der Vogelweide. Untersuchungen, Kritischer Text, Kommentar. Göppingen 1987 [u.a. ausführliche Dokumentation von Konjekturen]

Frauenlob (Heinrich von Meissen). Leichs, Sangsprüche, Lieder. 1. Teil. Einleitungen, Texte. Auf Grund der Vorarbeiten von Helmuth Thomas hg. von Karl Stackmann und Karl Bertau. Göttingen 1981

Texte edieren (2): Die überlieferungsorientierte Textedition und ihre Präsentation

Während im vorangegangenen Kapitel editorische Maßnahmen angesprochen wurden, die dem Ziel dienten, einen nicht mehr vorhandenen Textzustand zu rekonstruieren, sollen nun eine Reihe von Überlegungen in den Mittelpunkt gerückt werden, die im Zusammenhang stehen mit Editionsmaximen, die sich deutlicher am überlieferten Textmaterial orientieren. Editoren dieser Ausrichtung verzichten entweder ganz auf Rekonstruktionen (bieten dann also eine Art ‚diplomatischen Abdruck') oder bereiten den handschriftlichen Text behutsam für eine leichtere Rezeption auf. Die folgenden Abschnitte sind solchen Techniken überlieferungsorientierten Edierens gewidmet.

Mittelalterliche Graphie und editorische Vereinheitlichung

Mittelalterliche Handschriften, das ist bereits in Kapitel III deutlich geworden, kennen keine normierte Schreibung. Allenfalls lassen sich von Schreiber zu Schreiber gewisse Tendenzen zur Gleichförmigkeit ausmachen; wirklich konsequent verfahren sie jedoch nicht.

> Der Vokal ‚u' begegnet z.B. als ‚u' und ‚v'; ein ‚i' als ‚i' und ‚j'; ein f-Laut kann als ‚f' und ‚v' wiedergegeben werden, der Umlaut des langen ‚â' (= ‚æ') als å oder ę, die Silbe ‚-er' kann in Form des Kürzels ͨ oder ausgeschrieben als *er* erscheinen usw.

Wie der Editor mit diesem Befund umgeht, ist erneut abhängig von seiner Zielsetzung. Von einem diplomatischen Abdruck abgesehen, lassen sich etwa folgende Verfahren denken: Die Schreibung wird weitgehend vereinheitlicht (in Anlehnung an die Schreibweisen in den Wörterbüchern), Kürzel, Superskripte und diakritische Zeichen werden aufgelöst, Langvokale evtl. mit einem ^ (= Apex) gekennzeichnet. Dieses Verfahren ist recht benutzerfreundlich und kommt zumal weniger geübten Lesern mittelhochdeutscher Werke entgegen, die durch wechselnde Schreibungen nicht verwirrt werden. Allerdings suggeriert eine so weitgehende Normalisierung einen sprachlichen Zustand, in dem sich die edierten Texte sicher nie befunden haben. Zudem spielen bei einer grundlegenden Normalisierung auch grammatikalische und mundartliche Phänomene eine Rolle, sodass der Begriff der ‚Norm' in die Nähe von Lachmanns „unwandelbarem Hochdeutsch" (s.o. Kap. V) rückt. Diese Probleme sind zu bedenken.

Ein modifiziertes Verfahren würde nur Kürzel auflösen, evtl. den ‚u'- und ‚i'-Laut vereinheitlichen, Schaft-‚s' (ſ) als rundes s wiedergeben, ansonsten aber graphische Eigenheiten der jeweils zugrunde liegenden Handschrift beibehalten. So würde *wip* neben *wib* stehen, *frowe* neben *vrouwe*. Problematischer sind Fälle, in denen die Graphie der Handschrift grammatikalische Differenzen nicht mehr anzeigt, z.B. den Kasus: *ez* = Akkusativ, *es* = Genitiv. Späte Handschriften unterscheiden nicht oder nicht konsequent zwischen ‚z' und ‚s'. In solchen Fällen muss der Editor überlegen, ob er den Kasus eindeutig macht (zur Problematik grammatikalischer Rekonstruktion s.o. Kap. VII.1) oder ob er die Zweideutigkeit an den Benutzer der Ausgabe weitergibt. Ähnliche Probleme können in bestimmten Fällen bei der Auflösung von diakritischen Zeichen und Superskripten auftreten, wenn Unsicherheiten über ihren Lautwert bestehen und möglicherweise mundartliche Bereiche berührt werden.

Umgang mit Varianten und Fassungen
Neben den mehr oder minder deutlich auszumachenden Fehlern im engeren Sinn gibt es eine ganze Reihe von Varianten, die als ‚nicht authentisch' zu klassifizieren schwer fällt. Hierher gehören vor allem Varianten im lexikalischen Bereich.

> **Beispielsweise** dürfte es kaum möglich sein, eine der beiden folgenden Versionen eines Verses als ‚sicher sekundär' bzw. ‚sicher authentisch' zu bezeichnen. Im ‚Wiener Hofton' Walthers von der Vogelweide heißt es an einer Stelle :
> Hs. C: *so **môhte** ich loben die **suessen** ovgen weide*
> Hs. D: *so **wolt** ich loben die **liehten** ougenweide*
> Man könnte viele ähnliche Beispiele anführen. Hier lassen sich nur Vermutungen darüber anstellen, welche Lesart die ‚originale' ist.

Karl Stackmann hat Varianten, die nicht klar verschiedenen Stufen der Überlieferung zuzuordnen sind, als „iterierende [häufig wiederkehrende] Varianten" bezeichnet. Er führt noch Fälle an wie *da/do, dirre/diser, dicke/oft* u.a., sowie Variationen im Gebrauch von Präpositionen und Präfixen. Dem Editor bleibt hier nur übrig, sich einer Handschrift (z.B. seiner Leithandschrift) anzuvertrauen.
Ein etwas anderer Fall liegt dann vor, wenn Varianten ein erkennbares qualitatives Gefälle aufweisen, d.h. wenn zwar alle Versionen einen sinnvollen Text bieten, aber vom sprachlichen und stilistischen Niveau her deutliche Unterschiede zeigen. Dann wäre zu überlegen, ob man die seltenere Variante oder – davon nicht immer deutlich zu trennen – die anspruchsvollere Variante (*lectio difficilior*) für den kritischen Text heranzieht. Hinter diesem oft geübten Verfahren steht die nicht beweisbare, auf Wahrscheinlichkeiten beruhende Hypothese, dass dem Dichter höchste künstlerische Qualität zuzusprechen sei und dass Schreibermanipulationen stets zum qualitativ ‚Schlechteren' und ‚Geläufigeren' führten.

> **Beispiele**: Das Lied *Ich minne, sinne, lange zît* Walthers von der Vogelweide ist in drei Handschriften überliefert, wobei die Handschrift A auf der einen und die Handschriften B und C auf der anderen Seite stehen. Für die ersten vier Verse ergibt sich folgendes Bild (Kürzel und Superskripte aufgelöst, Schaft-s als ‚s'):
> A   B,C
> *Ich minne **sinne** lange cit*   *Ich minne **si nu** lange zit*
> *ver**sinne** minne sich*   *ver**sinnete** minne sich*
> *wie si schone lone miner tage*   *wie sie schone lone miner tage*
> *so lone schone **dest** min strit* ***nu** lone schone **das** (so C) ist min strit*
> Beide Versionen sind sinnvoll lesbar. Allerdings dürfte unverkennbar sein, dass B und C im ersten Vers eine recht einfache, geläufige Fügung haben (Verb + Akkusativobjekt), während A

zwei Verben intransitiv und asyndetisch aneinandergereiht und dadurch einen markanten Schlagreim besitzt, der – chiastisch angelegt – im zweiten Vers wiederholt wird. Die Verse 3 und 4 (und noch andere im Lied) machen deutlich, dass dieses Schlagreimspiel ein bewusstes Stilistikum ist. Die Handschriften B und C (bzw. deren Vorlage) haben dies für die ersten beiden Verse nicht realisiert; obgleich ihre Variante Sinn macht, ist die Lesart von A die anspruchsvollere und wird immer vorzuziehen sein.

Eine Entscheidung ist jedoch nicht immer so klar zu fällen wie in diesem Beispiel. Problematischer ist etwa folgender Fall: Im Sangspruch II Walthers von der Vogelweide (aus dem, Wiener Hofton') lautet V.10 in der Handschrift C: *erst ein **schoene wol gezieret** heide*, in der Handschrift D: *er ist ein **wúnnevroude berndiu** heide* (Graphie leicht normalisiert). Bietet D hier die ‚authentischere', weil grammatikalisch und lexikalisch komplexere und insgesamt ungewöhnlichere Variante? Oder erweist sich D gerade deshalb als sekundär? (Weitere einschlägige Beispiele finden sich im Beitrag von Karl Stackmann.)

Wenn Varianten nicht nur vereinzelt auftreten, sondern ganze Strophen in ihrer Substanz betreffen, kann man von ‚Fassungen' eines Liedes oder einer Strophe sprechen. Gerade in jüngerer Zeit ist das Problem der Fassungen stärker in den Vordergrund gerückt worden (vgl. dazu auch Kap. VI.4). Ähnlich den iterierenden Varianten ist es oft nicht möglich, die eine der anderen Fassung als ‚authentischer' vorzuziehen.

Beispiel: Die zweite Strophe von Walthers von der Vogelweide Lied L.46,32 (*Aller werdekeit ein füegerinne*) ist in fünf Handschriften überliefert, die sich in zwei Gruppen teilen lassen. Auf der einen Seite steht A, auf der anderen stehen B, C, E, F, wobei E und F häufiger wirkliche Fehler zeigen. Im folgenden eine Gegenüberstellung von A und B, C (leicht normalisiert):

A
Nidere minne heizet div so swachet
*dc der **mvot** nach kranker liebe ringet*
*div **minne** tvot vnlobeliche we*
*hohe minne **reizet vnde** machet*
*dc der mvot nach **hoher wurde** vf*
swinget
div winket mir nv dc ich mit ir ge

*mich **wundert** wes div maze beitet*
*kvmpt **div** herzelibe __ ich bin iedoch leitet*
min ovgen hant ein wip ersehen

swie minneclich ir rede si
mir mac doch schade von ir geschehen

B, C
Niderv́ minne haisset dv́ so swachet
*das der **lip** nach kranker liebe ringet*
*dv́ **liebe** tvot vnlobelichen we*
*hohe minne **haisset dv́ da** machet*
*das der mvot nach **werder liebe** vf*
swinget
dv́ winket mir (fehlt C) nv das ich mit ir (ir mitte C) ge

nv enwais ich wes dv́ masse baitet
kvmet __ herzeliebe so ich bin (bin ich C) ver-
verlaitet
min ougen hant ain wip ersehen (B)
doch hat min lib ein wip ersehen (C!)

swie minnecliche ir rede si
mir mag wol schade von ir geschehen

Im Ganzen betrachtet ist die Aussage in beiden Fassungen die gleiche. Aber es wird dennoch erheblich im terminologischen Bereich variiert. Eine Diskussion ähnlicher Probleme im Corpus der Neidhart-Lieder findet sich, exemplarisch vorgeführt, in einem Beitrag von Ingrid Bennewitz-Behr und Ulrich Müller (s.u. Literaturverzeichnis).

Die Frage, wie Fassungsvarianten zu erklären sind, ist nicht immer klar zu beantworten. Es ist natürlich nicht auszuschließen, dass sie im Laufe der Texttradierung durch bewusstes Eingreifen von Schreibern oder Auftraggebern entstanden sind. Ebenso wenig ist allerdings auszuschließen, dass verschiedene Fassungen bereits auf den Dichter selbst zurückgehen (diese These wird besonders nachdrücklich von Günther Schweikle vertreten). Damit wäre eine wesentliche Prämisse der ‚Lachmannschen Methode' stark erschüttert, wenn nicht gar hinfällig: dass es nämlich nur e i n Original gegeben habe, das Ausgangspunkt für die gesamte Überlieferung gewesen sei. Wenn aber mit mehreren Originalen, d.h. authentischen Versionen zu rechnen ist, ist der Versuch, aus dem Überlieferungsmaterial d i e e i n e als (nahezu) ursprünglich anzunehmende Fassung zu rekonstruieren, obsolet.

Fassungen können nicht nur durch Variationen im lexikalischen Bereich begründet sein, sondern, in der Lyrik, auch durch unterschiedlichen Strophenbestand und variierende Strophenreihenfolgen. In den großen Lyrikhandschriften des Hochmittelalters gibt es zahlreiche Lieder, die in Strophenanzahl und -reihenfolge variieren, und dies selbst dann, wenn sich kaum Abweichungen im Text ergeben oder Handschriften gar auf eine gemeinsame Quelle zurückgeführt werden können. Die Gründe dafür können vielfältig sein: Wirkliche Fehler im Traditionsprozeß (erweisbar z.B. an Walther von der Vogelweide Lied *Nemt frowe disen kranz*), bewusstes Auswählen und/oder Ordnen von Strophen durch Schreiber, Bearbeiter, Interpreten oder unterschiedliche Präsentation durch den Dichter selbst.

Insbesondere im Bereich der Sangspruchdichtung scheint der letztgenannte Grund plausibel. Nach der Strophe ist hier die Ordnungseinheit der ‚Ton', also eine feste (?) metrische und musikalische Struktur. Töne können sehr viele Strophen enthalten (z.B. Walthers von der Vogelweide ‚König-Friedrich-Ton' zweiundzwanzig; ab der 2. Hälfte des 13. Jahrhunderts nehmen die Tonlängen noch größere Ausmaße an). Die Strophen eines Tons können verschiedenartige Themen haben und auf zeitlich auseinander liegende Ereignisse Bezug nehmen, sodass es nahe liegt, dass ein Ton vom Dichter nicht (immer) als feste Einheit geplant war, sondern dass er selbst je nach Aufführungserfordernis Strophen wegließ, umgruppierte oder neue, aktuelle Strophen hinzufügte. Wenn dies so war, darf ein variationsreiches Bild in der Überlieferung nicht überraschen.

Das (Minne-) Lied scheint demgegenüber als Einheit deutlicher hervorzutreten, aber doch nicht deutlich genug, wie die Handschriften zeigen. Auch hier gibt es nicht wenige Variationen, die sinnvoll sind, und es fällt schwer, die ‚richtige' Reihenfolge zu ermitteln bzw. Reihenfolgen als eindeutig ‚falsch' zu erweisen.

Beispiel: Walthers von der Vogelweide Lied *Herzeliebez vrowelîn* ist in fünf Handschriften vollständig überliefert. Die Handschriften A, E und G zeigen die Reihenfolge 1-2-3-4-5; Handschrift C 1-2-4-3-5; Handschrift O 1-4-2-3-5. Einen festen Platz haben die erste und die letzte Strophe. Die drei mittleren Strophen scheinen variabel; die Gedankenführung ist m.E. in keiner der Versionen unsinnig oder unverständlich.

Für einen Editor werden Strophenbestands- und Strophenfolgevariationen dann zu einem besonderen Problem, wenn die Textqualität einer Handschrift gut, die Reihenfolge der Strophen aber schlecht ist bzw. wenn die ‚gute' Handschrift nicht alle bekannten Strophen des Liedes enthält. Vor einem solchen Problem standen Hugo Moser und Helmut Tervooren bei ihrer grundlegenden Überarbeitung von ‚Des Minnesangs Frühling', und sie lösten es, indem sie nicht das L i e d als Ordnungseinheit betrachteten, sondern die Strophe (und daher Strophe für Strophe neu die je ‚beste' (Leit)Handschrift auswählten), davon ausgehend, dass das Lied nur „in unfesten Formen" greifbar ist (und wohl nie eine feste Form hatte). Dies trifft sicher für den frühen Minnesang zu, der sich formal durch Einstrophigkeit auszeichnet. Bei späteren Autoren ist dies nicht mehr sicher, und es gibt viele Fälle, die dagegen sprechen. Das Verfahren von Moser und Tervooren ist daher nicht ohne Widerspruch geblieben.

Der Umgang mit Fassungsvarianten (Mehrfachfassungen) dürfte abhängig sein vom Konzept und Anspruch der Edition. Fassungen sollten nach Möglichkeit nicht ‚zertrümmert' in Lesartenapparaten verschwinden, sondern z.B. als Paralleldruck erscheinen, um allererst weitere Diskussionen um die Gründe für solche Phänomene zu ermöglichen.

Bibliographische Hinweise zur Varianten- und Fassungsproblematik
(vgl. auch die Hinweise am Ende von Kap. VI.4)

Einen schnellen Einstieg in die Problematik gewähren:
Thomas Bein: Vier Handschriften, ein Ton, sieben Strophen, zwei Lieder. Beobachtungen zu Walther 29 (L. 52,23). In: ZfdPh 116, 1997, Sonderheft: Philologie als Textwissenschaft. Alte und neue Horizonte. Hrsg. von Helmut Tervooren und Horst Wenzel, S. 182-190
Elmar Willemsen: Walther von der Vogelweide. Untersuchungen zur Varianz in der Liedüberlieferung. Frankfurt/M. [usw.] 2006
Weitere Titel:
Karl Stackmann: Mittelalterliche Texte als Aufgabe. In: Festschrift für Jost Trier zum 70. Geburtstag. Hrsg. von William Foerste und Karl Heinz Borck. Köln, Graz 1964, S. 240-267
Ingrid Bennewitz-Behr / Ulrich Müller: Grundsätzliches zur Überlieferung, Interpretation und Edition von Neidhart-Liedern. Beobachtungen, Überlegungen und Fragen, exemplifiziert an Neidharts Lied von der „Werltsüeze" (Hpt. 82,3 = WL 28). In: Zeitschrift für deutsche Philologie 104, 1985, Sonderheft, S. 52-79
Günther Schweikle: Doppelfassungen bei Heinrich von Morungen. In: Festschrift John Asher zum 60. Geburtstag. Hrsg. von Kathryn Smits, Werner Besch, Victor Lange. Berlin 1981, S. 58-70
Helmut Tervooren: Doppelfassungen bei Spervogel. (Zugleich ein Beitrag zur Kenntnis der Handschrift J). In: Zeitschrift für deutsches Altertum und deutsche Literatur 99, 1970, S. 163-178
→ Peter Kern: Entaktualisierung in der Jenaer Liederhandschrift? Fassungsvarianten zweier Spruchstrophen Bruder Wernhers in den Handschriften C und J. In: Zeitschrift für deutsche Philologie 104, 1985, Sonderheft, S. 157-166
Georg Steer: Das Fassungsproblem in der Heldenepik. In: Deutsche Heldenepik in Tirol. König Laurin und Dietrich von Bern in der Dichtung des Mittelalters. Beiträge der Neustifter Ta-

gung 1977 des Südtiroler Kulturinstitutes. In Zusammenarbeit mit Karl H. Vigl herausgegeben von Egon Kühebacher. Bozen 1979, S. 105-115

Günther Schweikle: Minnesang. Stuttgart 1989 [S. 21-33 u.a. zum Fassungsproblem]

Friedrich Maurer: Die politischen Lieder Walthers von der Vogelweide. Tübingen ¹1954 (³1972)

Helmut Tervooren: ‚Spruch' und ‚Lied'. Ein Forschungsbericht. In: Mittelhochdeutsche Spruchdichtung. Hrsg. von Hugo Moser. Darmstadt 1972, S. 1-25 [S.15ff zur ‚Liedthese' Friedrich Maurers]

Helmut Tervooren: Einzelstrophe oder Strophenbindung? Untersuchungen zur Lyrik der Jenaer Handschrift. Diss. masch. Bonn 1967

Jan-Dirk Müller: Die *frouwe* und die anderen. Beobachtungen zur Überlieferung einiger Lieder Walthers. In: Walther von der Vogelweide. Hamburger Kolloquium 1988 zum 65. Geburtstag von Karl-Heinz Borck. Hrsg. von Jan-Dirk Müller und Franz Josef Worstbrock. Stuttgart 1989, S. 127-146

Christoph Cormeau: Versuch über typische Formen des Liedeingangs bei Walther. In: Walther von der Vogelweide. Hamburger Kolloquium 1988 zum 65. Geburtstag von Karl-Heinz Borck. Hrsg. von Jan-Dirk Müller und Franz Josef Worstbrock. Stuttgart 1989, S. 115-126

Frédéric Hartweg: Zur Verwandtschaft von Textzeugen bei Mehrfachüberlieferung. In: Maschinelle Verarbeitung altdeutscher Texte. Beiträge zum 3. Symposion, Tübingen 17.-19. Februar 1977. Hrsg. von Paul Sappler und Erich Straßner. Tübingen 1980, S. 131-143

Thomas Bein: Fassungen, *iudicium*, editoriale Praxis. In: Walther von der Vogelweide. Textkritik und Edition. Herausgegeben von Thomas Bein. Berlin, New York 1999, S. 72-90

➔ Uta Goerlitz: Varianz im Liedcorpus Walthers von der Vogelweide: Die Weltklage L. 59,37/ C. 35 (*Wie sol man gewarten dir*). In: Jahrbuch für Internationale Germanistik. Jg. XXXVII, H. 2, 2005, S. 51-76

➔ Thomas Bein: Varianten in der Walther-Überlieferung: Deutung und Dokumentation. Überlegungen am Beispiel von Ton 20. In: Thomas Bein (Hrsg.): Der mittelalterliche und der neuzeitliche Walther. Beiträge zu Motivik, Poetik, Überlieferungsgeschichte und Rezeption. Frankfurt/M. [usw.] 2007, S. 263-286

Wichtige Rezensionen zu ‚Des Minnesangs Frühling', bearbeitet von Moser/Tervooren:

Günther Schweikle, in: Anzeiger für deutsches Altertum und deutsche Literatur 89, 1978, S. 161-172

Burghart Wachinger, in: Beiträge zur Geschichte der deutschen Sprache und Literatur (Tübingen) 102, 1980, S. 259-271

Johannes Janota, in: Zeitschrift für deutsche Philologie 100, 1981, S. 31-47

Werner Schröder, in: Mittellateinisches Jahrbuch 17, 1982, S. 284-288

Interpunktion

Eine moderne Interpunktion, die Sätze und Satzgefüge trennt und wörtliche Reden anzeigt, kennen mittelalterliche Handschriften nicht. Am häufigsten findet man noch so genannte Reimpunkte, die – nicht überall systematisch – hinter Reimwörtern zu finden sind; sie sollten Lesehilfen sein, denn in der Regel sind Verse in den Handschriften nicht abgesetzt.

Texte edieren (2): Die überlieferungsorientierte Textedition

Reimpunkte in mittelalterlichen Handschriften

Heidelberger Liederhandschrift C, abgebildet ein Ausschnitt aus einer der beiden Schriftspalten

Der Text wird ohne Rücksicht auf Versgrenzen über die gesamte Spaltenbreite durchgeschrieben. Das spart Platz, erschwert aber das sinnvolle, betonte Lesen.

Punkte hinter Reimwörtern zeigen an, wo ein Vers endet. Für einen Rezitator ist dies eine große Hilfe.

In einer Edition, auch einer überlieferungsorientierten, empfiehlt es sich, eine Interpunktion zu setzen, um dem Benutzer Bezüge, Sinn- und Satzeinheiten deutlicher zu machen. Zur Interpunktion rechnen dabei auch Anführungszeichen zur Kennzeichnung von direkter Rede. Dass dies jedoch nicht gar so einfach ist, wie es scheint, mögen die folgenden **Beispiele** zeigen:

Der erste Versikel (= Versgruppe) von Frauenlobs ‚Minneleich' lautet in der maßgeblichen Handschrift W so: (1) *Her sin nu bildit mir eyn wip* (2) *sint ich ouch trage eynes mannes lip* (3) *ob ich yr kenn yr² bernde^n lobes kunne* (4) *Ich tuns mit willeclicher hege* (5) *nu secht welch bilde ich an se lege* (6) *der hoisten ger eyn eren sadil wnne.* Es handelt sich um den Beginn eines Dialogs zwischen einem Herrn *Sin* und einem Mann. Fraglich ist, wie in diesem Versikel die Redeparts verteilt sind. Der Herausgeber Ludwig Ettmüller lässt in seiner Ausgabe die ersten drei Verse den Mann sprechen, die anderen drei den *Sin*. Die Editoren Karl Stackmann und Karl Bertau setzen Redewechsel nach V.2, V.4 und V.5. Auch das ist möglich – wie auch ein Redewechsel nur nach V.1.

Ähnliche Unsicherheiten können auch beim sogenannten ‚Wechsel' auftreten, wenn es darum geht, Frauenstrophen durch – wie es üblich geworden ist – einfache Anführungsstriche zu kennzeichnen und von den Männerstrophen abzugrenzen. Ein Beispiel für unterschiedliche Auffassungen liefert Walthers von der Vogelweide berühmtes Traumlied *Nemt frowe diesen kranz*.

Semantische Verschiebungen können bei unterschiedlicher Interpunktion z.B. in folgendem Fall auftreten: In Walthers von der Vogelweide Lied *Sumer unde winter beide sint* heißt es in Strophe 4, V.6f: *so sehent si doch mit vollen ougen/ herze wille vnd al der muot.* Setzt man nach dem ersten Vers ein Komma, hat der zweite Appositionscharakter; setzt man kein Zeichen, können *herze, wille und muot* Subjekt zu *sehent* sein, *si* wäre Akkusativ und bezöge sich auf eine Frau.

Überspitzt formuliert, hing die Datierung der Werke Hartmanns von Aue in früherer Forschung an einem Komma. Sein Lied *Ich var mit iuweren hulden* ... (MF 218,5) hat in der zweiten Strophe den Vers *min her Salatin und al sin her*. Ohne Komma sind *her* und *Salatin* identisch, Saladin wäre tot, und das Lied bezöge sich auf den Kreuzzug Heinrichs VI. von 1197. Setzt man nach *her* ein Komma, sind verschiedene Personen gemeint, und es könnte der Kreuzzug 1189 Anlass des Liedes sein (Näheres bei von Reusner, s.u., Lit.verz.; eine Relativierung dieser *termini ante quem* bei Cormeau/Störmer).

Schließlich ein Beispiel aus dem epischen Bereich: In der 5. Auflage des ‚Erec' Hartmanns von Aue (Edition Leitzmann/Wolff) waren die Verse 8048-8055 wie links wiedergegeben interpungiert; parallel dazu rechts die Zeichensetzung in der 6.Auflage (besorgt durch Cormeau/Gärtner):

Guivreiz der künec guot	*Guivreiz der künec guot*
erkande in wol alsô gemuot	*erkande in wol alsô gemuot*
daz er benamen vollerite	*daz er benamen vollerite*
und daz durch niemen enmite.	*und daz durch niemen mite.*
dâ von geschach im ungemach.	***dâ von geschach im ungemach,***
dô erz hûs von êrste ane sach,	***dô erz hûs von êrste ane sach.***
ezn half dehein widerstrîten,	*ezn half dehein widerstrîten,*
er enwolde vollerîten.	*er enwolde vollerîten.*

Je nach Interpunktion erhält der V.8052 (*dâ von geschach im ungemach*) einen anderen Bezug. Schließt man ihn mit einem Punkt ab, so bleibt offen, weshalb Guivreiz Übles widerfährt; man kann den Grund im Vorangegangenen oder auch im Folgenden sehen. Verknüpft man den Vers durch ein Komma mit 8053, so wird das *ungemach* allein durch das *hûs* begründet.

Weitere Beispiele, die die Problematik deutlich machen, finden sich in den einschlägigen Aufsätzen von Peter Kern und Kurt Gärtner (s.u., Literaturverzeichnis).

Die Syntax des mittelalterlichen Deutsch ist noch ‚offener' als heute (vgl. z.B. die Konstruktion Apokoinu, Paul/Klein/Solms/Wegera/Prell, Mhd. Gr., § S 233). Schon von daher sind Sinn- und Satzeinheiten nicht immer eindeutig voneinander zu trennen. Zudem kann der Umgang mit Pronomen weniger ‚sprachlogisch' sein, d.h. ihr Vor- bzw. Rückbezug ist in manchen Fällen problematisch; ähnliches gilt für Adverbien, z.T. auch für Adjektive. Interpunktion kann schon ein Stück Interpretation darstellen. Der Editor muss sich dessen bewusst sein und sollte an mehrdeutigen Stellen mit Bedacht vorgehen. Und der Benutzer der Ausgabe hat sich stets vor Augen zu halten, dass die Interpunktion nur eine moderne Verständnishilfe ist, die in einzelnen Fällen durchaus anders gesetzt werden kann.

Bibliographische Hinweise zur Interpunktion

Einen guten Einstieg in die Problematik gewähren:
Peter Kern: Das Problem der Satzgrenze in mittelhochdeutschen Texten. In: Deutsche Handschriften 1100-1400. Oxforder Colloquium 1985. Hrsg. von Volker Honemann und Nigel F. Palmer. Tübingen 1988, S. 342-351
Kurt Gärtner: Zur Interpunktion in den Ausgaben mittelhochdeutscher Texte. In: editio 2, 1988, S. 86-89
Weitere Titel:
Thomas Bein: Sus hup sich ganzer liebe vrevel. Studien zu Frauenlobs Minneleich. Frankfurt/M., Bern, New York, Paris 1988

Ernst von Reusner: Hartmann von Aue. Lieder. Mittelhochdeutsch / Neuhochdeutsch. Hrsg., übersetzt und kommentiert von Ernst von Reusner. Stuttgart 1985 [S. 151ff Diskussion der ‚Saladin'-Stelle]
Christoph Cormeau/ Wilhelm Störmer: Hartmann von Aue. Epoche, Werk, Wirkung. Dritte aktualisierte Auflage. Mit bibliographischen Ergänzungen (1992/93 bis 2006) von Thomas Bein. München 2007 [S. 25-29 zur Datierungsproblematik]

Typographische Druckeinrichtung und kritischer Apparat
Wenn nach Bearbeitung aller Probleme der Editor eine Entscheidung für seinen Text getroffen hat, bleibt noch übrig, für diesen kritischen Text eine geeignete typographische Form zu finden und – wenn die Varianz noch keine Fassungsrelevanz besitzt – in einem so genannten ‚Apparat' die wesentlichen, vom hergestellten (Lese-) Text abweichenden Varianten zu notieren.
Ältere Ausgaben haben oft auf eine differenzierte Typographie verzichtet, der kritische Text präsentierte sich ‚in einem Guss', Konjekturen fielen nicht gleich ins Auge, sondern mussten durch genauen Vergleich des Textes mit dem Apparat ausfindig gemacht werden (wenngleich auch Karl Lachmann bereits mit verschiedenen Schriften ‚experimentierte'). In jüngerer Zeit zeigen Editionen richtigerweise mehr Transparenz, auch wenn dies mitunter der Ästhetik des Druckbildes abträglich ist. Im einzelnen muss sich ein Editor etwa folgende Fragen stellen:

Wie werden Eingriffe (Emendationen, Konjekturen) gegen Handschriften kenntlich gemacht? Möglichkeiten: *Kursivdruck*, runde ( ), eckige [ ] oder spitze Klammern < >, Häkchen ⌈ ⌉, sog. Lemma-Klammern] oder Sternchen * .
Soll auch der Wechsel von Handschriften etwa durch die o.g. Zeichen deutlich gemacht werden?
Wo werden am sinnvollsten die Lied-, Strophen- und Zeilen/Vers-Zählungen platziert?
Wo erscheinen Angaben zur Überlieferung: vor, neben oder unter dem Text?
Wie und wo sollen ‚unechte' (mutmaßlich nicht vom Autor stammende) Texte / Textteile dokumentiert werden: in kleinerer Drucktype, mit Sonderzeichen versehen, im Anhang, hinter dem ‚echten' Text?
Wie und wo sollen ‚Fassungsvarianten' erscheinen?
Wichtig schließlich: Wo werden die Apparate platziert: jeweils unter dem kritischen Text oder geschlossen in einem Anhang am Ende des Buches oder in einem zweiten Band?

Die Beantwortung solcher Fragen ist von verschiedenen Faktoren abhängig und kann nicht pauschal geleistet werden. Je nachdem, ob es sich um lyrische oder epische Werke handelt, ob die Überlieferung komplex oder einfach ist, ob es sich um eine Edition mit langer Philologiegeschichte handelt oder nicht, ob die Edition ‚nur' eine Lese- und Studienausgabe sein oder höchsten wissenschaftlichen Ansprüchen genügen will und je nachdem, wie viel Geld für die buchtechnische Produktion zur Verfügung steht, werden je andere Lösungen zu finden sein.
Von individuellen Voraussetzungen abhängig ist auch die Gestaltung der ‚Apparate'. Ein textkritischer Apparat hat den Zweck, dem Benutzer der Ausgabe einen Einblick in die Überlieferung zu gewähren, sodass er die editorischen Entschei-

dungen überprüfen kann und diesen nicht auf Treu und Glauben ausgeliefert ist. Ein Apparat sollte also alle signifikanten Abweichungen der handschriftlichen Überlieferung vom kritischen Text verzeichnen („Fehler', Varianten, Lücken, Zusätze, Folgevariationen usw.). Was aber eine ‚signifikante' Abweichung ist, ist im Einzelfall gar nicht so einfach festzulegen und wird weitgehend vom Erkenntnisinteresse beeinflusst.

Graphematische Varianten z.B. (*frowe* vs. *vrowe*) scheinen nicht besonders signifikant zu sein. Einen Sprachwissenschaftler jedoch könnten gerade solche Phänomene interessieren, vor allem dann, wenn die unterschiedliche Graphie Lautwerte differenziert und Einblick in Landschaftssprachen gewährt (etwa Umlaut / fehlender Umlaut: *wünne* vs. *wunne*). Es dürfte allerdings deutlich sein, dass ein Apparat, der auch solche Differenzen in jedem Fall aufführt, große Ausmaße annähme und dann nicht gerade benutzerfreundlich wäre. Zudem sind für sprachwissenschaftliche Untersuchungen einzelne Autoreneditionen immer nur von relativer Aussagekraft.

An dieser Stelle kann nicht angegeben werden, was für einen Apparat relevant ist; dazu sind zu viele individuelle Gegebenheiten zu berücksichtigen. Eines sollte ein Apparat aber immer sein: durchsichtig. Der Benutzer muss schnell und eindeutig die Varianten erkennen können, was in älteren Editionen nicht immer der Fall ist. Deshalb ist es notwendig, ein klares Bezugssystem zwischen Apparat und (kritischem/ Leithandschriften-) Text herzustellen. Sehr hilfreich ist hier der Einsatz der so genannten ‚Lemmaklammer'( ]). Vor dieser Klammer wird ein Wort oder ein Textteil (= Lemma = Stichwort) aus dem Lese-Text aufgeführt, hinter der Klammer erscheint/ erscheinen die sich darauf beziehende/n Variante/n.

Beispiel:
Lese-Text: (1) *hohe minne reizet unde machet*
Apparat: (1) reizet unde *A*] haisset dv́ da *BC*.
Der Apparat signalisiert, dass a) der kritische Text im 1. Vers mit der Lesart *reizet unde* aus der Handschrift A stammt und dass b) die Handschriften B und C den Vers folgendermaßen überliefern: *hohe minne haisset diu da machet*. Wenn Missverständnisse bei der Zuordnung der Varianten ausgeschlossen sind, kann man zugunsten der Kürze des Apparates auf die Nennung eines Lemmas verzichten.

Neben dem Handschriften-Apparat kann eine Edition auch noch einen Forschungsapparat enthalten, entweder mit ersterem kombiniert oder davon getrennt. Besonders bei neuen oder überarbeiteten Editionen, die eine dichte Forschungsgeschichte hinter sich haben (z.B. ‚Des Minnesangs Frühling', ‚Walther von der Vogelweide' kann dies geboten sein, um den Benutzer über Entscheidungen anderer Editoren schnell zu informieren.

Wie Lese-Text und Apparat(e) gestaltet werden, ist – wie gesagt – von Edition zu Edition verschieden. Neuere Editionen legen in der Regel darüber genau Rechenschaft ab, und es empfiehlt sich, vor Benutzung der Ausgabe diese Einführungen zu lesen (als Beispiele sei auf die einschlägigen Abhandlungen im 2. Band der ‚Minnesangs-Frühling'-Ausgabe durch Moser/Tervooren und im 1. Band der ‚Frauenlob'-Ausgabe von Stackmann/Bertau hingewiesen; recht ausführlich erläutert Hilkert Weddige an einem Beispiel das Procedere von Moser/Tervooren).

Bibliographische Hinweise zu Druckeinrichtung und Apparat

Arthur Hübner: Grundsätze für die Herausgabe und Anweisungen für die Druckeinrichtung der Deutschen Texte des Mittelalters. In: Deutsche Texte des Mittelalters XXXVIII, Berlin 1934, S. V-IX [= Johannes Rothe: Das Lob der Keuschheit, hrsg. von H.Neumann]

Georg Steer: Grundsätzliche Überlegungen und Vorschläge zur Rationalisierung des Lesartenapparates. In: Kolloquium über Probleme altgermanistischer Editionen. Marbach am Neckar, 26. und 27. April 1966. Referate und Diskussionsbeiträge. Hrsg. von Hugo Kuhn u.a. Wiesbaden 1968, S. 34-41

Reinhard Wonneberger: Textkritische Apparate – linguistisch betrachtet. In: Akten des 15. Linguistischen Kolloquiums, Bd.1, hrsg. von Manfred Kohrt und Jürgen Lenerz. Tübingen 1981, S. 337-348

Hans Zeller: Die Typen des germanistischen Varianten-Apparats und ein Vorschlag zu einem Apparat für Prosa. In: Zeitschrift für deutsche Philologie 105, 1986, Sonderheft, S. 42-69

Hilkert Weddige: Einführung in die germanistische Mediävistik. 5. durchgesehene Auflage. München 2003 [dort auch Erläuterungen zum Editionsverfahren in ‚Minnesangs Frühling' von Moser/Tervooren]

Texte edieren (3): Digitale Möglichkeiten: Hybridausgaben / Webbasierte Editionen

Alle bisher vorgestellten editionspraktischen Verfahrensweisen bezogen sich auf traditionelle B u c h -Editionen. Diese wird es zweifellos auch weiterhin geben. Seit rund einem Jahrzehnt aber wird aber mehr und mehr auch über Möglichkeiten nachgedacht, Texteditionen nicht nur mit Hilfe eines Computers und mit Hilfe von speziellen Softwarelösungen zu erarbeiten und die Ergebnisse sodann analog in Buchform zu präsentieren, sondern die Edition selbst in ein elektronisches Medium zu überführen. Wirklich überzeugende, größere Projekte sind noch nicht realisiert, aber die zahlreichen kleineren Versuche, besonders online, weisen darauf hin, dass dies nur eine Frage der Zeit ist.

Die bisherigen Ansätze zeigen, dass noch viele Detailprobleme zu klären sind (siehe die Hinweise im Literaturverzeichnis). Nicht zuletzt auch aus Gründen des Copyrights und der Sorge der Verlage, einen einmal ins World Wide Web entlassenen Text nicht mehr kontrollieren zu können, wird man gut daran tun, in Zukunft zweigleisig zu fahren und so genannte ‚Hybrideditionen' herauszubringen, Pakete also aus traditionellem Buch und elektronischem Datenträger (bzw. Zugangscode für einen online-Bereich). Im Buch kann man insbesondere einen Lesetext gut präsentieren, mit dem man in Universitätsseminaren (ohne auf Elektrizität angewiesen zu sein) arbeitet (allerdings werden in jüngster Zeit e-book-Reader hard- und softwareseitig immer besser, und die Akzeptanz beim Endbenutzer wird größer). Im elektronischen Teil der Ausgabe können sodann sehr umfangreich die Überlieferungs- und Textgeschichte dokumentiert und Varianten ausführlich kommentiert werden (siehe weiter unten die Projektskizze ‚Walther von der Vogelweide'); die Materialität der Überlieferung kann man kostengünstig und multimedial vermitteln.

Medienwandel, Medienwechsel

2010 macht eine große internationale Fachtagung deutlich, wohin die Entwicklung in der Editionswissenschaft geht.[1] Der Anglist Hans Walter Gabler bringt es auf den Punkt: „[…] the digital medium will be the native medium of the scholarly edition of the future"[2] – wenn auch seiner Ansicht nach das Buch weiterhin als Lehr- und Studienmedium erhalten bleibe.

Wenn es derzeit auch noch nicht viele digitale Editionen (innerhalb der Älteren Germanistik) gibt, so ist der Weg dahin dennoch deutlich vorgezeichnet.

---

[1] Es handelt sich um eine Plenartagung der Arbeitsgemeinschaft für Germanistische Edition mit dem Titel ‚Medienwandel/Medienwechsel in der Editionswissenschaft' in Frankfurt/Main, Februar 2010; die Plenarvorträge erscheinen in der Zeitschrift editio 24, 2010 [im Druck], alle übrigen Beiträge werden in einem ‚Beiheft zu editio' voraussichtlich 2011 veröffentlicht werden.
[2] Hans Walter Gabler: Theorizing the Digital Scholarly Edition. In: Literature Compass 7/2, 2010, S. 43–56, hier S. 43.

Insbesondere hat die Digitalisierung der Quellen (der mittelalterlichen Handschriften und frühen Drucke) große Fortschritte gemacht. Eine hervorragende Linkliste findet sich auf dem Mediävisten-Portal www.mediaevum.de

Einzelne Bibliotheken haben sich besonders intensiv um die Digitalisierung ihrer mittelalterlichen Schätze gekümmert. Hervorgehoben seien die Universitätsbibliotheken Heidelberg und München sowie die Stiftsbibliothek Sankt Gallen.

Das Heidelberger Projekt ist weit vorangeschritten (http://www.ub.uni-heidelberg.de/helios/digi/handschriften.html), große Teilbereiche sind bereits abgeschlossen, darunter für Germanisten besonders wichtig 848 deutschsprachige Handschriften. In einer Pressemitteilung der Bibliothek 2009 heißt es: „Die Heidelberger Bibliotheca Palatina, eine der wertvollsten Sammlungen deutschsprachiger Handschriften des Mittelalters und der Frühen Neuzeit, ist vollständig digitalisiert im Internet zugänglich. In einem auf drei Jahre angelegten Projekt hat die Universitätsbibliothek Heidelberg alle 848 Codices Palatini germanici der ehemals Pfalzgräflichen Bibliothek (Bibliotheca Palatina) mit insgesamt ca. 270.000 Seiten und ca. 7.000 Miniaturen digitalisiert und für die Online-Nutzung aufbereitet. Das Projekt, mit dem die UB Heidelberg auf dem Feld der Handschriftendigitalisierung weltweit eine Spitzenstellung einnimmt, wurde durch die Manfred-Lautenschläger-Stiftung finanziert."

```
Startseite > Elektronische Medien > Heidelberger historische Bestände - digital > Heidelberger Handschriften - digital > Bibliotheca Palatina
```
Codices Palatini germanici (Cod. Pal. germ.) 1-99

- Projekt "Digitalisierung der 848 deutschsprachigen Palatina-Handschriften in der Universitätsbibliothek Heidelberg"
- Volltextsuche in Handschriftenkatalogisaten

| Cod. Pal. germ. | 1-99 | 100-199 | 200-299 | 300-399 | 400-499 | 500-599 | 600-699 | 700-799 | 800-848 |

Cod. Pal. germ. 1
Astrologisch-medizinische Sammelhandschrift
Heidelberg, um 1538

Cod. Pal. germ. 2
Petrus Apian: Astronomicum Caesareum
Heidelberg (?), 2. Hälfte 16. Jh.

Die Heidelberger Sammlung enthält auch zwei der wichtigsten Lyrikhandschriften des Hochmittelalters überhaupt: die Kleine (Sigle: A) und die Große Heidelberger Liederhandschrift (Sigle: C, = Codex Manesse); zusammen mit der Würzburger Liederhandschrift (Sigle: E, auch ‚Hausbuch des Michael de Leone' – inzwischen ebenfalls digital im Netz zugänglich: http://epub.ub.uni-muenchen.de/10638/) sind somit die zentralen Quellen für die Erforschung des Minnesangs und der Sangspruchdichtung für jedermann leicht zugänglich. Noch nie war es einfacher, sich schnell einen weitgehend authentischen Eindruck von den Quellen zu verschaffen. Besonders nutzerfreundlich ist darüber hinaus die Tatsache, dass alle Heidelberger Handschriften (und auch die genannte Münchner) kostenfrei im pdf-Format heruntergeladen werden können. Dies eröffnet insbesondere für den akademischen Unterricht völlig neue Perspektiven, da Studierende am heimischen PC und ggf. im Unterricht an Note- oder Netbooks bzw. Tablet-PCs mit den Quellen arbeiten können. Selbstverständlich aber stellen die freien Digitalisate auch für den Forscher einen unschätzbaren Wert dar; je nach Erkenntnisinteresse können zeitaufwändige Bibliotheksreisen und oft nur mühsam zu realisierende Handschriftenautopsien (Einsichtnahmen in die Originale) unterbleiben, was auch den Originalen selbst zu Gute kommt.

Sehr ambitioniert ist auch das Sankt Galler Digitalisierungsprojekt (http://www.cesg.unifr.ch/de/index.htm). Hier findet der Benutzer zahlreiche (mittel-) lateinische Handschriften aus sehr alter Zeit (ab dem 4. nachchristlichen Jahrhundert) und auch älteste deutsche Texte (wie z.B. das althochdeutsche Vaterunser).

Texte edieren (3): Digitale Möglichkeiten

Vorbildlich ist die technische Qualität der Digitalisate; die Auflösung der Scans ist so hoch, dass man als Benutzer so weit auf die Handschriften zoomen kann, dass die Hautporen des Pergaments und selbst kleinste Rasiermesserkorrekturen bestens erkennbar sind. Besser noch als beim Heidelberger Projekt lassen sich hier auch Studien zur Materialität früher mittelalterlicher Schriftkultur anstellen.

Heidelberg und Sankt Gallen sind nur zwei (aber sehr beeindruckende) Beispiele für die immer weiter fortschreitende Digitalisierung unserer Quellen. Man wird mit Blick auf die Zukunft darauf zu achten haben, dass die digitalen Formate langfristig lesbar bleiben – dann aber sind für die weitere Erforschung der Quellen beste Voraussetzungen gegeben.

Das aber bedeutet nicht, dass mit der Bereitstellung von Handschriften- und Druckdigitalisaten die Editionswissenschaft alten Stils obsolet werden wird. Die Handschrift ist nur eine Seinsform von Textkultur, und sie bedient längst nicht alle Erkenntnisinteressen. Der ‚Editor der Zukunft' wird die zur Verfügung stehenden digitalen Quellen weiter aufbereiten müssen, um möglichst umfassend verschiedene Perspektiven auf die zugrunde liegende Textualität zu ermöglichen.

Trotz einiger vielversprechender Ansätze stehen wir insgesamt betrachtet noch am Anfang einer neuen Editionsära. Es steht zwar bereits eine große Menge mittelalterlicher (auch deutschsprachiger) Texte im Internet zur Verfügung (z.B. im ‚Projekt Gutenberg': http://www.gutenberg.org/wiki/Main_Page), doch Qualität und Zuverlässigkeit sind vielfach zweifelhaft. Oft ist es so, dass aufgrund des Urheberrechts veraltete gedruckte Texteditionen digitalisiert werden, sodass in einem modernen Medium überholte Inhalte angeboten werden.

Anders steht es um ambitionierte Projekte wie das ‚Parzival-Projekt' von Michael Stolz (Bern). Hier wird systematisch mit Hilfe spezieller Software die handschriftliche Überlieferung des Gralsromans erfasst, transkribiert und übersichtlich arrangiert (http://www.parzival.unibe.ch/editionen/ed184/index184.html):

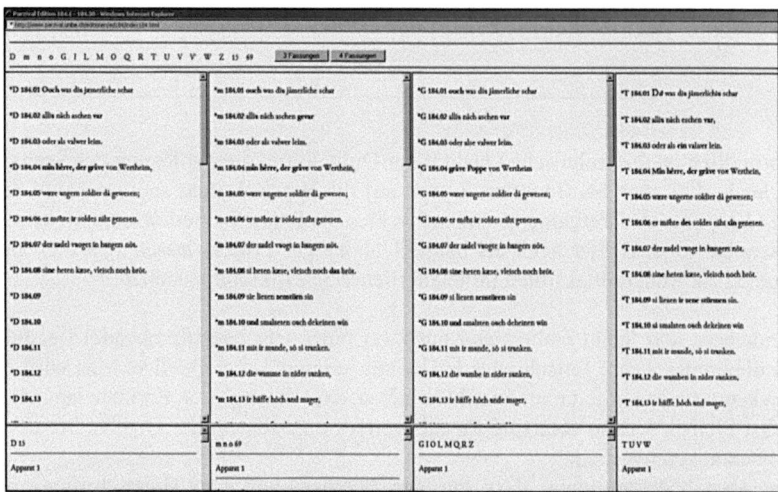

Der Wortlaut einzelner Verse, die in mehreren Handschriften überliefert sind, kann durch das synoptische Arrangement von Textfenstern leicht verglichen werden. Überall ist durch Verlinkungen schnell der handschriftliche Status (Faksimile) einsehbar.

Wie eine webbasierte Edition der Texte Walthers von der Vogelweide aussehen könnte, soll die folgende Projektskizze veranschaulichen.

Webbasierte Walther von der Vogelweide-Edition
Projektskizze

Startbildschirm des Walther-Portals (in Planung, noch nicht online): Die einzelnen Kategorien bedienen unterschiedliche Erkenntnisinteressen. Ein Sprachhistoriker wird z.B. die Rubrik ‚diplomatische Transkriptionen anklicken, ein Literarhistoriker, der etwas über Walther in seiner Zeit aussagen will, wird auf rekonstruierte (Lese-) Fassungen zurückgreifen wollen.

Übersicht: Texte – Überlieferungszeugen – Topographie der Zeugen

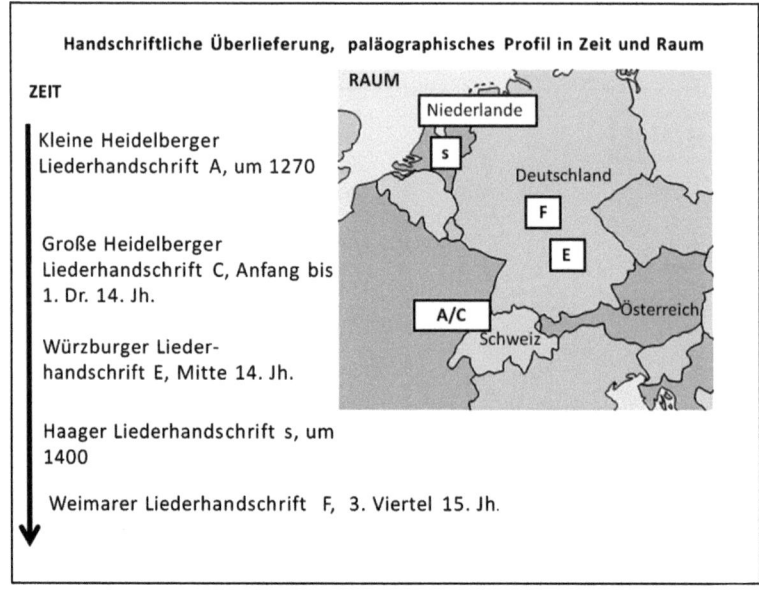

Eine Abbildung wie diese informiert den Benutzer über die handschriftliche Bezeugung eines Textes (Anzahl der Handschriften, Alter, topographische Verortung). Je nach erkennbarer Verwandtschaft der Handschriften lassen sich ggf. Migrationsbewegungen innerhalb der Überlieferung darstellen. Dieses Beispiel zeigt darüber hinaus, wie weit die Überlieferung der Texte Walthers von seinem mutmaßlichen Schaffensraum (Österreich) entfernt ist.

Handschriftenfaksimiles

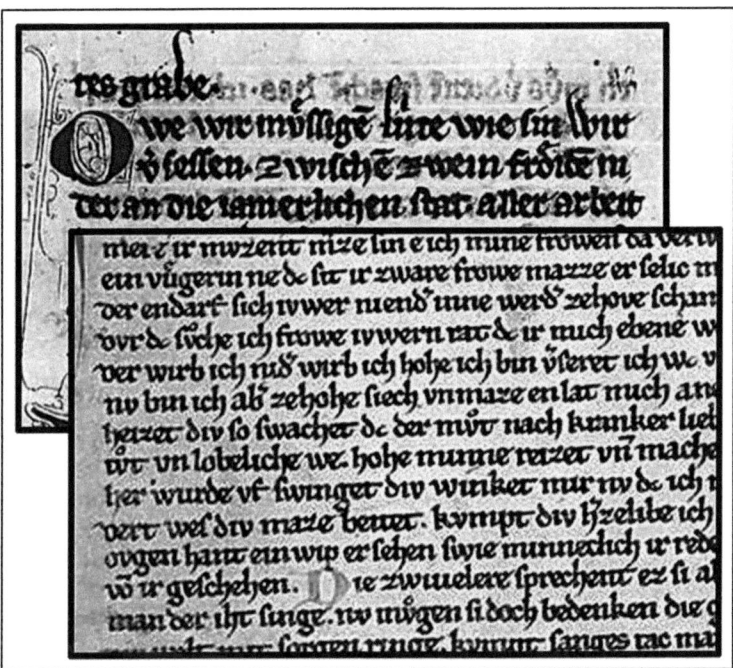

Zu jedem Ton werden die entsprechenden Handschriften in faksimilierter Weise reproduziert (natürlich farbig, hier aus produktionstechnischen Gründen nicht möglich). Die Handschriften lassen sich nach Alter und/oder Entstehungsort beliebig arrangieren. Auf diese Weise können z.B. paläographische Studien angestellt und Profile in der Schrift- und Graphementwicklung erarbeitet werden. Die Handschriften sollten darüber hinaus verlinkt werden mit den später noch zu zeigenden diplomatischen und normalisierten Textfassungen, sodass ein Benutzer jederzeit schnell in die Lage versetzt wird, die Transkriptionen am Original zu überprüfen oder Vorschläge für schwer lesbare Handschriftenstellen einzuholen.

Diplomatische Transkriptionen

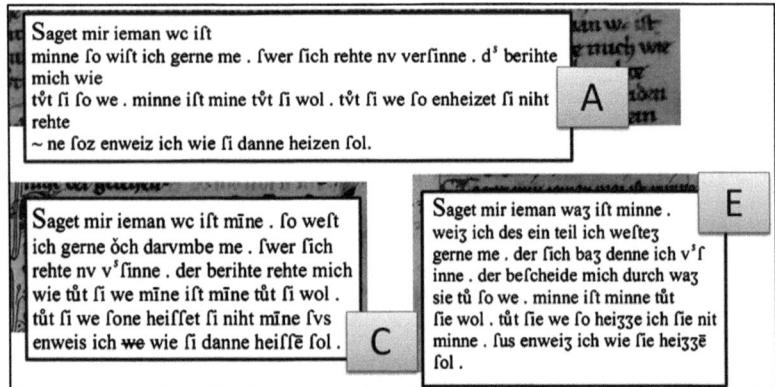

Die diplomatischen Transkriptionen richten sich in erster Linie an den sprachhistorisch interessierten Nutzer. Die Transkriptionen orientieren sich so nah wie möglich an den handschriftlichen Originalen (Wiedergabe aller Sonderzeichen, Majuskeln und Minuskeln, Punkte, Schreibfehler und Zeilenumbrüche). Für den Editor stellen diese Transkriptionen eine Material-Vorstufe für die sich anschließende Varianz-Dokumentation (und –Interpretation) dar. Zweifel bei der Interpretation von handschriftlichen Graphemen sollten hier in geeigneter Weise gekennzeichnet werden.

Normalisierte Transkriptionen

```
HS. A                                    Hs. C

Saget mir ieman waz ist minne            Saget mir ieman waz ist minne
so wist ich gerne me                     so west ich gerne ouch darumbe me
swer sich rehte nu versinne              swer sich rehte nu versinne
der berihte mich wie tuot si so we       der berihte rehte mich wie tuot si we
minne ist minne tuot si  HS. s                                    wol
tuot si we so enheizet s                                          si niht mine
soz enweiz ich wie si d  Saget mir yeman waz ist minne     danne heizzen sol
                         Wist [Wust?] ichs ein deil so wist ichs gerne me
                         Der sich baz dan ich vermermee
                         Berichte mich dorch waz si doýt so we
HS. E                    Minne ist minne deýt si wol
                         Deyt si wee sone heiset nʒ [nit] rechte minne
Saget mir ieman waz ist  Sus in weýz ich nʒ [nit] wie si heʒsen sol
weiz ich des ein teil ich westes gerne me                          minne
der sich baz denne ich versinne          weiß ich es ein tail so weſt ich es gerne me
der bescheide mich durch waz sie tuo so we   Der sich paß denn ich versynne
minne ist minne tuot sie wol             der berichte mich durch was sie tut so wee
tuot sie we so heizze ich sie nit minne  Mynne ist mynne die thut so wol
sus enweiz ich wie sie heizzen sol       und thut so wee und so heýsset sie nicht rechte mýnne
                                         suß weiß nicht wie sie denn heyssen sol
```

Auf der Grundlage der diplomatischen Transkriptionen werden vorsichtig normalisierte Textfassungen erstellt – mit dem Ziel, Varianten, die über bloße graphematische Differenzen hinausgehen, schneller erkennbar zu machen. Die Normalisierung sollte sich daher weitgehend nur auf den graphematischen Bereich beschränken (z.B. Vereinheitlichung der u/v/f-Graphe; s/z/Schaft-s Graphe); darüber hinaus sollte gemäß der Strophenmetrik die Verse nach Reimen abgesetzt werden. Eine Interpunktion sollte hier noch nicht eingesetzt werden.

In verschiedenen Fenstern lassen sich die Strophentranskriptionen beliebig neben-/übereinander arrangieren, um Varianzstudien auf verschiedenen Ebenen (Wort-/Vers-/Strophenebene) anstellen zu können.

Varianz-Synopsen

A	der berihte mich wie tuot si so we
C	der berihte rehte mich wie tuot si we
E	der bescheide mich durch waz sie tuo so we
F	der berichte mich durch was sie tut so wee
S	Berichte mich dorch waz si doýt so we

Material für eine ‚Geschichte der Textüberlieferung' (Textmigrationen und –mutationen)

E Saget mir ieman waz ist minne
F Saget mir ymannt was ich minne

Fehler?: Abschreibfehler, Hörfehler? Umdichtung?

A
    minne ist minne tuot si wol
  tuot si we so enheizet si niht rehte [min]ne
Mynne ist mynne die thut so wol
und thut so wee und so heÿsset sie nicht rechte mýnne

F

Fehler?: Abschreibfehler, Hörfehler? Umdichtung?

Für den an Textvarianz interessierten Benutzer ist es hilfreich, Texte versweise in einer Art ‚Partitur' untereinander zu präsentieren. Auf diese Weise sind Varianzen am leichtesten zu erkennen. Handelt es sich, wie in diesem Beispiel, nur um wenige

Handschriften (hier fünf), kann die Varianzbestimmung gut ‚manuell' geleistet werden. Bei sehr viel komplexerer Überlieferung (z.B. in der Epik, Parzival, Nibelungenlied) bietet es sich an, die Varianten mit Hilfe von eigens programmierter Software ermitteln zu lassen. Vielversprechende Ansätze für solche Programme finden sich aktuell in der Sprachgeschichtsforschung (hingewiesen sei auf das große Grammatik-Projekt von Thomas Klein (Bonn), Hans Joachim Solms (Halle/S.) und Klaus-Peter Wegera (Bochum)). Denkbar ist auch, dass der Bearbeiter der Website unterschiedliche Varianztypen (z.B. Syntax, Lexik, Semantik) in der Partitur mit einem differenzierten Farbsystem kennzeichnet, sodass der Benutzer noch schneller auf die ihn speziell interessierende Varianz aufmerksam gemacht wird.

Vorsichtig rekonstruierte Fassungen für literarhistorische Arbeiten (Annäherungen an eine ‚Vulgatfassung'[3])

> Saget mir ieman, waz ist minne?
>
> weiz ich des ein teil, ich westes gerne mê.
>
> der sich baz denne ich versinne,
>
> der bescheide mich, durch waz sie tuo sô wê.
>
> minne ist minne, tuot sie wol;
>
> tuot sie wê, sô heizze ich sie nit minne.
>
> sus enweiz ich, wie sie [denne] heizzen sol.

Eine digital (und/oder im Web realisierte) Textedition sollte sich nicht darauf beschränken, nur Materialien bereitzustellen. Nach wie vor sollte ein Editor auch die traditionelle Funktion einer Textausgabe im Blick haben: Material für literarhistoriographische und –theoretische Arbeiten bereitzustellen. Dies ist in vielen Fällen nicht ohne rekonstruierende (manipulierende) Eingriffe in die Überlieferung möglich. Viele Handschriften weisen eindeutige Fehler auf, deren Genese gut zu erklären ist. Besonders in solchen Fällen sollte der Editor es wagen, einen Schritt weit hinter die Textzeugen zurück zu gehen. Solange er dies gut dokumentiert, ist der wissenschaftliche Charakter der Ausgabe nicht gefährdet. Überdies ist der Benutzer ja gerade durch das digitale Netzwerk immer wieder schnell in der Lage, Entscheidungen zu überprüfen. – Im Beispiel hier sieht man, dass eine von der Basishandschrift abweichende Stelle in eckige Klammern gesetzt ist. Diese typographische Auszeichnung markiert den hypothetischen Charakter des Textes.

---

[3] Mit ‚Vulgatfassung' ist nicht das ‚Original' oder eine ‚autorisierte Erstfassung' gemeint; vielmehr verwende ich den Begriff hier (ähnlich wie Jan-Dirk Müller im Kontext des ‚Nibelungenliedes') im Sinne einer Textfassung, die – noch zu Lebzeiten des Autors – eine gewisse Verbreitung und Wirkung gehabt hat (vielleicht besser: ... hat haben können). Vgl. zum ‚Nibelungenlied':Jan-Dirk Müller: Die ‚Vulgatfassung' des Nibelungenliedes, die Bearbeitung *C und das Problem der Kontamination. In: Das Nibelungenlied. Hg. v. J.Greenfield, Porto 2001, S.51-77.

Textkritischer Kommentar

> [Beispiel: Ton 80]
>
> Die Einzelstrophe ist unter Walther in C, unter Niune (ebenfalls als Einzelstrophe) in A überliefert. Als Editionsgrundlage kommt nur C in Frage; sie bietet nicht nur den besseren Text, sondern hat die Zuordnung zu Walther. Kr und Mau bezweifeln die Echtheit; die Argumentation ist, wie meist in diesen Fällen, brüchig und intersubjektiv schwer nachzuvollziehen.
>
> V. 1-5: Die Syntax tendiert zu Anakoluthen; von daher ist diese Passage der Strophe in unterschiedlicher Weise interpungierbar. Die Lösung Cormeaus lässt die meisten Spielräume. Der 2. Vers hat in der Editionsgeschichte zahlreiche Konjekturen provoziert (vgl. den Hgg.-Apparat der 14. Aufl.). Sie sind allerdings keineswegs nötig, denn der hsl. Wortlaut ist gut verständlich: ‚Eine Frau, aus sich heraus gefärbt, ohne Weiß, (ohne) Rot'. Belegt ist, dass im Mittelalter rote und weiße Farbe zum Schminken verwendet wurden (vgl. Schultz I, S. 186f.).
> Der grammatische Status des zweiten Teils von V. 3 ist nicht eindeutig bestimmbar. Denkbar ist Folgendes:
> a) Im Sinne einer Interjektion: ‚dass sie nur ja nicht *gebuggerâmet* wird!', d.h. es wäre der Wunsch formuliert, dass die von sich aus schöne Frau nicht in ‚steifes aus ziegen- oder bockshaaren gewebtes zeug' (Lexer) gekleidet wird. Wunschsätze solcher Art weisen allerdings in der Regel den Konjunktiv Präsens auf (vgl. Paul 2007, § S 182).
> b) Nach *ungemâlet* wäre ein stärkerer syntaktischer Einschnitt zu setzen. Es beginnt ein neuer Gedanke: ‚Dafür, dass sie nicht in Buckeram gekleidet ist, lobe ich sie.'

Eine jede gute Edition sollte die getroffenen Entscheidungen kommentieren, damit der Benutzer nachvollziehen kann, wie es zu bestimmten textkritischen Einschätzungen und/oder Manipulationen gekommen ist (dies bezieht sich freilich nur auf Textfassungen, die sich bewusst von der Überlieferung entfernen). Im digitalen Medium können solche Kommentare mit den zugrunde liegenden Textstellen verlinkt werden; stößt der Editionsbenutzer z.B.: auf eine kursive Textauszeichnung, reicht ein Mausklick und die Erläuterungen dazu erscheinen als kontextsensitive Popup-Fenster. – Rekonstruierende Maßnahmen sind selten intersubjektiv und über längere Zeiträume hinweg verbindlich. Der Editor sollte sich nicht scheuen, diesen Status seiner Entscheidungen transparent zu machen und auf problematische oder vieldeutige Phänomene, für die er selbst keine Lösungen anbieten kann, deutlich hinzuweisen.

Erschließungshilfen

VIII

V.1-3   Gemeint ist Nebukadnezar II. (604-562 v. Chr.), König von Babylonien. Im AT, Buch Daniel 2, 1-49 wird von einem Traum Nebukadnezars berichtet, den der Prophet Daniel ausdeutet: Demgemäß hat der König von einer Dekadenz der nach ihm kommenden Weltreiche geträumt. Vgl. LThK, Bd. 7, Sp. 861 f.

V.10   *der*: hier Genitiv Plural ‚deren'

IX

V.3-5   Salomo: Sohn Davids, König von Juda und Israel, gestorben um 925 v. Chr. Im AT, Sprüche Salomos, besonders 13,24 ist die bei Walther genannte Erziehungsmaxime wie folgt formuliert: „Wer die Rute spart, hasst seinen Sohn" (in der lateinischen Vulgatafassung: „qui parcit virgae suae odit filium suum qui autem dilligit illum instanter erudit").

V.6   *ungebachen*: hier im Sinne von ‚unfertig', ‚roh', siehe auch den textkritischen Kommentar.

V.12   *behalten*: hier ‚vorenthalten', ‚verschont sein'

Eine webbasierte Textedition kann viele unterschiedliche Benutzerinteressen befriedigen. In jedem Fall sollte freilich eine Benutzergruppe zu den wichtigsten zählen: die Studierenden. Da es aufgrund der aktuellen Studienreformen fast nirgendwo mehr möglich ist, eine fundierte sprachliche Ausbildung (Mittelhochdeutsch) zu leisten, müssen die Lehr- und Lernmittel geeignete Hilfen mitbringen. Diese Hilfen sollen einerseits knapp bemessen sein (um den Benutzer nicht zu überladen), andererseits aber überall dort Hilfestellung geben, wo ein noch wenig versierter Benutzer auf Wege falschen Verstehens geraten könnte. Diese Erschließungshilfen können ebenso wie die Transkriptionen unmittelbar mit den unterschiedlichen Textfassungen verlinkt werden. – Statt solcher Hilfen kann auch daran gedacht werden, komplette Übersetzungen ins Neuhochdeutsche zu erstellen und mit den mittelhochdeutschen Versionen zu verknüpfen.

Bibliographische Hinweise zu ‚Edition und EDV'

→ Computergestützte Text-Edition. Hg. v. Roland Kamzelak. Tübingen 1999.
→ Michael Stolz: Wolframs ‚Parzival' als unfester Text. Möglichkeiten einer überlieferungsgeschichtlichen Edition im Spannungsfeld traditioneller Textkritik und elektronischer Darstellung. In: Wolfram von Eschenbach - Bilanzen und Perspektiven. Eichstätter Colloquium 2000. Hrsg. v. Wolfgang Haubrichs, Eckart C. Lutz, Klaus Ridder, Berlin 2002, S. 294-321
Thomas Bein: Anmerkungen zu digitalen Editionen alt- und mittelhochdeutscher Texte. In: Klaus van Eickels, Ruth Weichselbaumer und Ingrid Bennewitz (Hgg.): Mediaevistik und Neue Medien. Ostfildern 2004, S. 29-40
Andrea Hofmeister-Winter: Das Konzept einer ‚Dynamischen Edition', dargestellt an der Erstausgabe des ‚Brixner Dommesnerbuches' von Veit Feichter (Mitte 16. Jahrhundert). Theorie und praktische Umsetzung. Göppingen 2003
→ Hugo von Montfort. Das poetische Werk. Hrsg. von Wernfried Hofmeister. Mit einem Melodie-Anhang von Agnes Grond. Berlin, New York 2005
Thomas Bein: Edieren und Studieren – Über neue hochschuldidaktische Anforderungen an Textausgaben. In: Wege zum Text. Überlegungen zur Verfügbarkeit mediävistischer Editionen im 21. Jahrhundert. Grazer Kolloquium 17.-19. September 2008. Hg. von Wernfried Hofmeister und Andrea Hofmeister-Winter. Tübingen 2009, S. 17-30
→Thomas Bein: Die Multimedia-Edition und ihre Folgen: Zum Verhältnis von Literaturgeschichtsschreibung, Literaturtheorie und aktueller Editionspraxis in der germanistischen Mediävistik. In: editio 24, 2010 [im Druck, Stand: 2. Nov. 2010].

Hinweise auf einschlägige Webseiten (Editionen / Editionstechnik)
[eingesehen 2.11.2010]

http://www.telota.de/nachrichten/workshop-digitale-editionen – Digitale Editionen: Workshop der Arbeitsgruppe Elektronisches Publizieren der Akademieunion in Zusammenarbeit mit der Berlin-Brandenburgischen Akademie der Wissenschaften. 15. bis 17. Oktober 2007 im Einstein-Saal der Berlin-Brandenburgischen Akademie der Wissenschaften, Jägerstr. 22 / 23, 10117 Berlin
http://dtm.bbaw.de/E_Bericht/editionsbericht.html – Verzeichnis aller in Arbeit befindlichen Editionsprojekte (sofern gemeldet).
http://www.archivschachtel.de/links/werkzeug_ma.html – Mediävistisch orientierte Linkliste
http://www.hs-augsburg.de/~harsch/augustana.html – Bibliotheca Augustana: Digitalisierte Texte (meist händisch hergestellte Digitalisate von gedruckten Editionen, die nicht mehr dem Urheberrechtsschutz unterliegen.
http://www.blb-karlsruhe.de/blb/blbhtml/nib/uebersicht.html – Vorbildlich gemachte Website zu einer der Haupthandschriften des Nibelungenliedes mit Faksimile, Transkription und Tondokumenten.
http://computerphilologie.tu-darmstadt.de/ – Portal für neu- und altgermanistische Arbeiten rund um die Computerphilologie (Zeitschriften, Rezensionen, Editionen, Projekte)

Siehe auch oben die Hinweise auf die Heidelberger, Münchner und St. Galler Webseiten (Handschriftendigitalisate) sowie auf die Website von Michael Stolz (Universität Bern, ‚Parzival-Projekt')

VIII. Ausblick
Zum Umgang mit Editionen

Editionen sind die Basis jeder literaturhistorischen oder -theoretischen Untersuchung, und ohne sie wäre ein Reden über Texte so gut wie nicht möglich. Editionen sind aber zu einem Teil auch schon Ergebnis eines solchen Redens über Texte. Wie es Karl Stackmann anlässlich seiner Frauenlob-Ausgabe nannte, gibt es eine „wechselseitige Abhängigkeit von Editor und Literarhistoriker". Daran lässt sich nicht rütteln, und dies ist dem Gegenstand einer philologischen Wissenschaft adäquat, die es nicht mit messbaren Werten, sondern mit Produkten menschlichen Geistes zu tun hat, die gedeutet und eben nicht gemessen werden.
Von Lachmanns objektiven Regeln, den rechten Text zu ermitteln, hat man sich verabschieden müssen; ein Text ist keine objektivierbare Größe, vor allem dann nicht, wenn seine ursprüngliche Form als für immer verloren gelten muss.
Editionen sind somit Vorschläge, Texte in einer bestimmten Form zu lesen und sich mit ihnen auseinanderzusetzen. Diese Auseinandersetzung findet aber zunächst auf Grund der vorgegebenen Textgestalt (und -auswahl) statt, also auf Grund eines Textes, der ‚gemacht' ist, der selektiert und korrigiert ist, und zwar nicht vom Dichter, sondern vom Editor.
Das, scheint mir, ist beim Umgang mit Editionen stets zu berücksichtigen.
Von daher sollte sich der Benutzer einer Edition mit den ihr zugrunde liegenden Prinzipien vertraut machen; sich über den Anspruch der Edition im Klaren sein; sich mit den Überlieferungsgegebenheiten der/des Werke/s beschäftigen sowie die typographische Gestaltung und die Einrichtung der Apparate kennen.
Dann wird er in der Lage sein, Ausgaben unterschiedlicher Art kritisch benutzen zu können: er wird editorische Entscheidungen würdigen, ihnen trauen oder misstrauen können.

Am Ende soll noch einmal Karl Lachmann das Wort haben, dem die Altgermanistik textkritische Pionierarbeit zu verdanken hat (aus: Auswahl aus den hochdeutschen Dichtern des dreizehnten Jahrhunderts, 1820):

„An Eifer wenigstens und Fleiß habe ich es nicht fehlen lassen: aber bei erweiterter Kenntniss müssen uns die eignen Bestrebungen von Tage zu Tage minder genügend erscheinen".

IX. Übungen

Die folgenden Übungen sind insbesondere für das Selbststudium gedacht. Die Kenntnis von und ein sicherer Umgang mit einer Reihe von editionswissenschaftlich wichtigen Begriffen, Arbeitsschritten und Techniken können auf diese Weise selbst überprüft werden (Lösungen zu allen Aufgaben werden zur Gegenkontrolle mitgeliefert). Manche Fragen lassen sich mit der Angabe von z.B. Daten oder Begriffsdefinitionen beantworten; andere sollen Anlass für einen kleinen Essay sein (im letzteren Fall werden bei der ‚Lösung' nur einige Stichworte genannt, die in jedem Fall genannt worden sein sollten).

Aufgaben

1. Themenbereich ‚Medialität'

a) Wann beginnt, mit Blick auf die deutschsprachige Literatur, eine schriftliterarische Tradition?

b) Wie sieht das Verhältnis von Mündlichkeit und Schriftlichkeit bis etwa in das spätere 14. Jahrhundert aus und welche Konsequenzen ergeben sich daraus für die Arbeit eines Texteditors?

c) Skizzieren Sie Arbeitsplatz und Arbeitsweise(n) eines mittelalterlichen Schreibers.

d) Was versteht man unter ‚Textvarianz'?

2. Themenbereich ‚Textüberlieferung im Mittelalter'

a) Geben Sie kurze Definitionen für folgende Fachbegriffe:
    Codex – Sammelhandschrift – Abbreviatur – Stemma – Palimpsest

b) Ordnen Sie die ‚karolingische Minuskelschrift' zeitlich ein und beschreiben Sie Grundcharakteristika dieser Schrift.

c) Ordnen Sie die ‚gotische Buchschrift/gotische Textura' zeitlich ein und beschreiben Sie Grundcharakteristika dieser Schrift.

d) Transkribieren Sie so genau wie möglich die folgende handschriftliche Textpassage und benennen Sie den Schrifttyp:

e) Transkribieren Sie so genau wie möglich die folgende handschriftliche Textpassage und benennen Sie den Schrifttyp:

Ich han gesehen vnd' wīte ein
muchel wunder· wer es vf dem mey es
dūhte ein seltzen kvnd· des mīn frödē er
schroke ist mīn truru~e worde~ wū der· dc ge
lichet eine~ bösen man swer nv des lachē
strichet an der valwen stein der vindet
kunterfeit· es bisset da sin grinen nuhv
hat wider seit· sin valscheit tūt vil manī
gem dike leit· zwo zungē habē kalt vn̄
warn die ligent in sime rachen· in sun^e
vssen honge lit ein giftic nagel· sin wǐ
kēloses lachē bringet scharpfē snabel· sw^a
man dc spūrt es keret sin hant vn̄ witt
ein swalwen zagel·

3. Themenbereich Fachgeschichte / Geschichte der altgermanistischen Editionswissenschaft

a) Welches grundsätzliche editorische Ziel verfolgten die meisten führenden Germanisten/Editoren im 19. Jahrhundert?

b) Skizzieren Sie die Bedeutung Karl Lachmanns für die altgermanistische Editionswissenschaft (was versteht man unter der ‚Lachmannschen Methode'?).

c) Was versteht man unter einem ‚kritischen Text'?

d) Was versteht man unter ‚Leithandschriftenprinzip/‚Leithandschriftenedition'?

e) Skizzieren Sie methodologische Positionen der ‚New Philology'.

4. Themenbereich ‚Editorische Vorarbeiten'

a) ‚Lesen' Sie das folgende Stemma (interpretieren Sie die Grafik).

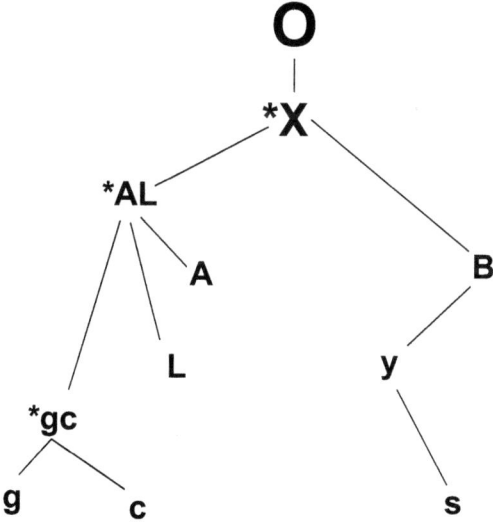

b) Vergleichen Sie die vier folgenden diplomatischen Text-Transkriptionen und beschreiben Sie die Art der in Erscheinung tretenden Varianten (versuchen Sie, die Varianz zu typologisieren).

Fassung 1:
(1) Frowe ich hore wch ſo vil der tugende iehin.
(2) daʒ wch min dieniſt iemer iſt bireit.
(3) vn̄ het ich uwˢ niht giſchehin.
(4) daʒ ſchat mir vil an minir wˢdekeit
(5) nu wil ich iemer deſte túre ſin.
(6) ich bite wch frowe deʒ
(7) daʒ ir wch vndˢwindent mi[n¹].
(8) ich lebete wch gerne konde ich wch lebin.
(9) min wille ist gůt nu bin ich tunb
(10) nu ſolt ir mir die maſe gebin.
¹*In der Hs. unleserlich*

Fassung 2:
(1) Ich horte v́ch ſo vil tvgenden iehin.
(2) das v́ch mī dieneſt iemer iſt berait.
(3) hat ich v́wer niht geſehen.
(4) es ſchatte mir an miner werdekait.
(5) ich wil iemer deſte tv́rre ſin.
(6) vn̄ bitte v́ch felig vrowe gv̂t.
(7) das ir v́ch vnderwindent min.
(8) ich lepte gerne kv́nde ich leben.
(9) nv bin ich tvmp min wille iſt gv̂t.
(10) nv ſvlnt ir mir die maſſe geben.

Fassung 3:
(1) Ich hôre v̊ ſo vil der tugende iehen.
(2) daʒ v́ min dieneſt immer iſt bereit.
(3) enhete ich v́wer niht geſehen.
(4) daʒ ſchat mir an miner werdekeit.
(5) nu wil ich immer deſt túrer ſin.
(6) vn̄ bite v́ch frauwe
(7) daʒ ir v́ch vnderwindet min.
(8) ich lebte gerne kônde ich leben.
(9) min wille iſt gůt ſo bin ich tump.
(10) nu ſult ir mir die maʒe geben.

Fassung 4:
(1) Frawe ich hore euch ſo vil der tugente jehen
(2) das euch mein dinſt muß ym̄er ſein berayt
(3) Nue hett ich ewrᶜ nicht geſehnᶜ
(4) daz ſchadet mir nymer an meinᶜ wirdigkeit
(5) Nue wil ich ymer deſter tewer ſein
(6) vnd pit euch fraw
(7) das ir euch untᶜwindet mein
(8) ich lebete gernᶜ. kund ich leben
(9) mein wille iſt gut und ich pin tum
(10) nun ſolt mir die maſſe gebnᶜ

Hinweis zu Abkürzungszeichen in Fassung 1 und 4: Das Zeichen ˢ steht in Fassung 1 regelmäßig für die Silbe -er (sog. -er-Häkchen). In Fassung 4 wird für ein handschriftlich ähnliches Zeichen hier eine andere Transkription geboten: ᶜ, weil in Fassung 4 mit diesem Zeichen nicht nur die Silbe -er abgekürzt wird, sondern augenscheinlich auch Vokale (Beispiele: ewrᶜ = ewer = euer; gesehnᶜ = gesehen; aber: meinᶜ = meiner).

5. Themenbereich ‚Edieren'

a) Diskutieren Sie Vor- und Nachteile einer Normalisierung der Graphie (ggf. auch der Lautung) in einer Textedition.

b) Überführen Sie den Text der Fassung 2 (aus Aufgabe 4 b) in ein normalisiertes Mittelhochdeutsch und setzen Sie eine moderne Interpunktion.

c) Erstellen Sie, ausgehend von Ihrer normalisierten Fassung 2, einen Variantenapparat, der Auskunft gibt über alle grammatikalisch und semantisch relevanten Varianten der Fassungen 1 und 3 (d.h. bloße Lautvarianten und graphematische Varianten müssen Sie zwecks Entlastung des Apparates nicht aufführen).

***

Lösungen

Zu 1. Themenbereich ‚Medialität'

1a) Eine schriftliterarische Tradition beginnt im späteren 8. Jh., zunächst nur vereinzelt und sporadisch als Interlinearglossen zu lateinischen Texten, dann allmählicher Übergang zu selbstständigen deutschsprachigen Texten, vielfach aber auch Übersetzungsarbeiten.

1b) Mit der Etablierung einer deutschsprachigen Schriftlichkeit bricht der große Anteil mündlicher Kultur nicht weg. Texte haben über Jahrzehnte und Jahrhunderte einen intermedialen Zustand: sie wechseln ihr Erscheinungsbild von der Mündlichkeit in die Schriftlichkeit und vice versa; sie werden vorgetragen, diktiert, abgeschrieben und wieder vorgelesen. Diese Wechsel der Aggregatzustände schlagen sich in der Textualität einmal mehr, einmal weniger spürbar nieder. Ein Editor muss versuchen, bei der Konstituierung seiner Ausgabe die Einflüsse der medialen Wechsel aufzuspüren und zu dokumentieren.

1c) Schreiber arbeiten im Mittelalter zumeist in sogenannten ‚Skriptorien', das sind speziell ausgestattete Scheibstuben oder –säle, häufig in Klöstern. Schreiber sind vielfach bloße Kopisten, d.h. sie vervielfältigen Schriftstücke, indem sie sie abschreiben, manchmal ohne fixen Blick auf den Sinn des Abgeschriebenen, manchmal aber auch in die Vorlagen eingreifend. Materialien und Werkzeuge: Pergamentblätter (im 14. Jh. auch bereits Papier); Lineal; Griffel, Feder; Tinte, zuweilen in mehreren Farben; Rasiermesser (zum Abschaben von Tinte: Technik der Korrektur); ‚Lesestein' (frühe Lupen); diverse Materialien und Apparaturen für die Buchbindung.

1d) Textvarianz: Viele Texte des Mittelalters sind mehr als nur einmal aufgeschrieben worden. Da die Vervielfältigung von einzelnen Menschen abhängt, gleicht keine Abschrift genau der anderen. Abschreib- oder Hörfehler schleichen sich ein; Vorlagen fremder Mundart werden ggf. der Mundart des Schreibers angepasst; aus der Mode oder aus dem Gebrauch gekommene Wörter können durch andere ‚moderne' ersetzt werden. Anstößige Textpassagen oder auch nur einzelne Verse können weggelassen werden; und umgekehrt kann ein Schreiber oder ein Auftraggeber Textgut vermehren. Dies alles generiert Textvarianz, die sich für uns heute dann zeigt, wenn wir handschriftliche Fassungen eines Textes miteinander vergleichen. In Einzelfällen kann die Varianz so groß sein, dass es berechtigt ist zu fragen, ob man überhaupt noch von e i n e m verschiedenen Fassungen zugrunde liegenden Text sprechen kann.

Zu 2. Themenbereich ‚Textüberlieferung im Mittelalter'

2a) *Codex*: das mittelalterliche Buch (Plural: Codices)
Sammelhandschrift: eine Handschrift, die – meist systematisch – gesammelte Texte enthält. Diese Sammlungen können texttypologischer Art sein (Lyriksammlungen; Sammlungen von Kleinepen; Sammlungen nur lateinischer oder nur deutscher Texte u.v.m.)
Abbreviatur: ein meist nicht alphabetisches Schriftzeichen, das als Abkürzung für Einzellaute oder Silben fungiert. Beispiel: $u\bar{n}$ = *und*; d^s = *der*
Stemma: der Stammbaum; in der Editionswissenschaft eine Grafik, mit der man die Verwandtschaften und Abhängigkeiten von Textzeugen (Handschriften, frühen Drucken) darzustellen versucht. Ein Stemma ist sozusagen Ergebnis der Handschriften- und Varianzanalyse.
Palimpsest: ein zwei- oder mehrfach beschriebenes Pergament; mehrere Texte sind also übereinander geschrieben worden – nach vorherigem Abkratzen des Ersttextes. Spuren dieses Ersttextes sind aber meist erhalten und gestatten interessante Forschungen. Der Begriff wird zuweilen auch im übertragenen Sinn verwendet, z.B. im Kontext der Intertextualitätsforschung (Beziehungen und Verflechtungen von Texten).

2b) Die ‚karolingische Minuskelschrift' ist eine Kleinbuchstabenschrift, die insbesondere im Zeitraum vom 8.-10. Jh. in Mitteleuropa eine bedeutende Rolle gespielt hat. Karl der Große setzte sich kulturpolitisch für die Verbreitung der Schrift sehr ein. Charakteristika: Kleinbuchstaben; runde Buchstabenbögen; oft lange Ober- und Unterlängen bei bestimmten Buchstaben wie z.B. p oder d; in der Anfangszeit häufig keine gut markierten Wortzwischenräume; mehrere Graphemvarianten für das ‚a'; noch wenig Ligaturen (Buchstabenverbindungen); viele zeitlich und räumlich zu differenzierende Untertypen.

2c) Die ‚gotische Buchschrift' spielt vom 11. – 14. Jh. eine bedeutende Rolle; sie löst die karolingische Minuskel ab. Buchstabenbögen sind kantig und gebrochen; manche Buchstaben werden aus einzelnen Strichen separat zusammen gesetzt. Ligaturen (Buchstabenverbindungen, z.B. æ, Œ) nehmen zu; deutliche Wortzwischenräume; in der Regel eine sehr ordentlich (kalligraphisch) ausgeführte Schrift.

2d) Grundlageninformation: Wessobrunner Gebet/ Schöpfungsgedicht, Anfang 9. Jh., Bay. Staatsbibliothek München, Clm 22053); karolingische Minuskelschrift. Die Übersetzung rechts neben der Transkription ist eng am althochdeutschen Text orientiert und soll nur eine erste Verständnishilfe sein.

De poeta[1] .   Vom Dichter

Dat *[2] fregin ih mit firahim   Das erfragte ich mit/bei den Menschen

firi uuiʒʒo[3] meiſta[4] . Dat ero ni   als größtes Wunder: Dass (die) Erde nicht

uuaſ . noh ufhimil . nohpaum[5] .   war, noch (der) Oberhimmel, weder Baum

noh peregniuuaſ[6] .[7] ninohheinig   noch Berg gab es, noch kein ...

[1]Die Buchstaben wirken wie Großbuchstaben, doch auch diese ‚Überschrift' ist in Minuskeln geschrieben.
[2]Der Stern ist ein Runen-Schriftzeichen und steht für die Silbe *ga*-.(Vorsilbe).
[3]Das heute geläufige ‚w'-Zeichen wird in mittelalterlichen Handschriften meist als Doppel-V oder Doppel-U realisiert. – Das heute geläufige ‚z', ‚tz'- und auch ‚s'-Zeichen kann, teilweise in Abhängigkeit vom Laut, den das Zeichen darstellen soll (stimmhaftes/stimmloses ‚s'; Affrikat; eine Rolle kann auch die Lautherkunft spielen) in mittelalterlichen Handschriften als ‚z' oder ‚ʒ' oder ‚s' oder ‚ts'/ ‚tz' wiedergegeben werden.
[4]Das heute geläufige ‚s'-Zeichen kann in mittelalterlichen Handschriften auch als ‚ſ' in Erscheinung treten (sog. ‚Schaft-s').
[5]Ein Zwischenraum zwischen den Wörtern *noh* (‚noch) und *paum* (‚Baum) ist kaum zu erkennen.
[6]Auch hier: Zwischen den Wörtern *pereg* (‚Berg') und der verneinten Verbform *niuuaſ* (‚war nicht') ist kein Zwischenraum gelassen. – Im Wort *niuuaſ* ist erkennbar, dass die karolingische Minuskelschrift mehrere Varianten für das a-Zeichen kennt: Hier wird das ‚a' durch zwei aneinander gesetzte c gebildet (sog. ‚cc-a'); In den übrigen Wörtern des Textes, wie z.B. beim ersten Wort *Dat* ist das a anders realisiert.
[7]Die Punkte im Text sind frühe Vorläufer einer Textinterpunktion. Zunächst zeigen solche Punkte – allerdings sehr unsystematisch und uneinheitlich – syntaktische Grenzen an, meist einhergehend mit natürlichen Sprechpausen. In gereimten Texten signalisieren Punkte Reimgrenzen/ -wörter.

2e) Grundlageninformationen: Sangspruchstrophe Walthers von der Vogelweide; Handschrift: Große Heidelberger Liederhandschrift C (Cpg. 848), 1. Drittel 14. Jh.; gotische Buchschrift. Die Übersetzung rechts neben der Transkription ist eng am mhd. Text orientiert und soll nur eine erste Verständnishilfe sein. Die Metaphorik ist sehr gewählt, der Text ist nicht einfach zu verstehen.

Ich han geſehen[1] in d^{s2}w^{s}lte ein michel wunder. wer es vf dem mer es dv́hte ein ſeltzen kvnd^{s}. des min frôide er-[3] ſchrokē[4] iſt min trurē wordē w^{m5}ūder. dc gelichet einē bôſen man ſwer nv des lachē. ſtrichet an der trúwen ſtein der vindet kvnterfeit. es biſſet da ſin grinen niht hat wider ſeit. ſin valſcheit tût vil manigem dike leit. zwo zvngē habē kalt vn̄ warn die ligent in sime rachen. in sim^{e} ſv^{e}ſſen honge lit ein giftic nagel. ſin wolkēloſes lachē bringet ſcharpfē ſnabel. ſw^{a} man dc ſpúrt es keret ſin hant vn̄ wirt ein ſwalwen zagel.	Ich habe gesehen in der Welt ein großes Wunder. Wäre es auf dem Meer, es erschiene als seltsames Monster. Deshalb ist meine Freude erschrocken, mein Trauern wach geworden. Das gleicht einem bösen Menschen. Wer nun dessen Lachen an den Probierstein der Treue streicht, der findet Gefälschtes. Es beißt (auch dann), wenn sein Knurren nicht widersprochen hat. Seine Falschheit tut Vielen oft Leid; zwei Zungen, die kalt und warm sind, liegen in seinem Rachen. In seinem süßen Honig liegt ein giftiger Nagel. Sein wolkenloses Lachen bringt rauen Schnabel. Wo man das spürt, es dreht seine Hand um und wird ein Schwalbenschwanz

[1]Das heute geläufige ‚s'-Zeichen kann in mittelalterlichen Handschriften auch als ‚ſ' in Erscheinung treten (sog. ‚Schaft-s').
[2]Das handschriftliche Häkchen ᷄ ist eine Abkürzung für die Silbe –er.
[3]Im handschriftlichen Original sind hier und an anderen Stellen feine Haarstriche zu erkennen, die Worttrennungen markieren (in dieser Reproduktion nicht mehr lesbar).
[4]Der Strich über dem e bedeutet hier und anderswo den Nasal –n (-schroken)
[5]Das w ist unterpunktet, d.h. soll als getilgt gelten; darüber steht ein m.

Zu 3. Themenbereich Fachgeschichte / Geschichte der altgermanistischen Editionswissenschaft

3a) Ziel war, aus den aufgefundenen Handschriften heraus einen Text zu (re-) konstruieren, der dem angenommenen Originaltext des Dichters möglichst nahe kommen sollte.

3b) Die autor-/originalorientierte Textkritik (Herstellung eines ‚kritischen' Textes) hat ihren bedeutendsten und traditionsmächtigsten Vertreter in Karl Lachmann (1793–1851), der, von der Altphilologie kommend, die dort gewonnenen Grundsätze auf die deutschen Texte anwendete, was aber aufgrund der unterschiedlichen Überlieferungsverhältnisse zu mancherlei Fehlurteilen führte. Lachmann glaubte, durch genaues Studium der Handschriften und Textvarianten ein mehr oder weniger lückenloses Stemma erstellen zu können, das den Weg eines Ur-Textes in die erhaltenen Handschriften nachzeichnet. Sein erklärtes Ziel, mittels philologischer Studien weit über die Überlieferung hinaus in Richtung ‚Original' / ‚Autortext' zu gelangen, hat fast alle europäischen Philologien im 19. Jh. und darüber hinaus beeinflusst, freilich auch, z.t. heftige, Schulstreitigkeiten ausgelöst. Lachmanns methodische Zugriffe sind bis heute – wenn auch in abgeschwächter Form – immer wieder Anlass zu heftigen Debatten.

3c) Ein ‚kritischer' Text ist ein ‚gemachter' Text. Er orientiert sich an der Überlieferung, will aber doch über sie hinausgehen in Richtung ‚Original'. Das ‚Kritische' am ‚kritischen Text' besteht in einer Interpretationsleistung des Editors: er deutet Varianten, ordnet die Handschriften, gewichtet Fehler und korrigiert (konjiziiert). Siehe auch 3b).

3d) Die Edition eines Textes nach dem Leithandschriftenprinzip verzichtet darauf, über die Analyse verschiedener Textzeugen zu einem autor- oder originalnahen Text zu gelangen. Der Editor studiert eingehend die Überlieferung und bewertet die einzelnen Handschriften hinsichtlich der Qualität des überlieferten Textes (Alter der Hs., wenige Schreiberfehler, Bewahrung archaischer Formen u.v.m.). Diejenige Hs., die dem Herausgeber am besten erscheint, wird sodann Grundlage der Textausgabe – ggf. in normalisierter/vereinheitlichter Schreibung. Gegenüber einem ‚kritischen' Text hat ein Leithandschriftentext den Vorzug, eine enge Rückbindung an einen tatsächlich überlieferten Wortlaut zu haben.

3e) Die ‚New Philology' versteht sich als eine ‚material philology', als eine analytische Textwissenschaft, die sich ganz einlässt auf die die Texte überliefernden Zeugen: die Handschriften. Rekonstruktionen und das Suchen nach verlorenen Originalen werden abgelehnt. Der handschriftliche Textzeuge gilt als das einzig ‚Positive', als das, was verfügbar ist. Ihm wird alle Aufmerksamkeit zuteil. Bei der editorischen Arbeit steht die Dokumentation der Überlieferung im Vordergrund – dabei werden elektronische Verfahren bevorzugt, weil nur sie in der Lage seien, große Textmengen Platz sparend und leicht handhabbar aufzubereiten.

zu 4. Themenbereich ‚Editorische Vorarbeiten'

4a) O steht für das verlorene Original, *X steht für den Archetyp, eine dem Original nahe kommende Textfassung. Alle mit einem * versehenen Siglen bedeuten erschlossene, nicht mehr vorhandene Textzeugen oder -stufen. Die übrigen Buchstaben sind Siglen für aufgefundene Handschriften, Großbuchstaben verweisen auf Pergament-, Kleinbuchstaben auf Papierhandschriften. Durch Vergleiche der Lesarten/ Varianten der einzelnen Handschriften glaubt man, Verwandtschaften und Abhängigkeiten festmachen zu können. So sollen die Hss. g und c auf eine gemeinsame Quelle *gc zurückgehen; diese wiederum soll einer Quelle *AL verpflichtet sein, von der noch zwei weitere Hss., A und L abgeschrieben haben. Unmittelbar auf den erschlossenen Archetyp soll die Hs. B zurückgehen, die einer anderen Texttradition (charakteristische Textvarianten gegenüber A, L, g und c) angehört; von ihr haben nacheinander und unmittelbar die Hss. y und s abgeschrieben. (Nur in seltenen Fällen sind handschriftliche Befunde allerdings so eindeutig zu interpretieren, wie dies ein solches Musterstemma suggeriert.)

4b) Grundlageninformationen: Die vier Texte sind Fassungen einer Strophe eines Liedes Walthers von der Vogelweide (Ton 20 (L. 43,9)). Fassung 1: a = Anhang der Kleinen Heidelberger Liederhandschrift A (spätes 13. Jh.); Fassung 2: Weingartner Liederhandschrift B (1. Viertel 14. Jh.); Fassung 3: Würzburger Liederhandschrift E (Mitte 14. Jh.); Fassung 4: Weimarer Liederhandschrift F (15. Jh.).

Zu differenzieren sind:
– Schreibvarianten (z.B. *vrowe – frowe*)
– Lautvarianten (z.B. *bireit – bereit*); Umlautvarianten (z.B *hore – hoere*)
– morphologische Varianten (z. B. Kasuskennzeichnung: *vch – iu*)
– Negationsvarianten (z.B. *het – enhete*)
– lexikalische Varianten (z.B. *frowe – selig vrowe*)
– Satz-/Versbauvarianten/Metrikvarianten (z.B. *min wille ist guot nu bin ich tunb - nv bin ich tvmp min wille ist guot*)

Zu 5. Themenbereich ‚Edieren'

5a) Vorteile: Leichtere Lesbarkeit für Anfänger (z.B. durch Kennzeichnung von Langvokalen durch ein ^ oder durch Vereinheitlichung von Graphemen: u für u und v, wenn der Vokal gemeint ist). Nachteile: Historische Schreibung wird eliminiert; Sprachhistoriker können mit normalisierten Texten nichts anfangen.

5b) Fassung 2, normalisiert und interpungiert (die folgende Lösung ist nicht die einzig mögliche):

(1) Ich hôrte iuch sô vil tugenden jehen,
(2) daz iuch mîn dienest iemer ist bereit.
(3) Hât ich iuwer nicht gesehen,
(4) ez schatte mir an mîner werdekeit.
(5) ich wil iemer deste tiurre sîn

(6) und bite iuch, sælig vrowe guot,
(7) daz ir iuch underwindent mîn.
(8) ich lepte gerne, kunde ich leben;
(9) nû bin ich tump, mîn wille ist guot.
(10) nû sulnt ir mir die mâze geben.

5c) Variantenapparat:

Die Siglen F1 und F3 stehen für die Fassungen 1 und 3.

(1) *Frowe ich hore* F1. *hóre* F3.
(2) *v́* F3.
(3) *vñ het ich uw^s niht gifchehin* F1. *enhete* F3.
(4) *daʒ fchat mir vil an* F1. *daʒ fchat* F3
(5) *nu wil ich* F1 F3. *túrer* F3
(6) *ich bite wch frowe deʒ* F1, *vñ bite v́ch frauwe* F3.
(8) *ich lebete wch gerne konde ich wch lebin* F1.
(9) *min wille ist gût nu* [*fo* F3] *bin ich tunb* F1 F3.

Erläuterung:
(2): *iuch – iu* – Varianz ist möglicherweise grammatikalisch relevant (Kasusmorphologie: Dativ/Akkusativ).
(5) Apparateintrag *túrer* F3 ist nicht zwingend nötig, da auch die Lesarten *tv́rre* bzw. *túre* Komparative sein können.
(7) Die Varianz *vnderwindent – vnderwindet* ist grammatikalisch nicht relevant, in beiden Fällen ist die 2. Pers. Plural gemeint.
(8) Die Varianz *kv́nde – kônde* ist grammatikalisch nicht relevant, in beiden Fällen ist der Konjunktiv Prät. gemeint.
(9) Ein Apparat sollte ökonomisch mit dem Platz umgehen und möglichst viele Informationen zusammenfassen, wo dies sinnvoll ist. Da im Falle des Verses 9 die Fassungen F1 und F3 bis auf ein Wort (*nu* vs. *fo*) übereinstimmen, reicht es aus, die Varianz der ersten Fassung F1 zu notieren und sie mit F3 gleichzustellen. Die Varianz *tunb – tump* ist weder grammatikalisch noch semantisch relevant – daher kein Eintrag.
(10) Die Handschriften weisen nur kleine Lautvarianten auf, die in einem Apparat nicht vermerkt werden müssen.

X. Hinweise auf weiterführende Literatur

Zahlreiche einschlägige Titel, die weiter in die Materie einführen, sind jeweils am Ende der einzelnen Kapitel genannt worden. Hier werden nur einige wenige Arbeiten allgemeinerer Art verzeichnet, die einem vertieften Studium zuträglich sind.

Methodengeschichtlich aufschlussreiche Texteditionen (beteiligt an Paradigmenwechseln)

Des Minnesangs Frühling. Unter Benutzung der Ausgaben von Karl Lachmann und Moriz Haupt, Friedrich Vogt und Carl von Kraus bearbeitet von Hugo Moser und Helmut Tervooren. Bd. I. Texte. 38., erneut revidierte Auflage. Mit einem Anhang: Das Budapester und Kremsmünsterer Fragment. Stuttgart 1988; Bd. II. Editionsprinzipien, Melodien, Handschriften, Erläuterungen. Ebd., 1977

Günther Schweikle: Die mittelhochdeutsche Minnelyrik. I. Die frühe Minnelyrik. Texte und Übertragungen. Einführung und Kommentar. Darmstadt 1977

Frauenlob (Heinrich von Meissen): Leichs, Sangsprüche, Lieder. Auf Grund der Vorarbeiten von Helmuth Thomas Hrsg. von Karl Stackmann und Karl Bertau. 1.Teil: Einleitungen, Texte. 2. Teil: Apparate, Erläuterungen. Göttingen 1981

Reinmar: Lieder. Nach der Weingartner Liederhandschrift (B). Mittelhochdeutsch/Neuhochdeutsch. Hrsg., übersetzt und kommentiert von Günther Schweikle. Stuttgart 1986

Die ‚Nibelungenklage'. Synoptische Ausgabe aller vier Fassungen. Hrsg. von Joachim Bumke. Berlin, New York 1999

Hugo von Montfort. Das poetische Werk. Hrsg. von Wernfried Hofmeister. Mit einem Melodie-Anhang von Agnes Grond. Berlin, New York 2005

Forschungsbeiträge (Schwerpunkt Methodologie)

Sammelbände

Kolloquium über Probleme altgermanistischer Editionen. Marbach am Neckar, 26. und 27. April 1966. Referate und Diskussionsbeiträge. Hrsg. von Hugo Kuhn, Karl Stackmann, Dieter Wuttke. Wiesbaden 1968

Texte und Varianten. Probleme ihrer Edition und Interpretation. Hrsg. von Gunter Martens und Hans Zeller. München 1971

Maschinelle Verarbeitung altdeutscher Texte. Beiträge zum 3. Symposion, Tübingen 17.-19. Februar 1977. Hrsg. von Paul Sappler und Erich Straßner. Tübingen 1980

Interpretation und Edition deutscher Texte des Mittelalters. Festschrift John Asher zum 60. Geburtstag. Hrsg. von Kathryn Smits, Werner Besch, Victor Lange. Berlin 1981

Überlieferungsgeschichtliche Prosaforschung. Beiträge der Würzburger Forschergruppe zur Methode und Auswertung. Hrsg. von Kurt Ruh. Tübingen 1985

Zeitschrift für deutsche Philologie 104, 1985, Sonderheft: Überlieferungs-, Editions- und Interpretationsfragen zur mittelhochdeutschen Lyrik

Editio. Internationales Jahrbuch für Editionswissenschaft. Hrsg. von Winfried Woesler. Bd.1ff, 1987ff

Deutsche Handschriften 1100-1400. Oxforder Kolloquium 1985. Hrsg. von Volker Honemann und Nigel F. Palmer. Tübingen 1988

Historische Edition und Computer. Möglichkeiten und Probleme interdisziplinärer Textverarbeitung und Textbearbeitung. Hrsg. von Anton Schwob u.a. Graz 1989

Probleme der Edition althochdeutscher Texte. Hrsg. von Rolf Bergmann. Göttingen 1993

Altgermanistische Editionswissenschaft. Hrsg. von Thomas Bein. Frankfurt/M. [u.a.] 1995

Alte und neue Philologie. Hrsg. von Martin-Dietrich Gleßgen und Franz Lebsanft. Tübingen 1997

Walther von der Vogelweide. Textkritik und Edition. Hrsg. von Thomas Bein. Berlin 1999

Text und Edition. Positionen und Perspektiven. Hrsg. von Rüdiger Nutt-Kofoth, Bodo Plachta, H.T.M. van Vliet und Hermann Zwerschina. Berlin 2000

Autor – Autorisation – Authentizität. Beiträge der Internationalen Fachtagung der Arbeitsgemeinschaft für germanistische Edition in Verbindung mit der Arbeitsgemeinschaft philosophischer Editionen und der Fachgruppe Freie Forschungsinstitute in der Gesellschaft für Musikforschung, Aachen, 20. bis 23. Februar 2002. Hrsg. von Thomas Bein, Rüdiger Nutt-Kofoth und Bodo Plachta. Tübingen 2004

Deutsche Texte des Mittelalters zwischen Handschriftennähe und Rekonstruktion. Berliner Fachtagung 1.-3. April 2004. Hrsg. von Martin J. Schubert. Tübingen 2005

Varianten – Variants – Variantes. Hrsg. von Christa Jansohn und Bodo Plachta. Tübingen 2005

Pratiques Philologiques en Europe. Actes de la journée d'étude organisée à l'Ecole des chartes le 23 septembre 2005, réunis et présentés par Frédéric Duval. Paris 2006

Einzelstudien und monographische Arbeiten

Karl Stackmann: Mittelalterliche Texte als Aufgabe. In: Festschrift für Jost Trier zum 70. Geburtstag. Hrsg. von William Foerste und Karl Heinz Borck. Köln, Graz 1964, S. 240-267

Kurt Ruh: Votum für eine überlieferungskritische Editionspraxis. In: Probleme der Edition mittel- und neulateinischer Texte. Kolloquium der Deutschen Forschungsgemeinschaft, Bonn 26.-28. Februar 1973. Hrsg. von Ludwig Hödl und Dieter Wuttke. Boppard 1978, S. 35-40

Günther Schweikle: Vom Edieren mhd. Lyrik. Theorie und Praxis. Eine Replik. In: Beiträge zur Geschichte der deutschen Sprache und Literatur (Tübingen) 1982, S. 231-255

Karl Stackmann: Über die wechselseitige Abhängigkeit von Editor und Literarhistoriker. Anmerkungen nach dem Erscheinen der Göttinger Frauenlob-Ausgabe. In: ZfdA 112, 1983, S. 37-54

Ders.: Zur Edition mittelhochdeutscher Lyrik. Grundlagen und Perspektiven. In: Zeitschrift für deutsche Philologie 104, 1985, Sonderheft, S. 2-18

Rudolf Bentzinger: Die ‚Deutschen Texte des Mittelalters'. Traditionen, Probleme, Aufgaben. In: Zeitschrift für Germanistik (Leipzig) 6, 1985, S. 199-203

Karl Konrad Polheim: Ist die Textkritik noch kritisch? In: Germanistik – Forschungsstand und Perspektiven. Vorträge des Deutschen Germanistentages 1984. Hrsg. von Georg Stötzel. 2.Teil: Ältere Deutsche Literatur. Neuere Deutsche Literatur. Berlin/New York 1985, S. 324-336

Gunter Martens: Was ist ein Text? Ansätze zur Bestimmung eines Leitbegriffs der Textphilologie. In: Poetica 21, 1989, S. 1-25

Karl Konrad Polheim: Der Textfehler. Begriff und Problem. In: editio 5, 1991, S. 38-54

Max Wehrli: Vom Schwinden des Werk-Begriffs. In: editio 5, 1991, S. 1-11

Karl Stackmann: Die Edition – Königsweg der Philologie? In: Methoden und Probleme der Edition mittelalterlicher deutscher Texte. Bamberger Fachtagung 26.-29. Juni 1991. Plenumsreferate. Hrsg. von Rolf Bergmann und Kurt Gärtner unter Mitwirkung von Volker Mertens, Ulrich Müller und Anton Schwob. Tübingen 1993, S. 1-18

Hans-Gert Roloff: Zur Geschichte des editorischen Kommentars. In: editio 7, 1993, S. 1-17

Karl Stackmann: Neue Philologie? In: Modernes Mittelalter. Neue Bilder einer populären Epoche. Hrsg. von Joachim Heinzle. Frankfurt/M., Leipzig 1994, S. 398-427

Wolf, Norbert Richard: Die Abhängigkeit des Sprachhistorikers vom Editor. In: Editionsberichte zur mittelalterlichen deutschen Literatur. Beiträge der Bamberger Tagung „Methoden und Probleme der Edition mittelalterlicher deutscher Texte" 26.-29. Juni 1991. Hrsg. von Anton Schwob. Unter Mitarbeit von Rolf Bergmann. Göppingen 1994, S. 347-352

Joachim Bumke: Die vier Fassungen der ‚Nibelungenklage'. Untersuchungen zur Überlieferungsgeschichte und Textkritik der höfischen Epik im 13. Jahrhundert. Berlin, New York 1996

Thomas Bein: Editionsprinzipien für deutsche Texte des späten Mittelalters und der frühen Neuzeit. In: Sprachgeschichte. Ein Handbuch zur Geschichte der deutschen Sprache und ihrer Erforschung. Zweite, vollständig neu bearbeitete und erweiterte Auflage. Hrsg. von Werner Besch, Anne Betten, Oskar Reichmann, Stefan Sonderegger. 1. Teilband. Berlin, New York 1998, S. 923-931

Thomas Bein: Die mediävistische Edition und ihre Methoden. In: Text und Edition. Positionen und Perspektiven. Hrsg. von Rüdiger Nutt-Kofoth, Bodo Plachta, H.T.M. van Vliet und Hermann Zwerschina. Berlin 2000, S. 81-98

Andrea Hofmeister-Winter: Das Konzept einer ‚Dynamischen Edition', dargestellt an der Erstausgabe des ‚Brixner Dommesnerbuches' von Veit Feichter (Mitte 16. Jh.). Theorie und praktische Umsetzung. Göppingen 2003

Michael Stolz: New Philology and New Phylogeny. Aspects of a critical electronic edition of Wolfram's Parzival. In: Literary and Linguistic Computing 18,2, 2003, S. 139-150

Michael Stolz: Computergestütztes Kollationieren – ein Werkstattbericht aus dem Basler Parzival-Projekt, in: Edieren in der elektronischen Ära. Hrsg. v. Gottfried Reeg und Martin Schubert. Berlin 2004, S. 113-126

Martin Baisch: Textkritik als Problem der Kulturwissenschaft. Tristan-Lektüren. Berlin, New York 2006

XI. Glossar

Im Folgenden werden Begriffe erläutert, die häufig im Kontext von Text- und Überlieferungsgeschichte einerseits und Editionswissenschaft andererseits begegnen. Die Worterklärungen sind bewusst knapp gehalten und sollen insbesondere Anfängern helfen, mit der Fachterminologie schneller zurechtzukommen. Ein → verweist auf weitere Einträge im Glossar.

Abbreviaturen
Lat. *abbreviare*: abkürzen. Kürzel für Buchstaben, Silben oder ganze Worte in deutschen und vor allem lateinischen Handschriften. Abbreviaturen werden in Editionen meist aufgelöst, in → diplomatischen Abdrucken bzw. in → Apparaten hingegen beibehalten.

Apex
Ein Zirkumflex: ^, ein → diakritisches Zeichen zur Kennzeichnung von Langvokalen. In vielen Editionen mittelhochdeutscher Texte von Editoren zugefügt, um Anfängern das korrekte Lesen zu erleichtern. Das Zeichen findet sich aber auch (wenngleich selten) in mittelalterlichen und frühneuzeitlichen Handschriften.

Apparat
Variantenverzeichnis. In → ‚kritischen' Editionen dient der Apparat dazu, den Benutzer der Edition über (relevante) handschriftliche Abweichungen vom hergestellten Text zu informieren. In der Regel besitzt eine Edition nur einen solchen Q u e l l e n apparat (auch ‚Lesartenapparat' genannt); es gibt indes auch Forschungsapparate, die den Benutzer über andere Lesungen oder über → Konjekturen anderer Herausgeber informieren.

Archetyp
Gr. *arché*: Ursprung, *typos*: Geformtes. Der Archetyp stellt in der textkritischen Begrifflichkeit idealiter den ältesten noch zu erschließenden Überlieferungszustand eines Textes dar. Er steht dem Original sehr nahe, wird aber mit ihm nicht identisch gesetzt, da man mit ersten → ‚Fehlern' rechnen muss.

Athetese
Das Ausgrenzen von Texten oder Textteilen aus einem größeren Werkverband, meist mit der Begründung, dass diese Texte in der Überlieferung zu Unrecht einem bestimmten Autor zugewiesen wurden. → Echtheit

Autograph
Eigenhändiges Schriftdokument eines Autors (Handschrift des Autors); in der mittelalterlichen deutschen Textüberlieferung ist dafür so gut wie kein Beispiel zu finden; hier handelt es sich fast immer um Abschriften anderer Personen. → Schreiber

Bastarda
Schrifttyp, der sich aus der gotischen Buchschrift entwickelt hat; er stellt eine Vorstufe (Übergangsschrift) zu frühneuzeitlichen Kursivschriften dar. (Vgl. hier die Abb. in Kapitel 6.7-6.8)

Bindefehler
Handschriften, die alle einen gleichen Text in gleicher Weise überliefern, müssen nicht zwangsläufig verwandt sein, d.h. auf eine gemeinsame Vorlage zurückgehen. Denkbar ist, dass verschiedene Quellen den Text gleich gut und treu bewahrt haben. Um einigermaßen sicher die Verwandtschaft von Textzeugen nachweisen zu können, müssen sie durch charakteristische, individuelle Merkmale verbunden sein, die andere Textzeugen nicht aufweisen. Solche Merkmale können ‚Fehler' sein. Ein Bindefehler ist also ein Fehler, besser: eine Variante, der/die zwei oder mehrere Handschriften miteinander ‚verbindet', ihre Verwandtschaft nahe legt und sie anderen Handschriften gegenüber abgrenzt. → ‚Fehler', → ‚Trennfehler'

Codex
(Plural: Codices). Lat. *caudex*: Holzklotz. Der Codex ist das mittelalterliche Buch. Die Etymologie verweist auf das antike Verfahren, beschriftete Holztäfelchen mit Fäden zusammenzubinden. Der Codex löst die Buchrolle ab; vor allem bringen Handhabung und Lagerung wesentliche Vorteile.

Crux
Lat. Kreuz. Die Crux ist ein Zeichen, das in Editionen verderbte und wohl nicht korrigierbare Stellen markiert, gleichsam ein Zeichen des Editors an den Benutzer: ‚Ich weiß an dieser Stelle nicht weiter!'.

Diakritisches Zeichen
Über Buchstaben gesetzte Sonderzeichen zur Kennzeichnung von besonderen Lautwerten, z.B. des Umlauts. Beispiel: *fūr = für*. → Superskript

Diplomatischer Abdruck
Gr.>Lat.>Frz. *diplomatique*: urkundlich. Ein diplomatischer Abdruck ist die genaue Umsetzung einer Handschrift in moderne Drucktypen, wobei in der Regel alle Abkürzungszeichen (→ ‚Abbreviaturen'), überschriebene Buchstaben (→ ‚Superskripte') und sonstige handschriftliche Eigenarten, auch Zeilenbrüche und → ‚Initialen', unverändert übernommen werden.

Echtheit (Unechtheit)
Vor allem der älteren Textkritik und Philologie ging es oft darum, mit Hilfe subtiler Vergleichsmethoden und Wahrscheinlichkeitskalkülen ‚echtes', ‚originales' Textgut von sekundärem (unechtem, nicht authentischem) zu befreien. In vielen Fällen hat dieses Bemühen zum Ausgrenzen von interessanten Texten geführt, die dann von der Forschung unbeachtet blieben. Meistens lassen sich Echtheitsurteile nicht wissenschaftlich, d.h. hier intersubjektiv gültig, nachvollziehen. → Interpolation, → Authentizität, → Autorisation

Glossar

Edition
Lat. *editio*: Herausgabe. Ausgabe eines Textes mit unterschiedlichen Ansprüchen. Sinn einer Edition ist, einen sonst nur handschriftlich oder in wenigen Druckexemplaren vorhandenen Text für wissenschaftliche Zwecke (aber auch für ‚Liebhaber') allgemein zugänglich und handhabbar zu machen.

Emendation
Lat. *emendatio*: Verbesserung. Korrektur evidenter → ‚Fehler', z.B. Verbesserung von Verschreibungen (z.B.: *Fuß* statt *Fup*); nicht immer deutlich von der → ‚Konjektur' geschieden.

Examinatio
Lat. Prüfung. Begutachtung und Bewertung von Textvarianten mit dem Ziel, die Überlieferung zu hierarchisieren und zu bewerten.

Faksimile
Lat. *facere*: machen, *simile*: ähnlich. Ein Faksimile ist die fotomechanische Reproduktion eines Originaltextes, die sich von einer einfachen Fotografie in aller Regel durch akribische Exaktheit in der Wiedergabe z.B. auch kleinster Farbnuancen auszeichnet, z.T. auch die Blattbeschneidung des Originals und Löcher, Risse, Pergamentnähte usw. genau nachahmt. Hochwertige Faksimiles können nur von wenigen spezialisierten Verlagen hergestellt werden und sind äußerst kostspielig. Wo es sich ‚nur' um Texte handelt, können durch Verzicht auf Farbreproduktion und teures Kunstdruckpapier die Kosten gesenkt werden.

Fassung(en) / Version(en)
Beide Begriffe sind nicht allgemein gültig und differenziert definiert. Man meint mit ihnen meistens in größerem Umfang variierende Zustände eines Grundtextes. So gibt es z.B. mehrere Fassungen / Versionen des ‚Nibelungenliedes'; die Handlung ist in allen Fassungen / Versionen annähernd gleich, doch finden sich in den unterschiedlichen Handschriften charakteristische formale, stilistische und konzeptionelle Variationen. → Variante

Fehler
‚Fehler' kann zum einen bedeuten, dass Handschriften etwas ‚Falsches' aufweisen, etwa – gemessen an einer oft problematischen deskriptiven Grammatik – einen falschen Kasus, ein falsches Tempus, eine falsche oder fehlende Präposition, aber auch: irrtümlich wiederholte oder ausgelassene Worte usw. ‚Fehler' kann zum anderen aber auch bedeuten, dass Handschriften an einer bestimmten Stelle eine Variante zeigen, die nicht im engeren Sinne (also grammatikalisch oder metrisch) ‚falsch' ist; der Text ist lesbar und grammatikalisch ‚korrekt'. Hier von ‚Fehlern' zu sprechen macht nur dann Sinn, wenn man diese → Varianten als nicht dem Original zugehörig ansieht und sie Abschreibern oder Bearbeitern anlastet. → ‚Bindefehler', → ‚Trennfehler'

Foliierung
Lat. *folium*: Blatt. Entgegen dem modernen Verfahren der Paginierung (lat. *pagina*: Seite; Seitenzählung) herrscht im Hochmittelalter das der Foliierung vor: Gezählt werden nur die Blätter; um eine Unterscheidung zwischen Vorder-

und Rückseite eines Blattes treffen zu können, werden die Buchstaben ‚r' (für *recto* = Vorderseite) und ‚v' (für *verso* = Rückseite) verwendet. Bei Spalten-Handschriften lässt sich durch Hinzufügung von Kleinbuchstaben (a, b, c, d) die gemeinte Spalte angeben.

Gotische (Buch-) Schrift
Kalligraphische Schrift (Schönschreib- und Buchschrift, Schmuckschrift), die vom 11.-14./15. Jh. in unterschiedlichen Varianten in Mitteleuropa gebräuchlich war. (Vgl. hier die Abb. in Kapitel 6.2-6.6)

Heuristik
Die Technik der Suche von Textzeugen (Handschriften, Drucken) in Bibliotheken und anderen möglichen Orten.

Hybridausgabe
Unter einer Hybridausgabe versteht man eine Textedition, die einerseits in konventioneller gedruckter Buchform erscheint, andererseits aber auch digital realisiert worden ist; dem Buch liegt meist ein physikalischer Datenträger bei (CD, DVD).

Initiale
Lat. *initium*: Anfang. Initialen sind große Buchstaben in Handschriften, die meistens neue → Töne oder neue Lieder markieren, aber auch Erzählabschnitte in epischen Texten. Sie sind in aller Regel größer als → Majuskeln, die kleinere Einheiten optisch trennen können (z.B. Strophen). Nicht selten wechselt die Farbe von Initialen (z.B. rot, blau), dann nennt man die Initialen auch → ‚Lombarden'.

Interpolation
Lat. *interpolare*: einschieben; fälschen. Mit diesem Begriff werden einzelne Verse oder ganze Textabschnitte innerhalb eines größeren Werks bezeichnet, die als nicht authentisch gelten und Bearbeitern, → (Ab-) Schreibern, → Redaktoren, Auftraggebern usw. angelastet werden. → Echtheit

Iudicium
Lat. Urteil, Meinung, Einsicht. Mit dem Iudicium wird das wohlbegründete Urteil des Editors gemeint, das zu weiteren Entscheidungen und schließlich zum ‚Prinzip' für eine Ausgabe den Grund legt.

Karolingische Minuskel
Eine Kleinbuchstabenschrift, die aufgrund der Kulturpolitik Karls des Großen eine sehr große Verbreitung in Mitteleuropa gefunden hat. Sie war vom 8.-10. Jh. in unterschiedlichen Varianten in Gebrauch. (Vgl. hier die Abb. in Kapitel 6.1)

Kollation
Lat. *collatio*: Zusammentragen. Die Kollation stellt eine Vorstufe für die Edition eines Textes dar. Gemeint ist die Sammlung von Überlieferungsträgern (Handschriften) und deren Vergleich. → Examinatio

Konjektur
Lat. *coniectura*: Mutmaßung, Vermutung. Mit dem Begriff der ‚Konjektur' werden Korrekturen mutmaßlich verderbter oder sekundärer Textstellen sowie Ergänzungen verlorenen Textgutes nach Maßgabe des Editors gemeint. → Emendation

Kontamination
Lat. *contaminare*: durch Vermischung verderben. Eine kontaminierte Überlieferung liegt dann vor, wenn im Laufe der Texttradition einzelne Schreiber nicht nur von e i n e r Vorlage abschreiben, sondern zwei oder mehrere Vorlagen benutzen, die nicht identisch sind. In solchen Fällen ist es nahezu aussichtslos, zum ‚Ursprungstext', zum ‚Original' zurückzufinden.

Kopist → Schreiber

Kritischer Text / Kritische Edition
‚Kritischer Text' (Kritische Edition) bezeichnet die Herausgabe eines Textes unter Berücksichtigung und ‚kritischer' (= differenzierender) Sichtung des vorhandenen Überlieferungsmaterials; ein Original ist nicht (mehr) vorhanden. Der ‚kritische' Text ist ein Text, der durch Auswertung und Hierarchisierung der verschiedenen Textträger vom Editor erstellt wird und zumindest eine Vorstufe der positiv vorhandenen Überlieferungszeugen repräsentieren soll. → Textkritik

Lachmannsche Methode
Editionstheorie und -methode nach Karl Lachmann (1793-1851), von Schülern und Nachfolgern weiter ausgebaut. Lachmanns Ziel war es, mit Hilfe philologischer Operationen (wie z.B. → Emendationen, → Konjekturen) einen autor- bzw. originalnahen Text herzustellen.

Lage
Eine Bucheinheit, die aus mehreren ineinander gelegten und gefalzten Doppelblättern besteht. Mehrere Lagen werden schließlich zu einem → Codex zusammen gefügt.

Lectio difficilior
Lat. *lectio*: Lesung, Lektüre; *difficilis*: schwierig. ‚Lectio difficilior' meint die ‚anspruchsvollere' Variante oder – davon nicht immer deutlich zu trennen – die seltenere Variante. Mit Verweis auf diesen Begriff kann bestimmten → Lesarten der Vorzug vor anderen gegeben werden. Hinter diesem oft geübten Verfahren steht die nicht beweisbare, auf Wahrscheinlichkeiten beruhende Hypothese, dass dem Dichter höchste künstlerische Qualität zuzusprechen ist und dass Schreibermanipulationen stets zum qualitativ ‚Schlechteren' und ‚Geläufigeren' führen.

Leithandschrift
Maßgebliche Handschrift für eine Edition, die möglichst getreu, d.h. ohne viele → Emendationen und → Konjekturen wiedergegeben wird. Kriterien für die Wahl einer Leithandschrift (aus mehreren zur Verfügung stehenden Textzeugen)

können sein: Alter der Handschrift; Qualität und Sorgfalt; topographische Nähe zum Autor usw.

Lemma
Stichwort in → Apparaten, das eine schnelle und eindeutige Zuordnung von → kritischem Text und → Lesarten ermöglichen soll. Das Lemma ist dabei ein Wort oder ein Textteil aus dem kritischen Text; ihm wird, meist nach einer Lemmaklammer, die Variante beigeordnet. Beispiel: *schoene vrowe] schoenez wip*.

Lesart
auch: Variante. Ist ein Text in mehreren Handschriften überliefert, so findet er sich dort meist nicht völlig identisch; es treten mehr oder weniger starke Differenzen auf, was unterschiedliche Gründe haben kann. Steht z.B. im → kritischen Text: *mîne liebe vrowe* und schreiben die Handschriften X und Y statt dessen *mine schoene vrowe* bzw. *min schoenez wip*, so bezeichnet man die Versionen von X und Y als ‚Lesarten' zum kritischen Text. → Variante

Lombarde
Farbige → Initiale.

Majuskel
Lat. *maiusculus*: etwas größer. Großbuchstaben in Handschriften, meist am Satzanfang oder zu Beginn neuer Versabschnitten, gelegentlich auch zur Kennzeichnung von besonders sinnschweren Wörtern (z.B. *Got*). → Initiale, → Lombarde

Mouvance
‚Bewegung' von Texten; mit dem Begriff sind größere Textvariationen gemeint. Der Begriff ist im Wesentlichen geprägt worden durch den frz. Mediävisten Paul Zumthor, der die mittelalterliche Literatur insgesamt als unfest und variantenreich beschrieben hat. → Fassung(en), Variante

Normalisierung
Eine häufig durchgeführte editorische Maßnahme, die auf die nicht normierte Graphie mittelalterlicher Handschriften reagiert. Um dem Benutzer einer Edition die Lektüre der Texte zu erleichtern, vereinheitlicht der Editor bestimmte Schreibweisen (z.B. setzt er für die handschriftlich in Erscheinung tretenden Zeichen für den Laut ‚f': *u, v, f* stets *f*. In älteren Editionen ist fast immer normalisiert worden; jüngere Editoren sind mit solchen Operationen z.T. zurückhaltend.

Notula
Fachausdruck zur Bezeichnung einer gotischen Kursivschrift des späteren Mittelalters, aus der sich die → Bastarda entwickelt

Oralität
Mündlichkeit. Bei der Beurteilung von → Varianten muss berücksichtigt werden, dass Texte im Mittelalter wechselnde Aggregatzustände eingenommen ha-

ben: Mündliche Aufführung, schriftliche (Zwischen-) Fixierung, erneute mündliche Präsenation (Reoralisierung) und so fort.

Original
Lat. *origo*: Ursprung. Das ‚Original' stellt eine für die mittelalterliche Literaturgeschichte fast immer hypothetische Größe dar; gemeint ist diejenige Fassung eines Werkes, die vom Autor selbst stammt und von ihm ‚autorisiert' ist; zuweilen ist auch die e r s t e n autorisierte Fassung gemeint. → Authentizität

Palimpsest
Gr. *palimpsestos*: wieder abgeschabt. Unter einem Palimpsest versteht man ein (Pergament-) Blatt oder –Lage oder gar ein ganzes Buch, das mehrfach beschrieben worden ist. Das heißt: Text auf dem Blatt wurde mit Hilfe eines Rasiermessers abgeschabt und die Seite konnte danach mit anderem Text neu beschriftet werden. Zuweilen kann man heute mittels moderner Durchleuchtungstechnik die abgeschabten Texte (teilweise) wieder lesbar machen.

Recensio
Lat. *recensere*: mustern. Bewertung und Hierarchisierung von Überlieferungszeugen (Handschriften) zur Ermittlung des → Archetyps. → Examinatio

Redaktor
Meist einem → Skriptorium angehörende Person, die die Oberaufsicht über den Herstellungsprozess eines Buches hat. Der Redaktor kann Einfluss nehmen auf die Ordnung des Textmaterials, kann ggf. Korrekturen und Vereinheitlichungen vornehmen und überwacht die Tätigkeit der → Schreiber.

Rhapsode
Nachsänger, Rezitator; eine Person, die Textgut fremder Autoren vorträgt.

Schreiber
Meist in einem → Skriptorium tätige Person, die des Lesens und Schreibens fähig ist und die – teilweise hauptberuflich – Texte abschreibt und vervielfältigt. Einige wenige mittelalterliche Schreiber sind namentlich bekannt. Sie unterstehen häufig einem → Redaktor.

Skriptorium
Lat. *scribere*: schreiben. Mit allem nötigen Material professionell ausgestette Schreibstube, Schreibwerkstatt, häufig in Klöstern zu finden. Dort tätig sind → Schreiber und → Redaktoren.

Stemma
Griech. Stammbaum. Ein Stemma ist das (meist graphisch dargestellte) Beziehungsgeflecht von verschiedenen Textträgern, an dessen Spitze das Original und ihm folgend der → Archetyp steht. Aufgrund der Ergebnisse der → Kollationierung kann versucht werden, Handschriften auf gemeinsame Vorlagen zurückzuführen, die – da sie erschlossen sind – häufig mit griechischen Buchstaben oder in Anlehnung an die Praxis in der Sprachwissenschaft mit einem * vor den Handschriftensiglen versehen sind.

Superskript
Lat. *super*: über; *scribere*: schreiben. Mit Superskripten sind über Buchstaben übergeschriebene andere Buchstaben oder andere Zeichen gemeint, teils zur Kennzeichnung von Umlauten, teils zur Kennzeichnung von Diphthongen; manchmal ist die Deutung eines Superskriptes auch unklar. Beispiel: *vr-ö-we* steht für *vr-ou-we*. → Diakritisches Zeichen

Text
Lat. *textus*: Gewebe. Größere grammatikalisch strukturierte sprachliche Einheit, die mündlich und/oder schriftlich weitergegeben werden kann.

Text-Kritik
Wissenschaftliche Beschäftigung mit der Genese und insbesondere mit der Überlieferung von → Texten. → Überlieferungsgeschichte

Ton
Unter ‚Ton' versteht man (in der Lyrik) das metrisch-musikalische Baumuster von Liedern oder Sangspruchreihen. Viele Handschriften ordnen ihre Texte nach Tönen. Neue Töne, also neue metrisch-musikalische Einheiten, werden nicht selten mit → Initialen bzw. → Lombarden gekennzeichnet.

Trennfehler
Ein solcher Fehler trennt eine Handschrift von anderen, deutet darauf hin, dass sie wohl nicht mit anderen verwandt ist. Angenommen, drei Handschriften haben den gleichen Wortlaut (dies m u s s noch nicht, k a n n aber bedeuten, dass sie auf eine Vorlage zurückgehen). Eine vierte Handschrift zeigt an einer bestimmten Stelle einen → ‚Fehler' (z.B. eine Morphemvarianz oder eine lexikalische Varianz). Dadurch wird sie von den übrigen ‚getrennt', und wenn sich der Befund an weiteren Stellen zeigt, wird man die Handschrift einer nicht zu den anderen gehörigen Überlieferungslinie zurechnen bzw. ihr bei der Ordnung der Handschriften einen Sonderstatus geben. → ‚Bindefehler', → Fehler

Variante
→ Lesart, → Fehler

Varianten, iterierende
Lat. *iterare*: wiederholen. Häufig wiederkehrende, meist semantisch unbedeutende Varianten; z.B.: *da/do, dirre/diser, dicke/oft* u.a., sowie Variationen im Gebrauch von Präpositionen und Präfixen. → ‚Fehler'

Überlieferungsgeschichte
Wege eines Textes durch die Zeit. Ziel textkritischer Arbeit ist es, aus der Eigenart verschiedener Quellen die mehr oder weniger bewegte Geschichte eines Textes nachzuzeichnen und den einzelnen Textzeugen einen zumindest relativen Ort in dieser Geschichte zuzuweisen.